CHENQUBING YANJIU

陈去病研究

赵霞 著

河北大学出版社

图书在版编目（CIP）数据

陈去病研究 / 赵霞著. -- 保定：河北大学出版社,
2013.11
ISBN 978-7-5666-0327-2

Ⅰ. ①陈… Ⅱ. ①赵… Ⅲ. ①陈去病（1874～1933）
–人物研究 Ⅳ. ①K825.6

中国版本图书馆CIP数据核字(2013)第249960号

责任编辑：杨显硕
装帧设计：王占梅
责任印制：靳云飞

出版：河北大学出版社（保定市五四东路180号）
经销：全国新华书店
印制：保定市北方胶印有限公司
开本：1 / 16（710mm×1000mm）
字数：252千字
印张：13
版次：2013年11月第1版
印次：2013年11月第1次
书号：ISBN 978-7-5666-0327-2
定价：28.00元

序

2009年赵霞考上了博士，我和她讨论博士论文题目，她应该说处于一种懵懂的状态，于是我建议以南社创始人之一陈去病为研究课题。这种选择，基于几种考虑：一是对于年轻博士而言，作家研究是一种比较保险、操作性强的选择。小处着眼，按部就班，总能有所收获。二是出于我本人对陈去病的熟悉。我在撰写《南社研究》的过程中，阅读了大量有关南社的文献，其中陈去病、高旭、柳亚子的诗文集更是阅读的重点，但是最终没能撰写出关于他们的专门性研究文字，这其中固然与体例、完稿时间等因素有关，更重要的是有些问题我尚未梳理清楚，因此期望借助青年人的热情和才华，解决自己心中的疑惑。三是陈去病研究的价值。长期来，关于南社研究的话语权几乎掌握在柳亚子那里，后世的评说，基本上是看柳亚子的眼色。比如关于南社三个创始人，高旭有参加贿选的丑事，柳亚子与之割席；陈去病因支持西山会议，被柳亚子称为一民主义，因此他们都是有瑕疵的，都有过“反动经历”，都遭到了后世学术研究的冷遇。

陈、高、柳都是典型的文人，喜欢舞文弄墨，喜欢名士风流，诗文数量相当可观，人生经历丰富多变，他们又生活在社会转型期，身上聚集着很鲜明生动的特定时代的文化信息。柳亚子研究的人不少，我们如果要获取对柳亚子进一步的认识，必须要通过对与他相关人的研究来推进。高旭研究也是不错的课题，但是赵霞的一个师兄已经做过硕士论文。更重要的原因，是陈去病相对而言，他沉潜、执着，有较明确的学术追求；他急公好义，勇于担当，无愧于“去病”的名号；他为人宽厚随和，又是动荡年代革命风潮的弄潮儿。在他身上，有更多的文化选择的复杂性，例如在南社内讧中，他既与柳亚子的反对者有很好的关系，又签名支持柳亚子；他既参加湘籍的活动，又是新南社中的人。再比如他和柳亚子的关系，虽然从名辈上他是柳亚子的前辈，但是很长时间他们如兄弟般和谐相处；后来因为柳亚子排挤陈、高，很长时间他们处于淡然的状态；20年代前后他们又有较多的喝酒、文字交往，其中有很多悬疑，尚待通过资料得到解读。

陈去病是否一民主义，也是值得重新认识的。我们不否认陈去病的诗文中有"汉家宫阙""汉唐衣冠"等表示民族主义的词汇。用民族主义煽动反清排满是当时革命派的一种宣传策略，当推翻清王朝，建立共和以后，革命派基本上就抛弃了这种套路，陈去病也是如此，辛亥后，他的《浩歌堂诗钞》就不再有类似的表述。如果他真是一民主义者，辛亥后，政权回到了汉族手里，就应该偃旗息鼓。但是事实并非如此，陈去病追随孙中山，并与孙中山建立了超越领袖与下属关系的友情，他参加二次革命、北伐，身体力行，践行着对于民主共和的追求。较之柳亚子、高旭，陈去病受传统文化的影响更重，其中一个表现是他一生热衷于"残明遗献"的整理。一个人的学术志趣与柳亚子所说的一民主义不应该有关系，柳亚子一生的学术归宿不也是《南明史》吗？当代不是也有人一生致力于南明文学历史的研究吗？

陈去病作为南社的发起人，他的诗、文有相当的功力，不论是传统诗体还是四六骈文，都写得气韵沉厚，情文并茂，他写的《南社诗文词选序》几乎是南社在政治、文学、文化、社团风格多方面的灵魂。他创办了近代最有影响的戏曲期刊《二十世纪大舞台》，尝试戏曲创作，对近代戏曲变革影响甚巨；他还尝试写作小说《莽男儿》。可见在清末民初的文坛，陈去病的活跃程度一点也不亚于他的政治活动。

确定题目后，陈去病外哲嗣张夷主持的《陈去病全集》整理出版，为赵霞论文的写作提供了极大的方便。赵霞从未步入社会，一身的学生范儿，从此如同读高中、读大学一样沉潜到关于陈去病的资料之中。三年时间，她如期完成了博士学业，也完成了关于陈去病的研究。赵霞的陈去病研究有几个特点：首先是其开创性。很长时间内南社研究在学术界处于一种比较尴尬的地位，它既不如古代作家那样遵循古训，有其相对成熟的承传体系，激发研究者古雅高妙审美境界的快感；也不如五四后新派作家先锋新锐，让研究者无形中生发出一种登高俯瞰的自豪。南社则处于新不新旧不旧的状态，哪方面都处于半瓶子不满一瓶子晃荡，让研究者有不能肆意挥洒的感觉。南社领袖人物长期来不被深入研究，这可能也是其中的原因之一。赵霞是第一个对陈去病系统全面梳理，并进行条分缕析研究的。陈去病的思想历程、革命生涯、社团活动、文学成就等，这一本《陈去病研究》做了完整的呈现。

其次，《陈去病研究》是历史人物传论式结构，这种结构有易于操作的一面，但是作者如果没有足够广阔的学术视野，很容易变成年谱式的流水账。赵霞采用了专题式论述，纵横结合，每一个论题从一个角度切入，同时联系相关问题的历史文化背景，不仅考察研究对象的发生发展以及内在构成，而且分析其与具体背景的关系。作者的专题研究，吉光片羽，常有动人之处。如作者在梳理陈去病创办新型学堂的经历时，首先对清末民初学制变迁进行了回顾，特别是对女学兴起的叙述，条理清晰，简明扼要，不仅增加了论著视野的广阔与内容的厚重，也让读者能清楚地认识到陈去病在历史场景中的角色。

当然，赵霞的这篇论著，还有不少有待于深化与拓展的内容，她一路顺风顺水念完博士，有的是时间、才华，可以慢慢提炼打磨，但是形势比人强，学术界期待着这第一种陈去病研究。不过，赵霞立志治学，她将以此为起点，继续完善自己的研究课题，也在学术事业中不断磨练提高自己。我作为她的指导老师，祝贺她的大作面世，也期待着她在学术事业中取得更好的成绩。

孙之梅于济南

2013 年 7 月 10 日

目　录

绪　论

陈去病作为清末民初著名的政治活动家、文化名人、诗人、学者，具有多重身份，经历复杂。他出生于人文精神荟萃的江苏吴江地区，地域文化对其影响深远，又恰逢清末动荡，社会形态、民众心态与信仰党派等众多方面面临着全盘颠覆，基于此，陈去病早年曾有过维新思想，短暂的留日经历之后思想转而激进，晚年面临民国失控局面时政治立场又曾摇摆不定。

作为政治活动家，陈去病与国民党政要关系密切，曾为民族革命奔走疾呼，他以文学为工具，花费大量时间精力整理遗民和清史文献，旨在激化民族矛盾，达到革命目的，又受到地方自治等社会思潮的影响，整理乡邦文献贯穿他的一生，人到晚年的陈去病回忆起来文献整理这一举动，言语中仍不乏得意之词："惟历年搜集乡先生诗文词曲日益繁富，又考订纪述等类，亦动盈几案"(《与宋紫佩书》)。

作为文化名人，陈去病做了诸多文化实业活动，创办学校、报刊，倡导革命思想，其中包括与汪笑侬合办的《二十世纪大舞台》，这是中国第一种以戏剧和系统的戏曲理论为对象的报纸，是对戏剧改良运动的理论探索，虽然只刊发两期，然而正是陈去病等创办者率先为戏曲搭建起媒体的平台，将理论宣传与实际的舞台演出相结合，使《二十世纪大舞台》在近代戏曲改良运动中起着承上启下的关键作用，陈去病可谓功不可没。陈去病积极组织社团活动，其中最富盛名者莫过于南社，作为南社的领袖之一，他在南社精神层面上的把握和指导，南社政治地位的提升以及提携后进等方面贡献突出。而南社对于陈去病也有着重要的反作用，辛亥革命之前，南社对于他这样一位革命者，有着特殊的目的，他希望南社在重现几复风流的基础上承载更多的实际意义。但当民国建立之后，形势一变再变，脚步有些慌乱的陈去病又急需找寻到文化上的归依与个人情感的寄托，此时已成为历史的南社则再次成为了载体。可以说，不仅陈去病可以称之为南社及南社精神和情感上的的代表，南社也成为了陈去病精神生活的一种象征，是他前期精神层面上"姿态"的延续，更是后期个人“笃旧”情怀的寄托。

作为学者，陈去病一生不仅在多所学校任教，且创作作品甚丰，种类驳杂，尤以诗文见长，于文学理论等方面亦有独到见解。陈去病在诗学主张方面，既包孕有追溯传统、呼唤诗学精神的回归，对于诗歌功用性的重视，同时又主张创新精神的光大，在对待学养、才情的态度上把持着难得一见的平衡与适度原则。而其诗歌创作从整体上呈现出的是苍凉沉郁的风格，从中可以清楚的看到其对于中国诗歌传统精神内核的承袭，同时在整体风貌上又渗透着传统诗歌创作中特有的忧患意识。在近代特殊的大背景下，陈去病的文章创作可以分为新文体与传统骈散文两大部分，前者具有重要的时代意义，同时在呼吁民众宣传革命方面担当重任，也为陈去病赢得了良好的声誉，而后者则更能体现他的传统文人本色，从中亦可窥见近代新旧文体的并存现状，以及互相的影响与渗透。

由于时代和个性使然，陈去病也有着自身的缺点，这一点无须讳言。他过于急功近利地发掘文学的工具性，以政治主张得到实现为最终目的，在一定程度上影响了其作品本身的文学性，同时也使得其在社团组织、文化实业方面多有虎头蛇尾之举。陈去病的一系列问题在当时的革命先行者身上也极具代表性，许多与他年代相同、立场一致的革命家文人走过的道路和陈去病惊人的相似，弱点也如出一辙，从这个角度看，陈去病的个体性研究也同样带有群体性特征。

综上，以大背景下的个案研究为切入点，对陈去病做系统、全面的研究，能够比较准确地把握清末民初，以陈为代表的这一部分有着多重身份的文人创作心态以及思想情感的变化，因此有其研究价值和意义。

目前，国内对于陈去病的集中研究非常薄弱，由于陈去病的大量作品散见于各地报纸期刊，且使用不同笔名发表，因此受到收集材料等方面的影响，现阶段仅仅是将其各种作品集结出版，还处于基础的作品整理阶段，而作品集也是近期才相继出现，目前搜集作品比较齐全的是张夷主编的《陈去病全集》（上海古籍出版社，2009 年），另有《陈去病诗文集》（社会科学出版社，2009 年）等，尚没有专门研究陈去病的专著出现。

学术论著涉及陈去病的大多是因南社而提及，陈去病作为南社发起人之一和精神领袖，在叙述南社历史或从社团史角度解析南社的专著中都会涉及，包括他所做的社团发起组织工作、文学交游活动等方面，这类专著以杨天石、刘彦成《南社》和杨天石《南社史长编》为代表。此外，有众多回忆性的关于南社的文史资料中对陈去病也有涉及，包括马以君主编《南社研究》（共 7 册），郑逸梅《南社丛谈：历史与人物》，张夷主编《南社钩沉》等。

南社近十年来研究成果颇丰,多从宏观角度,将南社置于社会转型期的大背景下作整体研究,以孙之梅老师《南社研究》、华中师范大学卢文芸老师《变革与局限——南社文化论》及台湾师范大学林香伶老师《清末民初文学转型期的标志——南社文学研究》为代表,其中陈去病作为个体,所提不多。近几年来,南社研究逐渐走向文体细化和地域区划,出现了南社词等专门的分体文学研究以及南社诗人的地域化研究,如南开大学汪梦川博士学位论文《南社词人研究》,苏州大学孙立新博士学位论文《南社苏州诗人研究》等,陈去病所占篇幅亦有限。

单篇论文方面,涉及到陈去病的数量不多,且其中大多数只是局限于某一点的分析,如着眼于陈去病的诗歌艺术特色(《绿玉青瑶曾浩歌——南社诗人陈去病简论》,《苏州大学学报》),或者着力分析陈去病与孙中山或南社社友的关系(《"十年袍泽,患难同尝"——陈去病与孙中山的友谊》,《南京理工大学学报》;《柳亚子与陈去病》,《铁道师院学报》),再或者涉及到陈去病后期的政治主张等方面(《西山会议前后的陈去病》,《钟山风雨》),角度各异,且有文学、历史考证等不同方面的侧重点,但均不够全面,因此对于这样一位民国要人仍然缺乏系统的整合性研究。

本书着力于解决三大问题,一是全面系统地对陈去病一生的经历,包括社会政治活动、文化活动等方面作出梳理;二是着重理清陈去病与南社的关系,以陈氏的角度解析南社,并对陈氏性格的典型意义做深层原因探究;三是着眼于陈去病的诗文创作,以其作品为基础性资料,结合民国时期文化观,将个案研究置身于社会转型期的大背景中深入探讨。最终试图在解决上述问题之后能够还原一位真实的陈去病,并对其作出合理评价。

第一章　家世与生平

陈去病，民国时期重要的政治活动家、革命家、诗人、学者，原名庆林，字佩忍，又字巢南、病倩，别名垂虹亭长，笔名有季子、醒狮、大哀、南史氏等，江苏吴江县同里镇人，1874 年出生于苏州市娄门内平江路庆林桥旅次，为遗腹子。陈去病自幼为吴地文化浸染，得母亲悉心教养，早年虽得中功名，然始终“倡言革命”，1903 年东渡日本，思想发生巨大转变，1904 年于上海创办《二十世纪大舞台》，开戏剧改良与舞台实践相结合之先声，先后加入光复会和同盟会，自此正式举起革命义旗。陈去病擅长利用文字作利器，于辛亥革命前先后辑录、编纂《陆沉丛书》、《清秘史》、《明遗民录》、《奴祸溯源》等多部作品，意在激励民众，取得民族革命的舆论支持。1909 年 11 月 13 日与柳亚子、高旭于苏州虎丘创建中国近代史上规模最大、人数最多的文学社团——南社，并在诗文创作及提携后进等方面成绩斐然。辛亥革命后陈去病追随孙中山，先后参加反袁专政的“二次革命”，反对北洋军阀的“护法运动”，并担任讨袁军司令部秘书长、非常国会参议院秘书长等重要政治职务。晚年潜心教育，于东南大学、上海持志大学等多所高等院校任教，后任江苏革命博物馆馆长，并主编有《江苏革命博物馆月刊》，1933 年病逝故里，享年六十岁。陈去病一生著作甚丰，除诗集、专著外，作品大量刊登于民国时期报纸期刊，体裁各异，题材繁多，主要作品有《浩歌堂诗钞》、《浩歌堂诗续钞》、《诗学纲要》、《辞赋学纲要》等，并整理辑录《松陵文集》、《笠泽词征》等乡邦文献，今人整理出版的主要有《陈去病诗文集》、《陈去病全集》等。

第一节　陈去病家乡的整体环境及特点

陈去病为江苏吴江县同里镇人，吴江古称松江，别称鲈乡，历史悠久，于后梁开平三年(909 年)建县，县治设松陵，属苏州，元元贞二年(1296 年)吴江县升为州，明洪武元年(1369 年)复为县,清雍正四年(1726 年)分吴江为震泽县和吴江县,1912 年吴江、震泽两县复合为吴江县,隶属江苏都督府。同里则始建于宋代,宋末元初时成镇,至今已有千年历史。同里旧称"富士",唐初改为"铜里",宋时将旧名拆字为"同里",同里镇位于太湖之畔古运河之东,距离吴江县治十余里,距苏州府城二十三公里,镇外四面环水,被江、河、湖、荡层层包围,镇内则由十数条河流分割为若干小岛,以桥相通,可谓家家临水,户户通舟。由于同里位于叶泽、同里、南星、九里、庞山等五湖中心,河网密布,便利的水上交通和周边地区丰富的物产极大地促进了同里的经济繁荣,这个富庶的江南古镇在明清时期已经是"当时吴江县东南米业、棉布业、造船业和竹器业的中心,成为长江三角洲市镇网络的一个重要环节"①。经济的发达也成为了当地文化发展的基石,从而使同里呈现出独有的人文特点。

一、教育发达 名士辈出

同里"自古遵朴素,尚文学,多诗礼之家,比他镇为蔚,自宋迄今,故科第不绝,儒风不衰"②,自宋元以来,同里所出名门望族尤多,经济的繁荣极大地推动了当地教育的发展,形成了若干以家族为单位的文化群体,并以这些文化群体为中心向四周辐射,促进了教育与举业的观念在当地的深入人心。

受到传统思想的影响,经济条件良好的望族往往不惜财力,聘请名师教育子弟,"学而优则仕"在当时被视为正途,接受过良好教育的名门子弟在仕途上的成功,同样有助于巩固望族的地位,从而给予家庭精神上和物质上的双重保障,而这种保障更加推动了望族培养后辈子弟的决心,同时加大教育的投入,由此形成一个以经济促教育、以教育保经济的良性循环,因此同里的名门望族之中不乏儒者雅士,而这类儒士大夫往往文质彬彬,待人谦恭,谨承"达则兼济天下"之志,乐善好施,致使"功业声光为时所尚"③,潜移默化的影响毋庸置疑。在江南地区大环境与望族发展教育观念的双重推动下,同里成为人文荟萃之地,"自宋元以来,儒士大夫彬彬辈出,虽蕞尔地,无异通邑大都焉"④,自南宋淳佑四年(1247 年)至清末,仅同里镇便出过一位状元,进士举人百三十余人,可谓名副其实的文化古镇。陈去病自幼生活于此,耳濡目染,家乡的文化熏陶奠定了他文人的气质,而对吴地名士品行

---

① 吴仁安:《明清江南望族与社会经济文化》,上海人民出版社 2001 年版,第 188 页。

② 嘉庆《同里志》卷六,《典制志・风俗》。

③ 嘉庆《同里志》,《同里先哲志・天顺元年丁丑孟冬里人吴骥书序》。

④ 嘉庆《同里志》,《嘉庆十六年仲夏司里巡检钱江陈锡华序》。

节操的敬仰也成为了他贯穿始终的整理乡邦文献行为的最原始动力。

二、民族思想和遗民情结的根深蒂固

在传统思想的影响下，同里乃至整个江南地区都有着深刻的民族观念和特有的遗民情结。“遗民情结”的提出始于孙之梅的《南社研究》，特指的是在辛亥革命之前，“南社诗人们为现实的政体革命、种族革命寻求历史支援时，文化类别的认同”①，尤其鲜明地体现在南社诗人的诗歌创作之中，并成为一种“集体无意识”，有着明确的时间界定与参与主体的囊括范围。在此所谓的“遗民情结”则与《南社研究》中的界定不尽相同，这里更多指代的是一种精神上的认同，它源于儒家思想中“忠臣不事二主”的观念，因此相对宽泛，参与主体也可扩大至整个地区民众，后文中出现的“遗民情结”均与此作同一理解，陈去病对这种情感有极为精当的理解：“吾侪所以崇拜遗民者，谓其感戴旧君，耻臣新主也”②。同时此处的遗民情结当与传统意义上的民族观念加以区别，二者内涵并不完全等同，后者更加地有针对性，对于外来民族的排斥和自有民族的强烈认同是民族观念具体的表现形式。在民族思想和遗民情结的共同影响下，每遇朝代更迭，尤其是异族入主中原，这两种观念便会产生巨大的作用力，每到此时对这一地区而言都不啻为一场浩劫，以宋末元初和明末清初最具有代表性，而主观上由于文化传统的定型和观念的日趋成熟，客观上则由于清廷恩威并施，比元统治者更加讲求策略，因此在明清之交时，这两种观念显得尤为突出。

在明末抗清斗争中，江南地区反抗尤其激烈，清兵对于这片富饶之地打压甚重，1645 年为平定东南，更是先后造成“扬州十日”、“嘉定三屠”的血案，尽管学者对前者的真实性仍有质疑之声，但武力征服所造成的惨痛结果是不争的事实。面对忠臣良将“或百战捐生，或孤城效死，虽将倾之厦，一木难支，而毅魄英魂自足千古”③，普通民众亦誓死反抗，依靠地利优势，“于朱泾、四保江等处揭竿联寨，出没无定”④，致使“湖道梗塞，久与官军持”⑤，并因此出现了吴易等诸多吴江籍的抗清志士，为陈去病所敬仰。

---

① 孙之梅:《南社研究》，人民文学出版社 2003 年版，第 331 页。

② 张夷主编:《陈去病全集》，《明遗民录·凡例》，上海古籍出版社 2009 年版，第 698 页。

③ (清)温睿临、李瑶:《南疆绎史》，《御制题胜朝殉节诸臣录(并序)》，成文出版社 1968 年版。

④ (清)温睿临、李瑶:《南疆绎史 勘本》卷二十八，《太湖、浙西义兵列传》第二十二，成文出版社 1968 年版。

⑤ (清)温睿临、李瑶:《南疆绎史 勘本》卷二十八，《太湖、浙西义兵列传》第二十二，成文出版社 1968 年版。

如果说民族观念更直观地反映在易代时的硝烟炮火之中，遗民情结则更多地是一种冷静的退避和拒不合作的态度，在文化上形成一种更长久的坚持。陈去病在谈及先祖于宋元交替之时，“不屑仕宦”的理由时便充满了自豪感：“吾祖耻于变节，故不惮奔窜，为觅桃源”①，因此“自兰溪来迁于吴”②，而吴地便成为了陈氏先祖寻找到的一片精神和文化上的净土。可见在江南地区，因耻于变节拒不与新朝合作而甘当遗民的传统由来已久。

清朝伊始，清廷为奴化思想，文化政策异常严锢，这对于长期生活在明末宽松的文化氛围中的江南文人而言，巨大的反差更强烈地激起了他们的不满。而其后清廷所采取的一系列诸如开博学鸿儒科等意在拉拢天下文人的举动，则更有诛心之嫌，对于这种文化渗透式的征服，同里的儒绅士大夫果断地选择了“处而隐则能守志，励操昭范后人”③，这种选择本身也能体现出当地的一种相对一致的价值取向，而这种价值取向的背后正是源于深刻的遗民情结。陈去病穷其一生所追求的民族主义，不惜表现过分鲜明而遭人批评，主张儒生君子当“出而簉仕，则攘斥胡虏，扶护神皋；处而隐野，则纲纪群伦，立彰风教。虽际沦亡，亦不以淫威而屈其节”④，同时花费大量精力物力整理遗民文献，家乡的民族观念和遗民情结的影响显而易见。

三、集会结社传统

“集会”一词最早出于《史记·乐书》：“通一经之士不能独知其辞，皆集会五经家，相与互讲习读之”。可见最初集会的目的是在知识上取长补短，互通有无。后世的集会逐渐演变成为了文人们的一种艺术化的文化生活，集会往往会选择特定的时间、地点以突出其意义，参与集会的文人追求闲适和雅致的形式，并在不动声色之间比拼才学，虽有逞才之弊，却也对提高诗艺有所帮助。雅集在东晋时期达到了顶峰，并为后世所效仿，唐之后各朝均有文人集会的传统和所作诗篇的记载。早期的文人集会，参与者通常有亲缘关系，亦或彼此相熟，再或者是呈现以家族为单位而向四周辐射的形式。同里有着千年文化的熏陶，同时名门望族之中又不乏能诗善赋之人，因此在集会上有着得天独厚的优势。“重九日，里人携朋载酒，或登西皈庵涤虑楼，或登罗星洲酒仙阁，拈题分韵，各成诗篇，竟日始散，有古人龙山嘉会

---

① 张夷主编：《陈去病全集》，《蚬江陈氏家谱自序》，上海古籍出版社 2009 年版，第 316 页。

② 张夷主编：《陈去病全集》，《蚬江陈氏家谱自序》，上海古籍出版社 2009 年版，第 315 页。

③ 嘉庆《同里志》，《同里先哲志·天顺元年丁丑孟冬里人吴驥书序》。

④ 嘉庆《同里志》卷六《典制志·风俗》。

之遗风焉。”[①]从上述记载中不难看出，同里的集会参与人数众多，形式自由，更多追求的是相聚的乐趣而非强逞才学，而这种集会已经作为风俗沿袭，足以见当地集会传统由来已久。

结社与集会有所不同，结社兴起时间较晚，组织相对完整，结构较为严谨，有着相对固定的参与成员，结社的基础不仅限于家族、亲缘范围，而是有了更广泛的包容性。自南宋以来，统治者重文轻武思想日趋严重，文人在地位提高的同时增强了群体意识，如果说集会的一部分目的在于炫耀才学，更强调的是创作与自我，结社则开始关注群体需求与社员间的互动，而结社的原因则更为多样化，不再限于创作，即使文人结社也仅需要部分观念上的志同道合而已。因此，从一定意义上说，结社是将集会正规化的行为，同时集会也成为了社友组织活动的一种表现形式。结社行为在明代达到了登峰造极的地位，文人群体意识空前高涨，据史学家统计，明代有近二百个文人社团，尤以东南地区文人结社之风最盛，至明中期，“海内荐绅大夫与东南才俊之士，造门纳履无虚日，酒酣以往，笔墨横飞”[②]。而中国历史上规模最大、参与人数最多的文人社团组织复社也于明崇祯二年(1629 年)成立，由于复社所处时代民族矛盾异常尖锐，因此复社成员大都怀有饱满的政治热情，摒弃空谈之风，关注现实并实际参与政治斗争，复社的成立不仅继承和发展了吴江地区的结社传统，也给结社行为本身赋予了更加鲜明的政治意义，从而给予了社团更多的表现内涵。

明亡之后，吴江地区社团活动一如当地的抗清斗争，依旧活跃，只是由于清政府的打压，形式更加具有隐蔽性，且呈现出“遗民社团”的特点，其中最著名的当属顾炎武、归庄参与的惊隐诗社，又称逃社，这种名称本身便反映出身处时代夹缝中的文人惶恐而又无所适从的心态。据清代县志记载，“国初，吾邑之高蹈而能文者，相率为惊隐诗社，四方同志咸集……诸君以故国遗民，绝意仕进，相与遁迹林泉，优游文酒，芒鞋箬笠，时往来于五湖三泖之间。”[③]这种名士风流的行为实际上是遗民们的一种文化策略，相比明末社团的激进与斗争，清初的结社者们采取了冷处理的方式，在坚守文化阵地的同时也对旧朝的失败进行着理性的反思，更重要的则是在对以往审视之余，对往昔美好道德和文化秩序碎片化的追慕与重构，这种更为理性和淡定的结社给吴地的结社传统增添了崭新的人文内涵。

集会与结社的传统对于陈去病的影响是不容小觑的，面对清末统治者的窳败，

---

① (清)张廷玉等:《明史》卷二百八十五,《列传第一百七十三・文苑一》。

② 乾隆《震泽县志》,卷三十八。

③ 张夷主编:《陈去病全集》,《先妣节孝君倪太孺人行状》,上海古籍出版社 2009 年版,第 817 页。

陈去病始终在以结社的形式表达愤慨与反抗，并于1909年在虎丘发起成立了中国近代史上规模最大的社团南社，在效仿前贤表明心志的同时，也对反清斗争做了声势浩大的舆论声讨，而南社成员组织的十八次雅集也在不同的时期针对增强社团凝聚力、解决内部纷争、应变突发事件等诸多方面起到了关键性的作用，并创作了大量的诗文作品，在发扬光大集会结社传统的同时，在近代文学史上描绘了浓重的一笔。

第二节 陈去病的家庭背景

陈去病的先祖迁至吴地之后，以锻铜起家，后经营榨油业，世代经商，颇得其法，故生意蒸蒸日上。自明中叶始，数百年间，家资殷实，至陈的母亲倪太夫人初入陈家时，尚有“家门值隆盛，食指繁，臧获僮奴以百数”①的场景。陈去病出生时已经家道中落，后来甚至已经出现“毁斥奁具”、“转辗乞贷”②的困境。陈去病是遗腹子，全赖母亲一手抚养教育。陈母倪太夫人是元代画家倪瓒的后人，“幼秉淑德”，知书达理，悉心抚养独子。陈母极重视教育，在陈去病五岁时即亲自教之认字，成为陈的启蒙之师，待陈去病稍长，又送其拜长洲名儒诸杏庐为师，自此“自经史之外，旁及两汉三唐，文章词赋靡不搜讨追遍”③，这为陈去病日后的创作和拥有广阔的视野奠定了良好的基础。1916年，大总统府对陈母特指令褒奖，题给“女宗共仰”匾额。孙中山在得知了倪太夫人的教子贤名之后，也誉之为“女之师表”，并认为“去病能词章，才名满天下”④是与陈母的教育影响分不开的。

对陈去病影响更为深远的是倪太夫人的以身作则，用自身品德为陈做出榜样。陈家祖辈有任侠之风，乐善好施，在邻里之间颇“得长者之誉”⑤。陈母同样有广施仁德之心，在家境日窘的状况下，仍对贫者有帮扶之意。这种无言的教化对陈去病性格的养成有着潜移默化的作用。现代心理学认为，幼儿期便缺失父亲，而由母亲独自抚养的男性极易出现偏阴人格，即在性格中表现出懦弱、多愁善感、自卑、缺乏毅力、果断性不强等特点，同时也可能因为自幼缺少父权信仰而表现出对于外界的控制、驾驭的强烈抗拒，从而走向性格的另一个极端。但在陈去病身上，上述情况

① 张夷主编:《陈去病全集》,《先妣节孝君倪太孺人行状》,上海古籍出版社2009年版,第818页。
② 张夷主编:《南社杂佩》,陈绵康 陈艺《陈去病与南社》,中国美术出版社2007年版,第65页。
③ 《孙中山全集》第四卷,《陈母倪节孝君墓碑铭并序》,中华书局1985年版,第1页。
④ 《孙中山全集》第四卷,《陈母倪节孝君墓碑铭并序》,中华书局1985年版,第1页。
⑤ 张夷主编:《陈去病全集》,《纂谱琐言》,上海古籍出版社2009年版,第337页。

都没有出现，这得益于陈母对陈去病性格养成的注重，陈去病有先祖遗风，“年少好事，任侠慷慨”[①]，陈母特“举榜其书室曰‘佩忍’”[②]，告诫儿子克制性格中冲动、喜怒无定的一面，同时鼓励陈去病通晓时务，开阔眼界，知四方之事，“以时务报册，督予阅览，勉为俊杰”[③]，可以说对陈去病进行了广博的情感培养，而他性格中所具备的仁和宽厚与淡泊名利之心正是源于母亲用心良苦的教育，陈去病日后所取得的成就，陈母的确功不可没。尽管如此，从陈去病的作品风格及处世之风来看，他仍然始终存在着一种深沉的气质，这种气质的形成源于生长在没落之家，且“遗孤荏弱”，难免有孤独之感，而由此产生的深沉性格却伴随其一生，同时不自觉地影响到作品风格，这种由于客观存在的情况所导致的必然结果已非陈母一人之力可解决的了。

第三节　陈去病的生平经历

作为民国时期重要的社会活动家和革命家，陈去病是当之无愧的，他的一生几乎都在行色匆匆的奔走中度过，为了实现革命理想和政治抱负，陈去病南下北上，东渡西游，足迹遍布中国十数个省份地区，加入革命团体，创办社团组织，投身革命浪潮，身体力行地宣传，甚至有过组织武装斗争的举动。在 1906 年加入同盟会之后，陈去病开始追随孙中山，历经二十载一如既往，同时与国民党代表人物如田桐、陈家鼎、张继等人关系密切，革命几乎成为了他生命的主旋律。虽然如此，陈去病的经历中还有另一个重心，便是任教，综观他的一生，革命热情如潮汐有涨有落，一路走来多荆棘坎坷，多个社团组织也是性质不同，目的各异，命运迥然，而最一成不变的便是其任教经历，从 1900 年任同里任氏的家庭教师开始，陈去病先后辗转于上海、芜湖、绍兴、杭州、南京等诸多城市任教。不可否认的是，任教的其中一部分原因是迫于生计压力及宣传进步思想，但更重要的是陈去病将任教视为了他文人本色的表现，是他与其他革命者相比与众不同的标签，甚至是晚年对革命有所失望而选择的一种平静心灵的方式，因此任教对陈去病而言有着特殊的意义。

因为社团组织将在下文以单章的形式加以论述，在此仅从陈去病一生所从事的政治活动及任教经历两方面论述。

---

① 陈去病等：《南社丛刻》，《垂虹亭长传》，江苏广陵古籍刻印社 1996 年版，第 333 页。

② 张夷主编：《陈去病全集》，《先妣节孝君倪太孺人行状》，上海古籍出版社 2009 年版，第 818 页。

③ 张夷主编：《陈去病全集》，《陈去病年谱》，上海古籍出版社 2009 年版，第 6 页。

一、政治活动

陈去病最初走的是一条传统的读书科举道路，并于光绪二十二年（1896 年）科试优等补廪，然而风雨飘摇的时代让传统文人两耳不闻窗外事的生活变得不再现实，19 世纪末先后到来的甲午海战的惨败与《马关条约》的签订开始惊醒国人志士，正如梁启超所言："吾国四千年大梦之唤醒，实自甲午战败割台湾、偿二百兆始。"①一时之间全国范围内学会蜂起，陈去病也迈出了他作为政治活动家的第一步：于 1897 年六月在家乡同里创办"雪耻学会"，同邑参与者众多。这一学会的创立并非偶然，一方面由于大环境的推动，国人已经开始迫切地寻求富国强兵之道，维新思想的宣传在当时也达到了新的高潮，另一方面则缘于切肤之痛，在《马关条约》中，苏州也成为了被迫开放的商埠，这似乎让耻辱变得更加形象与触手可及。雪耻学会成立以后，陈去病曾自榜一联："炎黄种族皆兄弟，华夏兴亡在匹夫。"②从中除了可以看到陈去病强烈的社会责任感外，他一以贯之的民族思想也初露端倪。遗憾的是学会只维持了短短一年的时间，在种种原因下，雪耻学会于次年"遂散不复举"③，但陈去病已经今非昔比，他不再向往单纯的功名，而真正开始心忧天下。

1902 年四月，陈去病赴上海参与中国教育会的组建，随后返回同里，与金天翮④等人成立"中国教育同里支部"以相呼应。中国教育会是由蔡元培、蒋智由等人发起，其宗旨是"以教育中国男女青年，开发其智识，而推进其国家观念，以为他日恢复国权之基础为目的"，虽然选取了教育作为突破口，实际上中国教育会已经带有了很明显的民族主义和民主主义的色彩。与此同时，就在当月，陈去病在家乡宣传和代售资产阶级改良派的重量级刊物《新民丛报》，这时距离《新民丛报》的创刊只有两个月，陈去病已经显示出他敏锐的政治嗅觉和过人的勇气。

值得一提的是，许多研究者因为 19 世纪末中国维新思想正盛，"支持维新"似

---

① 梁启超：《戊戌政变记》。

② 据张夷主编：《陈去病全集》，《陈去病年谱》，上海古籍出版社 2009 年版，第 19 页。

③ 张夷主编：《陈去病全集》，《革命闲话》，上海古籍出版社 2009 年版，第 683 页。

④ 金天翮（1874－1947）：清末民国间江苏吴江（今吴江县苏州市南，太湖东岸）人，近代诗人、学者。原名懋基，字松岑，号壮游，又名金一，后名天翮、天羽。号鹤望；笔名麒麟、爱自由者、天放楼主人等。光绪二十四年（1898）荐试经济特科，以祖老辞。在家乡兴办学校，讲求实学。二十九年，在上海，与章太炎、邹容、蔡元培、吴稚晖等交甚密，参加革命团体爱国学社。曾翻译日本宫崎寅藏宣传孙中山革命事迹的《三十三年落花梦》和俄国虚无党史《自由血》等书。同时在《江苏》上发表长篇小说《孽海花》第一、二两回，表现了民主革命倾向。《苏报》案发，屏迹归乡里。民国初年，任江苏省议员，1923 年任吴江教育局长，江南水利局长。去职后居苏州，1932 年与章太炎、陈衍、李根源等创办国学会。抗日战争期间，任上海光华大学教授。卒后，门人私谥贞献先生。主要作品有《天放楼文言》、《天放楼诗集》、《红鹤词》、《孤根集》等。

乎成为当时进步人士必然存在的立场，再加之陈去病曾代售《新民丛报》，证据更加确凿，以此认定陈去病早期是一个积极响应康梁思想的维新主义拥护者，柳无非也曾说："那时去病先生痛恨清政府屈辱于帝国强权，在同里镇成立'雪耻学会'，拥护维新……"此说法值得商榷。首先，雪耻学会并没有任何提纲、宗旨性质的文字产生，且组织相当松散，纯粹是应社会风潮而出现的小团体，虽参与人数较多，不过"鸡鸣风雨，磨砺一堂"，相互交流，评论抨击时事而已。陈去病在后期忆及的是当时济济一堂的场景，有感于其中的"文酒从容之乐"①，与其说是响应维新思想的举动，不如说这是创建了一个得前贤集会之风、发表自由言论的舞台。更何况，在谈及学会解散的情况时，第一个被陈去病提到的背景事件便是戊戌变法，并且与义和团的兴起并列，并未表现出任何的偏向。如果雪耻学会真的是为响应康梁思想而创建，又怎会在维新思潮的影响力达到顶峰的时候匆匆收场，即使因为创办者的主观原因而导致学会难以为继，戊戌变法也不会同"拳匪"并列出现于背景描述中，于理不通。其次，陈去病所参与组织筹建的中国教育会并没有鲜明的资产阶级改良色彩，它是以改造中国的教育体制、理念为切入点，试图以文化兴邦，而它所强调的"国权之基础"反而更倾向于建立民主共和制的国家。再次，陈去病代售《新民丛报》的原因究竟何在？其中一定有让他深表认同之处，实际上，《新民丛报》在创办之初，文风与改良派一贯的温和态度有所不同，行文犀利生动，着重介绍西方资产阶级政治学说，在宣传维新变法之外尚力倡民族主义，因此深受进步人士的欢迎，而"这时候的梁任公，思想倒是很激烈的，隐隐然有从维新而到革命的倾向"②。陈去病在1903年留学日本期间，以醒狮署名在《新民丛报》上发表了《题〈黑奴吁天录〉后》、《读史三首》、《警醒歌》三首诗作，在《题〈黑奴吁天录〉后》中，陈去病深有感触："专制心雄压万夫，自由平等理全无。依将黄种前途事，岂独伤心在黑奴。"自由平等和民族主义的观念已经呼之欲出；《读史三首》虽取秦汉典故，实则皆有所指，"暴戾之君"与"妖狐老婢子"直指光绪与慈禧；而《警醒歌》则完全是呼吁民众警醒发奋，以身殉国的斗争歌谣。很明显这三首作品与改良派的观点并不完全吻合，陈去病只是在一定程度上借助《新民丛报》的影响力表达自身革命的观点，当然，这一时期陈去病的思想已进入渐趋稳定与明朗化阶段了，但仍然可以用在此说明问题。结合陈去病创办或参与的雪耻学会、中国教育会的情况，三者唯一的共同点就是民族主义，而这不仅是陈去病事业的起点，也是在辛亥革命之前他所有活动的出发点

① 张夷主编：《陈去病全集》，《革命闲话》，上海古籍出版社2009年版，第683页。
② 柳亚子：《我和南社的关系》，柳无忌编：《南社纪略》，上海人民出版社1983年版，第9页。

和落脚点。民族主义成为支持陈去病革命事业的理论根基，在19世纪末维新思想盛行的大环境下，对陈去病更有吸引力的仍然是民族主义的立场，而对改良派其他诸如立宪政体等方面的主张并未表现出更多的兴趣，陈去病在当时不可避免地受到维新思想的影响并支持康梁学说中的某些特定内容，但是因此简单地理解为“拥护维新”未免有失偏颇。

从早期陈去病所从事的政治活动来看，他尚处于信仰的模糊期，从单纯的抨击时弊、对当权者的不满到凭借直觉参与、接受先进组织和思想，陈去病此时仍然处在摸索阶段，民族主义成为了他最先的思想武器，而这种指向不仅是当时的潮流所归，更对他之后的政治生涯产生了深远的影响。

1903年，陈去病决定东渡日本，然后“从朝鲜趋东三省，以探查露西亚近状”①，虽然最终朝鲜和东三省未能成行，想要探查沙俄情况的构想也不了了之，但这次东渡对陈去病思想的明确有着极为重要的作用。中国留学生留学日本相比于欧美国家较晚，但却后来居上，因为有着“政俗文字同则学之易，舟车饮食贱则费无多”②的优势而迅速成为急于寻求救国真理人士的首选。在游历日本的几个月时间里，陈去病不仅开阔了眼界，增长了见闻，且因远离清廷的束缚，政治和舆论空间更为宽松，再加上“国内有志者……以言论反对清政府，或在各省起事者渐多，事败，苟不被戕害或拘留，则大率亡命至日本”③，客观上也使日本成为了宣传革命思想的集散地，这更加速了陈去病明确革命的决心和必要性，并且得出了“大凡物腐败，则必多弃遗”④的结论。陈去病到日本很短的时间内便开始主编《江苏》杂志，并以汉代名将霍去病“匈奴未灭，何以家为”相激励，正式更名为“去病”，不久，沙俄侵略中国东北，消息传入日本，引发学生一片慷慨之声，4月29日，由留日学生秦毓鎏、钮永建等人发起，五百余名学生在东京集会成立拒俄义勇队，陈去病亦为组织者和重要成员，自此“革命之动机，乃郁郁葱葱勃然兴起矣”⑤。5月2日，拒俄义勇队易名为学生军，继续从事革命活动。清政府为压制海外留学生中的革命势力，开始秘密逮捕回国的学生军成员，同时向日本政府施压。学生军面对打压局面，遂改组为军国民教育会，意欲与中国教育会形成呼应。至此，军国民教育会已经具备了明确的革命排满性质，其主力军便是留日学生，而“学生群与专制社会存在天然对抗，由此

---

① 《浩歌堂诗钞》卷二，《将游东瀛赋以自策》。

② 陈学恂、田正平编：《中国近代教育史资料汇编·留学教育》，上海教育出版社2006年版，第333页。

③ 卞孝萱、唐文权编：《辛亥人物碑传集》，蔡元培《孙逸仙先生传略》，团结出版社1991年版，第4页。

④ 《浩歌堂诗钞》卷二，《东京雨后寓楼倚望》。

⑤ 张夷主编：《陈去病全集》，《革命闲话》，上海古籍出版社2009年版，第687页。

产生本能的自由趋向"[①]。虽然从成立宗旨上看，义勇队属于拒俄御侮，实际上，最初拒俄义勇队的发起者们的目的仍是民族主义，沙俄事件充当的不仅是导火索，还是一定程度上的抛砖引玉，因为"揭橥民族主义，留学界中赞成者极为少数，欲图扩张，至为不易，吾人盍赞成惕生（钮永建）组织拒俄义勇队之主张，借此题目结一大团体，以灌输民族主义乎"[②]，而这正是陈去病始终未变的关注点，日本之行最大的收获是使他明确了革命的方式，且结识了一大批志同道合之士，包括苏曼殊、陈天华等人。

回国之后，陈去病继续宣扬革命思想，1904 年参加对俄同志会，1905 年前后，徐锡麟和陶成章、秋瑾等人通过创办的大通学堂发展光复会成员，陈去病便在这一时期由秋瑾介绍加入光复会。光复会是 1904 年蔡元培、陶成章等人于上海所创立的革命团体，其宗旨为"光复汉族，还我河山，以身许国，功成身退"，主张文字宣传与暴力暗杀手段并存。光复会的骨干是具有进步思想的爱国知识分子，其中核心成员大都是留日学生。随后，陈去病于 1906 年经由刘师培介绍加入同盟会，这对于陈去病而言意义非凡，成为他正式追随孙中山的标志。同盟会秉承"驱除鞑虏，恢复中华，创立民国，平均地权"的十六字政纲，相比较光复会而言，体制更为完善，方式更加合理，因而迅速成为全国性的革命组织，但从性质上看，"光复、同盟，前后离合不一，宗旨固无大异，皆以种族革命为务"。孙中山本人也承认在排满反清问题上二者的一致："两会欣戴宗国，同仇鞑虏，非只良友，有如弟昆"[③]。加入同盟会之后直至辛亥革命之前，陈去病将重心转移到了社团组织方面，这一时期也成为他创建社团的顶峰期，他先后参与、建立、发起了黄社、神交社、秋社、匡社和南社等五个带有政治革命色彩的文学团体，以文人的方式进行民族斗争，配合同盟会在舆论界掀起反清浪潮。

辛亥革命之后，情况发生了变化，推翻帝制的喜悦未过，反袁斗争便在全国范围内轰轰烈烈地展开，这时陈去病选择了身体力行地奔走、宣传，并开始担任政治职务。由宋教仁案引发兵戎相见的二次革命成为了陈去病在民国迎来的第一次为保卫共和制国家而斗争的事件。1913 年 7 月，陈去病被委任江苏讨袁军司令部秘书长一职，然而结果却并不尽如人意，由于当时国民党手中没有兵权，政治基础不牢，武装力量薄弱，讨袁军属于仓促上阵，各地区缺乏统一部署，没有作战计划，导致二次革命在两个月内宣告失败。

---

① 桑兵：《晚清学堂学生与社会变迁》，学林出版社 1995 年版，第 285 页。

② 冯自由：《革命逸史》初集，《青年会与拒俄义勇队》，中华书局 1981 年版，第 104 页。

③ 《孙中山全集》第二卷，《致陈炯明及中国同盟会电》，中华书局 1985 年版，第 47 页。

其后中央政府的集权能力逐渐减弱，袁世凯政府采取了一系列诸如裁军分治、废督废省等措施力图加强中央集权。与此同时，地方军事实力日渐增强，地方自治、独立成为了大势所向，各省先后宣布独立。针对此种情况，1916 年 2 月，陈去病与徐自华等人意图发动苏州起义，直逼南京，但因事泄未成。1917 年 7 月，陈去病又赴宁波，欲谋浙东，以举兵响应孙中山，却终“因兵力单薄而失败”①，险遭不测。1917 年 8 月，孙中山为维护《中华民国临时约法》，恢复国会，发动了历时九个月的护法战争，陈去病于 1918 年任非常国会秘书长暨元帅府咨议，再任参议院秘书长。然而这场战争仍然因南北军阀的妥协而最终宣告失败。1922 年 5 月，孙中山再次起师于广州，以陆海军大元帅名义下令韶关北伐，后北伐大本营也移至韶关，陈去病只身奔赴韶关，先任大元帅府秘书长，后任北伐大本营前敌宣传主任，并为鼓舞士气赴前线演讲，但北伐战争于同年八月再度失败。1923 年 11 月《国民党周刊》发表《中国国民党改组宣言》，至此，国民党改组正式提上议事日程，1924 年 5 月，陈去病奉命任江苏临时省党部委员，实行改组；同年九月，陈去病在上海发起组织江苏民治建设会，以便“宣传革命主义，掀起民政运动”②，同年十一月，陈去病奉命北上接收故宫文物，任检查清宫文物委员。

由陈去病在辛亥革命之后的政治活动中不难看出，此时陈氏斗争的性质已经发生了根本性的变化，由推翻帝制到维护共和，由破旧到立新，陈去病也不再是单纯的“民族斗士”，且这一时期陈去病的政治活动明显增多，而政治生涯也由东渡前的摸索期，辛亥革命前的成型期进入了维护共和成果的活跃期，但这种积极参政的热情在孙中山去世之后迅速冷却下来。1925 年孙中山去世后，陈去病先后担任葬事委员会委员和葬事筹备委员会委员，为孙中山料理身后事，1926 年 3 月，陈去病被选为中央监察委员，但此时他已颇有些心灰意冷了，他于 1927 年先后辞去孙中山葬事筹备委员一职，并拒任江苏省政府主席、省党部监察委员等职，其后转而潜心教书，做文史方面的整理出版和宣传工作，于 1928 年先后担任江苏革命博物馆筹备处委员、中央党史编纂委员会委员等职务，1931 年以年老为由辞去各职，正式结束了三十余年的政治生涯。

二、任教经历

陈去病一生辗转于苏、浙、沪、徽等各地任教，任教学校性质各异，任教目的也

① 杨晓容:《陈去病传略》，载《吴江文史资料》第 14 辑，第 48 页。
② 张夷主编:《陈去病全集》，《陈去病年谱》，上海古籍出版社 2009 年版，第 320 页。

各有不同，然而任教却成为了陈去病贯穿始终的一项生活内容，且与其政治活动的走向趋于一致，在一定意义上成为了他思想立场的注脚。陈氏的任教生涯始于1900年，担任同里任氏的家庭教师，这时的陈去病选择的是一条传统知识分子的道路，这对四年前得中秀才又因组织“雪耻学会”而渐有贤名的陈氏而言是一个不错的开始。任氏是当地名家，长辈为风雅之士，善赋诗谈古，在宾朋咸集，酬唱应答中，陈去病汲取了更多传统文化的精髓，也有利于文人气质的养成。由于环境相对稳定，目的单纯，在任氏为西席的时间持续到1902年。

1903年的日本之行给之后陈氏的任教性质添加了复杂成分，他在回国后任教于上海爱国女校，这所学校由蔡元培创建，与中国教育会有着千丝万缕的联系，其学生也多为中国教育会成员家眷，而任教者则几乎都持革命态度，与陈去病在日本相识的苏曼殊等人当时也都在上海担任教员的工作。任教对此时的陈氏而言更像一种身份上的掩护，而任教于新式学堂也与之前传统的塾师有了本质的区别。在沪期间陈去病一刻也未停止过革命活动，甚至私购军械，办学校，创刊物，于进步杂志报纸上发表文章，这一系列举动也逐渐引起当局注意，后购军械一事偶然被当局查获，陈去病旋遭通缉，为躲避追捕，先后于上海苏苏女校和镇江承志中学任教，此时任教成为了革命的避风港。

1906年初，陈去病应聘于徽州府中学堂，这是他任教经历中走得较远的一次。在任教期间，陈去病已经开始借讲台传播革命思想。其同时不忘访谒先贤遗迹，1906年5月，陈去病自安徽入浙江，泛舟新安江，访寻东汉严光祠及宋遗民谢翱台痛哭处，后返回安徽。同年十月，陈去病二次赴浙，作张煌言226周年祭文。同时，这一年也成为了陈去病诗文创作的丰产期，其《黟山集》一卷收录作品全部为这一时期创作。次年陈去病再度返回上海任教于爱国女校。1908年，陈氏受聘于绍兴府中学堂，此行还有另一目的，便是会葬秋瑾。在任教期间，陈氏也以秋瑾事例教育学生，因言论大胆而屡被责难，几个月后因聚众祭奠秋瑾再遭通缉，不得已南下广东暂避。1909年春任苏州张府西席，这次短暂的塾师经历有着更深层次的意义，并非表面上看去的向传统角色的回归，而纯属为了“利于联络同志又能隐而行之”①，这一时期，陈去病辗转于多所学校任教，他于1910年九月任教于浙江高等学堂，1911年初任教于杭州蒲场巷高等学校，此时革命形势也益发猛烈。从陈去病归国直至民国建立，在此期间陈氏的任教更多的是为了配合革命活动而寻找到的一种合理身份，工具性极强，与他的革命足迹完全相合。

---

① 张夷主编：《陈去病全集》，《陈去病年谱》，上海古籍出版社2009年版，第131页。

民国建立的最初几年，陈去病忙于政事，1916 年曾兼任杭州法政门学校讲师，此时的这种工作更是陈氏文人气质的一种表现方式，在与老友诗酒唱和之余，沉浸于“传道授业解惑”的乐趣之中，更似枯燥政治生活中的调剂。此后陈去病的生活重心开始向治学育人方向倾斜，于 1920 年 2 月主讲杭州浙江法政学院，随后心忧国事的陈氏追随孙中山进行北伐战争，然遭陈炯明兵变，情势急转直下，1922 年 6 月大本营撤离韶关，陈去病迫于生计提出先返回南京任教，在征得孙中山同意之后于 9 月任东南大学教授，主讲中国文学及诗赋，也开始编纂讲义，融合自身观点系统地整理诗学、辞赋学的发展演变。可以说，尽管初衷并非如此，但是这段经历给了陈去病一个展示自身学识和传统文化积淀的机会。

孙中山去世之后，陈去病对政治职务也逐渐失去兴趣，他于 1928 年兼任上海持志大学中文系主任，因其为校董，课程也较多，在一段时间内忙于任教，但此时陈去病的内心并不平静，课余常“相偕买醉……醉必纵论党国诸公，不少讳焉。一若灌夫之骂座，盖心中多不平焉”①。至此，任教对于陈去病有了新的意义，这成为了他在对政治失望之后退而求得心灵平静的方式，或者言是一种特别的情感投入方式，在找到排解不满情绪方法的同时也寻找到了一种新的情感代偿。

纵观陈去病一生的任教经历，因时事的变化与人生际遇的不同而不断产生别样的意义，这种内涵丰富的生活方式成为了陈氏人生经历中一项重要的组成部分，也从侧面反映着不同时期陈氏的思想变化与价值取向。

① 转引自金世德《哀词》。

第二章　陈去病的文化活动

地域文化对于陈去病影响巨大，这种影响一方面反映在其创作之中，另一方面则不得不提他一生致力于的文化活动，尤为突出的是文献整理。从1890年陈去病便开始有意识地征文考献，十年后开始辑录《松陵文集》，直至晚年，仍致力于收录乡邦及遗民文献。虽然不同时期，出于不同的目的，陈氏的文献整理侧重点会有所不同，但可以说，文献整理贯穿陈氏的一生，成为他一项重要的文化活动。陈去病晚年忆及一生所成，仍对文献整理颇为自得："惟历年搜集乡先生诗文词曲日益繁富，又考订纪述等类，亦动盈几案"(《与宋紫佩书》)。陈去病先后搜寻、整理、编辑、出版了《松陵文集》、《笠泽词征》、《陆沉丛书》、《三大儒正气集》、《清秘史》、《明遗民录》、《吴江诗录》等等不同方面的文献，或出于宣传目的，或应于社会思潮，或重于表明志向，原因各异，却取得了不俗的反响。陈去病在找寻原始文献的时候也投入了大量的精力，仅明末复社成员手迹就读到三千余通①。平日他四处寻访，甚至不放过一块断碑残石，当时家境已不宽裕，然耗费大量财力仍不改初衷。这种对文献及文物有意识地保存、收藏、整理的态度也为人所称道，同时在友人中也产生了巨大的影响，柳亚子曾多次对于陈去病搜罗文献表示出赞赏和钦佩："复社逃盟总旧因，网罗遗佚替传真。祝宗莫便轻祈死，文献东南要此人"。②"乡邦坛坫慎交社，桑海遗闻补史亭，一自莘庐耆旧死，松陵文献尽推卿。"③

另一方面的文化活动则是投身文化实业。陈去病不仅担任过数家报纸、期刊的主笔，更亲自组织创办刊物，1904年所创《二十世纪大舞台》更是开戏剧改良与舞台实践相结合之先河，在戏剧史上有着重要的意义；1911年应革命风潮创办《大

---

① 据俞前、殷安如：《陈去病年谱简编》。

② 柳亚子：《巢南初度将及，感成六绝和韵》其六，《磨剑室诗词集》，上海人民出版社1985年版，第69页。

③ 柳亚子：《怀人诗十章》，《磨剑室诗词集》，上海人民出版社1985年版，第46页。

汉报》，虽然仅仅维持四十余日便宣告停刊，但却凸显出民国时期报刊业的特点；晚年主办《江苏革命博物馆月刊》，则更多地是对信仰的坚持和对往昔的回顾。陈去病与友人先后创办"东江国民学校"、"苏苏女校"、"竞雄女校"等新式学校，为传播革命思想提供了园地。不论是文献整理还是投身实业，陈去病所从事的文化活动都有着复杂的、多方面的原因，鲜明地打上了时代的烙印。

第一节 文献整理活动

陈去病从1899年辑《松陵文集》开始，直至1930年仍在整理明末志士周顺昌、周宗建等人的书稿遗墨，文献整理的时间跨度长达三十年，其中得以保存下来、部头较大且有重要意义的各类文献便有十数部。从类型上看，陈氏所辑文献主要可以分为三类：明遗民、反清志士文献，清史文献和乡邦文献，而第一类中又根据人物影响力的大小以及实际掌握的原始文献情况选择单独辑录或合并成集的方式，由于所处时代特殊，陈氏的文献整理也出于不同目的的考虑，在一定意义上所辑录的内容甚至不能严格地称其为文献，同时这一活动也呈现出多样特点。

首先，原始文献与个人创作掺杂。这一点主要指的是陈去病于1906年在徽州任教期间所作的《五石脂》，这部作品类于笔记，但性质极难界定。《抱朴子·金丹》中言："五石者，丹砂、雄黄、白礬、曾青、慈石也。"道家自古就有炼五石服食以达延寿目的的相关记载，如《史记·扁鹊仓公传》中，"论曰：中热不溲者，不可服五石。""五石脂"本是一种药物，梅彪在《石药尔雅》中称五石脂可以制丹，服饵。陈去病自称"窃独慕此，故述琐事，以替服饵。黄帝有灵，尚其招我"①，以文章为药石，期待汉民族的觉醒与认同，"黄帝"在其中代表的含义不言而喻，民族主义的倾向和写作意图已经十分明显。在《五石脂》中，陈氏着重记录了明末清初吴江以至松江、太湖地区的抗清斗争，对抗清志士以及明遗民的家族沿袭梳理得极为详尽，同时对于清初的明史案以及牵连其中的吴炎、潘柽章等人的生平也作了详细的叙述。出于文人的习惯，陈氏在其中大量地收录这类遗民志士的作品，或以亲缘，或以地缘，勾连穿插。由于这类人物作品多为清廷所禁，因此需花费巨大精力搜罗，《五石脂》中处处可见只字片语的记录，足见找寻的不易，而这种收录也大有以诗存史之意。另一方面，陈氏又对许多地方掌故、记载、传说仔细分辨，补其缺漏，而且在叙述之余，往往夹杂有大量的评价和议论，或对遗民气节表示敬佩，或对江山易主生发感慨，而

① 张夷主编：《陈去病全集》，《五石脂》，上海古籍出版社2009年版，第853页。

这已经足以将其划为杂谈、笔记类了。

其次，明遗民、志士文献与清史文献相伴并生。作为事物的两个方面，这两类文献总是相伴出现，以正义和非正义的面貌共同帮助陈氏达到革命宣传、煽动人心的目的。如1903年陈氏辑成《陆沉丛书》，其中包括《建州女直考》、《扬州十日记》、《嘉定屠城记》和《忠文殉节记》四集，记载的都是满洲兴起及清兵南下屠城的史实。同年陈氏始辑王夫之、黄宗羲、顾炎武文集，即《三大儒正气集》。1905、1906两年间，陈氏先后辑成《吴长兴伯遗集》、《吴赤溟先生遗集》，同时也有反映剃发令下江南地区人民反抗的《烦恼丝》等。1907年陈氏辑《明遗民录》，按照地域将明遗民事迹整理辑录。同时，陈氏作成《奴祸溯源》及《虎伥遗恨》，则又重在清史一方。可以说，出于宣扬民族主义等一系列政治目的的需要，陈氏始终在这两类文献中寻求一种平衡，这种并生局面是有意为之，如同律师在搜集利己证据的同时也在寻求对方的不利证据。陈氏此举保证了受众群体舆论接受上的平衡心理，也许在辑录相关文献时陈去病并未考虑得如此深入，但这种情况在客观上的确可以增强影响力和公众的信任度。

再次，部分文献失真度高。此类情况主要指的是清史文献，在陈去病的概念中，不如代之以“异族文献”更为恰切。作为反衬遗民、志士事迹的清史文献，在陈氏的文献整理活动中只是作为一个强大的反作用力出现，这种角色的定位使得出现在其中的满洲先民野蛮荒淫，清廷皇族奸猾狠毒，八旗子弟面目可憎，南下清兵惨无人道，尤以出版于1904年的《清秘史》为代表。从满洲先民直至慈禧太后，所辑事例多为异化传说或坊间版本，从历史文献角度讲，几乎没有任何价值，但在当时对于煽动民族情绪的确收到了良好的效果。除去这一部分主要针对皇室的文献，陈去病还将目光投向了另一群人，即他所谓的“为虎作伥”之流，代表人物是康熙朝的李光地和施琅，前者是朝廷重臣，深受康熙帝倚重，后者则在收复台湾时立下汗马功劳。陈去病在编者自序中指责李光地“盗理学之虚名，行倾险之鄙事……忝附道学，惑世诬民……渎乱人伦，率天下之民，胥入于禽兽之途”①，而施琅因助清廷收复台湾而“负恩郑氏，负恩明室，因以负恩于我中国”②，对于这种华夷不辨之人表现出极大的痛心。不论是对清廷秘史的道听途说还是对清史中“功臣”角色的全盘颠覆，陈氏对于此类文献的选择同样存在极强的功利性，虽然从现在的定义看，失真度如此之高的史料只能作为“戏说”、“野史”存在，但考虑到陈氏所处的特

① 张夷主编:《陈去病全集》,《虎伥遗恨》,上海古籍出版社2009年版,第1012页。
② 张夷主编:《陈去病全集》,《虎伥遗恨》,上海古籍出版社2009年版,第1011页。

定年代，以及此类文字所带来的巨大社会效应，因此仍将此类作品划分为清史文献，列于陈氏的文献整理成果之中。

最后，文献整理呈现出明显的阶段性。这一特点的出现同样与陈氏文献整理的特定目的有关。如果将其所有的文献整理按时间排列，便可发现，所有具有代表性的明遗民、志士文献及清史文献的辑录出版时间全部在民国建立之前，之后则仅是乡邦文献的陆续辑成，偶有零星的明遗民作品，但已非之前的高调出场，晚年陈去病所搜寻的前人遗墨也不再限于具有反清价值及民族主义意味的对象，如1903年先后为周顺昌遗墨及周宗建草稿作跋，二人均是明末反对阉党而受迫害，这种文献搜寻本身已于功利性无关，纯粹是陈去病"慕其风"，对其"临别当竖起脊梁，作一铁铸底人"①表现出由衷的赞许。相比之下，乡邦文献的生命力显得更为长久，抱着"考往哲之遗风，续枌榆之盛业"②目的的陈氏，所辑《松陵文集》、《吴江诗录》等不仅时间跨度长，也颇具规模。以《松陵文集》为例，始辑于1899年，初编于1906年，后因故延至1910—1911年间始得开印，二编共六卷，上起宋，下讫元，于1917年秋末开印，第三编仅明一代，共十余卷，惜未全部完成，1922年春梓行。此外，《笠泽词征》始辑于1900年仲春间，历经十四年方完成并刊刻，"始宋迄今，凡七百四十余年，得人二百数十，为卷二十有六"③，其中辛苦自不必说，胡蕴玉谓其："此十四载中尝东浮沧海，南走闽粤，西涉湖湘，北踰幽燕。放棹西子之湖，驱车山阴之进，未能一日安居也，独于《词征》之辑，未尝稍辍。"④《吴江诗录》则"肇自三国，以迄南明，成书六十卷"⑤，可谓卷帙浩繁。

一、明遗民、反清志士文献

这类文献被陈去病分为了单独辑录与数人合并成集两种形式，得以单独辑录的对象多是极具代表性，影响力大，同时对于陈氏而言有着特殊意义且掌握的原始文献较为丰富者，最后一项尤为重要，使得在陈氏辑成的此类文献中，吴江籍人士比重很高，一方面，同乡先贤的事迹会让陈去病更加地振奋，最关键的则是有些遗民后人尚存，在收集遗作时，占尽天时地利，搜寻工作相对更加便利，同时因为与乡邦文献资料的辑录有共通之处而得以并行不悖，如此吴易和吴炎成为了此类文献

---

① 张夷主编：《陈去病全集》，《书周忠介公与人书后》，上海古籍出版社2009年版，第305页。
② 《笠泽词征自叙》。
③ 《笠泽词征·凡例》。
④ 胡蕴玉：《笠泽词征序》。
⑤ 《吴江诗录自叙》。

辑录的代表人物。

吴易，南明抗清将领，字日生，号朔清，吴江人。崇祯十六年(1643)进士，福王时，前往扬州见史可法，上呈《中兴末议》，可法题授职方主事，为监军，次年扬州失守后，与同邑诸生起义，共组“白腰党”，隆武帝任其为兵部尚书，封忠义伯，鲁王也封其为长兴伯。顺治三年(1646)吴易率兵三战吴江城，六月在嘉善被俘，被执至草桥门，不屈而死。陈去病与吴易虽为同乡，但因为时间跨度长，再加上吴易身份特殊，作品保存尤其不易，因此找寻遗作的难度可想而知。陈去病的寻访过程可谓一波三折，在得知吴易作品的原辑录者吴涣为平望人时，甚至一度到了“遇平望人辄询之”①的地步，1905 年，经过陈氏的“再三致意”，吴涣的族人吴尧栋将珍藏的吴易原稿赠予陈氏，陈去病大喜过望，作有《赠吴祝臣(尧栋)时君方赠予长兴伯遗稿》:“蓦地相逢吴季子，鳍鲟门内话遗徽。《东湖吟草》今犹在，想见英灵振羽麾。”之后陈去病仔细校订原作，得诗两卷，词一卷，“又甄采他氏所撰述，与斯集可考证者，为附录一卷”②，为其定名为《吴长兴伯遗集》，于 1907 年十二月刊行，并于同年六月作《长兴伯吴易传》，笔墨大段用于铺叙吴易的抗清斗争，在附跋中谈及创作动机，只因“生公之乡，识公之裔，且得公之像，获读公之遗书，凡公之生平行事，知之特详，故博综群籍，草为此篇”，在钦佩其“与日星争光”的英烈行为之余希望其人其作可广为人知。

与吴易相比，吴炎的情况则更为棘手。吴炎，字赤民，号如晦，别号愧庵，吴江人。明朝生员，同潘柽章等人共结“惊隐诗社”，与顾炎武交谊甚笃，明亡之后，改名赤民，隐居授业。顺治年间，参与《明史》编辑，后明史案发，于康熙二年(1663)与潘柽章同在杭州被凌迟，顾炎武有“一代文章亡左马，千秋仁义在吴潘”句以悼二人。文字狱历来是清廷最敏感的话题之一，清朝本身对于文字舆论的监管力度极大，对于此等人物的遗作防范更为严密，所谓“文网之悬日密，而绳法之吏迭至”③，作品几乎被剿杀殆尽，明史案后，前人曾欲冒险收其遗稿，但过程诸多不顺，“晚村吕氏，尝欲就先生遗稿，与晓阇王氏继赓为之，而王、吕遽丧，事卒无成。及潘耒之归，且求其稿而无获焉”④，数百年后的搜寻工作难度可想而知，陈去病自言“行求十年，始获骈散杂著六十有八首”⑤，对这部分“得之于劫灰蠹蚀之余”的作品，陈氏十分

① 张夷主编:《陈去病全集》,《吴长兴伯遗集序》,上海古籍出版社 2009 年版,第 298 页。
② 张夷主编:《陈去病全集》,《吴长兴伯遗集序》,上海古籍出版社 2009 年版,第 298 页。
③ 张夷主编:《陈去病全集》,《吴赤溟先生文集序》,上海古籍出版社 2009 年版,第 303 页。
④ 张夷主编:《陈去病全集》,《吴节士赤民先生传》,上海古籍出版社 2009 年版,第 615 页。
⑤ 张夷主编:《陈去病全集》,《书吴赤溟上钱牧斋书后》,上海古籍出版社 2009 年版,第 295 页。

珍视，虽不过“麟爪之末”，然“至今日，则不啻吉光片羽，珍逾琼琚，浩劫残灰，秘同鸿宝。”[①]陈去病将其定名为《吴赤溟先生遗集》，并希望其作品重见天日之后，带给时人精神上的鼓舞。

数人合并成集则以《明遗民录》最具代表性，相对于单纯意义上的作品文献辑录，《明遗民录》有其特殊性，陈去病翻阅数万卷典籍，找寻其中零星记载，然后将明遗民事迹以传状的形式整理集合，“随其事状之多寡，笔而录之，不敢略，亦不敢诬，务存其真”[②]，因陈氏本着实录的态度，仅于篇末以“君子曰”的形式对其人其行加以评述，类似于纪传体史书中列传的形式，虽个人整合成分较大，但因有着“明遗民”这一共同的出发点，因此仍将其视为文献整理的一种较特殊的形式。

《明遗民录》于 1907 年五月在《国粹学报》第二十八期开始连载，作品以地域划分，原定规模宏大，计划“首北都，次南畿，再次青、齐、赵、代、秦、陇、汴、洛，而后川、蜀、荆、楚、闽、粤、滇、黔，迄乎海外”[③]，实际上最后只完成了直隶、山东、山西三个地区。北方遗民情况与南方地区略有不同，由于接近权力中心，遗民的性质和成分都更加复杂，许多收录其中的北方遗民都在明末为官，并且反对宦官专权，后遇闯王之乱，“北方学者，大抵皆坚强浑朴，而好言兵”[④]，因此大多数人选择与李自成正面交手，兵败得以幸存者多隐居山林，不事清廷。换而言之，有些北方遗民从时间上看未及与清兵有正面冲突，便或以死殉国，或隐逸民间，多经历了一条斗阉党——战闯王——隐清廷的道路，遗民的含义更多地侧重于“不仕新朝”，而于特有的民族观念关系不大，因此这部分遗民在性质上不能笼统地将其等同于抗清者。陈去病在辑录时也根据不同情况加以描述，更为难得的是在文末的议论中表现出个人对于历史的深入反思，从这个角度而言，相较于单纯的遗民文献整理，《明遗民录》中体现出更深层次的人文内涵。

自宋元之际，文人学者已经形成了“国可灭，而史不可灭”的意识，修史行为也已经得到普及，至明亡后，这种意识被进一步细化。清人对于明遗民、志士的作品、事迹的搜集整理工作更是从未间断过，如清朝初年计六奇所言：“天下可乱可亡，而当时行事不可泯”[⑤]。文人在修前朝历史的同时开始关注具有代表性的个体，此时明遗民及抗清志士无疑是最能吸引目光的小群体，值易代之际，秉刚烈清正之气

---

① 张夷主编：《陈去病全集》，《吴赤溟先生文集序》，上海古籍出版社 2009 年版，第 303 页。

② 《明遗民录・凡例》。

③ 《明遗民录・凡例》。

④ 《明遗民录》，《彭张李三先生传》。

⑤ （清）计六奇：《明季北略・自序》，中华书局 1984 年版，第 1 页。

者,“大则发为死事之忠臣,次则为肥遯之志士”[①],“肥遯之志士”便是遗民群体。遗民者,“处江山易代之际,以忠于先朝而耻仕新朝者也”[②],“遗民”一词的含义自南宋之后政治色彩更加强烈,不仅仅限于“离乱遗留之民”,而增添了民族主义的新内涵,这一文化现象发展到明末达到了峰值,许多修史者是“以文化事业寄托故国之思,整理明代历史文献”[③],本身便是遗民身份。“考清初百年间,揭‘遗民’之目以名其撰述者,颇有其人……若遗民之传状碑志,散见于诸家文集者,亦所在多有也”[④],这种针对遗民、志士作品的辑录工作开始甚早,辑录者们大抵抱有“近者易于搜罗,远者难于毕集,久之……传流湮没之不齐”[⑤]的想法,因此“明末清初作家选明末人的诗词……不下二三十种之多”[⑥],由此,明末清初实际上形成了此类文献辑录的第一个高潮期。

从形式上看,这一时期“‘遗民录’由最初的诗文、传记及后人咏述并收的‘资料汇编’,开始向两个方向分流:一为以记载生平事迹为主之‘遗民录’,一为以编撰遗民诗文为主之‘遗民集’、‘遗民诗’”[⑦]。其中遗民录的编撰蔚然成风,黄容于康熙四十二年所辑成《明遗民录》十卷是现存最早的明代遗民录,至今可知的与之性质相似的至少还有十余种,而遗民的作品辑录也蔚为大观。然而情形于康熙年间急转直下,此前由于国家尚未完全统一,政权不稳,因此官方未遑于正规的史学建设,使得沿袭于明代的私修史之风在新朝依惯性盛行了若干年。政治得到巩固的清朝迅速开始掌握话语权,自此文网高张,大量已经脱稿待梓的作品难逃禁毁命运,众多清初遗民作品辑录文献在这场绵延百年的文化浩劫中散佚,如今仅存条目,遗民志士文献的收录工作也进入了低谷期。直至嘉庆、道光年间,文纲稍弛,部分作品得以重见天日,对民族英雄的推崇之风也渐趋明朗化,民族主义思想日盛,“至辛亥革命前,章炳麟、黄侃、李根源诸先生在日本首印张煌言《张苍水集》,黄宗羲《明夷待访录》等书。之后研究明末清初的历史,遂成为一时的风气”[⑧],在时代交替之际,向上追溯并寻求政治目的上的契合点,在反清排满的立场上,“借助陈旧

① (清)卓尔堪:《明遗民诗·序》,中华书局1961年版,第1页。
② 谢正光:《明遗民传记索引》,上海古籍出版社1992年版,第3页。
③ 乔治忠:《清代历史文献学的发展》,载《清史研究通讯》,1989年第一期。
④ 谢正光:《清初所见“遗民录”之编撰与流传》。
⑤ (清)卓尔堪:《明遗民诗·序》,中华书局1961年版,第1页。
⑥ 谢国桢:《江浙访书记》,三联书店2008年版,第10页。
⑦ 李瑄:《明遗民群体心态与文学思想研究》,巴蜀书社2009年版,第50页。
⑧ 谢国桢:《江浙访书记》,三联书店2008年版,第9页。

的话语来阐释新的时代内容”①。由此观之，陈去病所作的明遗民、志士文献的辑录工作一部分来自于对前人的一种传承，清卓尔堪在《明遗民诗》凡例中尤为鲜明的选取标准便是“人与诗并重，然人更重于诗，其有以人传诗者，诗不过数首，虽有微瑕，亦必所录”，而陈去病在辑录以二吴为代表的遗民作品时同样重在“以人传诗”，对于作品本身的质量并不深究，和前人的辑录标准颇为相符，同时也有对前人文化行为的有意效仿，“读《宋遗民录》诸书，慨焉莫不想慕其为人”②，《明遗民录》的辑录目的不能不说与此有关，在具体人物的评论中也往往比之南宋末诸遗民，显示出传承的痕迹，而另一方面这项工作也是在近代特有风气下的实际文化行为，是对时代风潮的响应。

除去大时代的背景，陈氏作此类文献辑录工作也深受地域文化的影响，吴江乃至整个东南地区都有着浓重的民族观念，尤其在明清之际，江浙地区几乎成为了明遗民的集中地，从而成为清廷在文字舆论上监管最为严密的地区，文字狱也多发于此，自幼耳濡目染使陈氏本便在此方面极为用心，先贤志士事迹的口耳相传使陈氏希望可将这一特定群体的作品、行状辑录付梓，流传于世。

同时对于遗民志士文献的辑录也与国粹主义思想关系紧密，国粹主义思潮萌芽于 19 世纪末，形成于 20 世纪初，1905 年初，主编过《政艺通报》的邓实在上海成立了国学保存会，同年二月该会创办了《国粹学报》，成为了国粹思想的主要论坛。自此，国粹派作为中国近代思想文化领域中的一个派别正式形成，其思想主流是资产阶级民族主义和民主主义。作为国学保存会成员和《国粹学报》重要的撰稿人之一，陈去病强烈的民族主义，与国粹学派主张“用国粹激动种姓，增进爱国热肠”③的观念一致，希望借助于遗民志士的作品和内含的精神最大程度地凝聚国民力量，向内作用，产生合群力，达到激励民众的目的，由此倡导民族气节，便被视为发扬国粹、张扬国魂的至要之事。国粹学派的代表人物章太炎对于提倡“国粹”的目的讲的很清楚：“为甚提倡国粹？不是要人尊重孔教，只是要人爱惜我们汉种的历史，这个历史就是广义说的，其中可以分为三项：一是语言文字，二是典章制度，三是人物事迹”④，而陈去病辑录的《明遗民录》很明显就是章太炎所谓的“汉种的历史”中的一部分，是用具体的文化活动支持国粹理论。而事实上，这种具体的文化活动在国粹派人士中颇为盛行，自 1905 年起，国粹派征集和编印的文献旧籍规模宏大，在

① 孙之梅：《民国前南社的遗民情结》，载《山东大学学报》，2003 年第二期，第 46 页。

② 《明遗民录·叙》。

③ 章太炎：《演说录》，载《民报》，1906 年第六期。

④ 章太炎：《演说录》，载《民报》，1906 年第六期。

《国粹学报》上刊载的明末遗民和清儒佚文、手稿、信札等四五百篇，收录宋明至清学者著作不下百余种[①]。由此可见，陈氏此类文献的辑录与国粹思想密不可分，辑录遗民志士文献只是表现思想的一种外化手段。

在文献的辑录中，陈去病也会在只字片语中表现出个人观点，尤其在《明遗民录》中最为突出。一方面是遗民观，东南地区的遗民情况相对一致，但不能囊括北方地区，由于宦官专权、农民起义、异族入侵在短时间内齐聚北方，性质错综复杂，遗民的不同情况极易产生概念上的模糊和混乱，要梳理清楚必须找到一条更具有包容性的标准。基于此，"感戴旧君，耻臣新主"成为了陈去病对遗民行为的基本定义，以气节为核心，以不仕新朝为具体表现。这一定义相较于狭义的遗民观更为宽泛，在民族观念和政治意味上未作苛求，陈氏由此界定方便他收录不同性质的遗民类型，最大限度地容纳晚明的各色人物，实际上如此定义也已经将明末志士包含其中。在辑录人物事迹时，陈氏的侧重点并不相同，有时甚至"传遗民而务述其未为遗民时事"[②]，这在于陈去病认为"夫遗民者，岂诚甘心老死，而乐与木石同腐哉？亦其所不得已也"[③]，对于遗民而言，更重要的是其内在具有的气节，而非看重他的斗争对象是何人物，更非毫无意义的"遗民"之名，与此同时衍生出"遗民"、"逸民"、"烈士"与"义"之关系的探讨，前三种身份看似各有不同，然在"义"的核心前提下，亦可同时由一人具备，所谓"时可为烈而烈，义也；时不可为烈而逸，亦义也"[④]，由此遗民的"义"之所在实应因时而异，这种对于遗民精神内涵的深入思索虽未展开，但仍与单纯的作品事迹辑录有所不同。

另一方面则是对明末的真实写照与亡国的反思。作为反清思想的工具，在此类作品中出现相关内容似乎有些不合时宜，也不会且不可能成为陈去病的关注点所在，然而对于陈氏而言，明末的积重难返是他不可能无视的，对历史，他始终有着自己的看法，"不用干戈用美人，汉家失策在和亲。如今龙种归沙漠，坐看风云拥爱新。"（《读史杂感》其四）对于明朝的覆灭，即使一厢情愿地将其归之于"天道人事之翻覆舛迕"[⑤]，客观上"朋党之水火，民心之陷塌"仍是不能回避的事实，在《明遗民录》中这方面表现的更为集中。面对闯王之乱，"天下之号将帅者，咸拥虚名，驻重

① 据胡逢祥：《社会变革与文化传统：中国近代文化保守主义思潮研究》，上海人民出版社 2000 年版，第 92 页。

② 《明遗民录》，《王仲撝先生传》。

③ 《明遗民录》，《王仲撝先生传》。

④ 《明遗民录》，《张杜二先生传》。

⑤ 张夷主编：《陈去病全集》，上海古籍出版社 2009 年版，第 299 页。

兵，观望惕息，恇懦莫敢前……官吏皆望风而靡，举海内无一坚城可恃”①，阉党专权，“魏忠贤生祠遍天下，而国由之亡”②。陈去病毕竟不同于遗民，他所从事的文化行为也不完全是“攘夷复汉”的重演，至少在时代上他已经有了一个可以置身事外的角度，因此在借助故实达到政治目的的同时也会有意无意地对时代得失作出评点，就好像他坦承面对清廷“累开贤良方正、博学鸿词诸科，以利禄为饵。凡其人有一节之长，一材可取，罔不多方罗致，以为所用”③时，“为遗民也难”。抛去功利目的，陈氏对于明遗民、志士文献的辑录工作仍然有多方面的积极意义。

二、清史文献

陈去病所辑录、出版的清史文献主要有四部，即 1903 年的《陆沉丛书》初集（共四种），1904 年的《清秘史》，1907 年的《奴祸溯源》和《虎伥遗恨》，其中前两部以出版时间早、影响力大而成为此类文献的代表。与明遗民、志士文献的辑录不同，此类文献的来源通常是野史杂记，重点也不再放在搜寻只言片语，而是大量原始素材的筛选和整合。

1903 年九月，陈去病自日本回国后，任教之余辑成《陆沉丛书》初集，共四种，包括《建州女直考》、《扬州十日记》、《嘉定屠城记》、《忠文殉节记》，每种首引绘画、照片并加眉批，一时之间成为畅销的反清读物。陈去病在《辑〈陆沉丛书〉初集竟题首》中将丛书的目的性表现的十分鲜明：“胡马嘶风蹀躞来，江花江草尽堪哀。寒潮欲上凄还咽，残月孤明冷似灰。誓死肯从穷发国，舍身齐上断头台。如今挥泪搜遗迹，野史零星土一坏。”虽将其划为清史文献，然四种中影响力最大的《扬州十日记》和《嘉定屠城记》实际上却是对于清兵南下屠城的忠实记录，饱含着对于征服一方的控诉。此类书籍在清朝被列为禁毁书目，无法得到传播，直至清末，留日学生“专意搜集……满人残暴的记录，钻在东京或其他的图书馆里，抄写出来，印了，输入中国，希望使忘却的旧恨复活，助革命成功。于是《扬州十日记》、《嘉定屠城记略》……都翻印了”④，后谭嗣同、唐才常等人在长沙“窃印《明夷待访录》、《扬州十日记》等书，加以按语，秘密分布，传播革命思想，信奉者日众”⑤。以《扬州十日记》为例，此书为清初王秀楚所撰，以清兵攻城、破城、屠城亲历者的视角记录，正所谓

---

① 《明遗民录》,《梁公狄先生传》。

② 《明遗民录》,《刘郭二先生传》。

③ 《明遗民录·叙》。

④ 瞿秋白编：《鲁迅杂感选集》，中国致公出版社 2009 年版，第 36 页。

⑤ 梁启超：《清代学术概论》。

“《十日记》乃扬人身所亲历之事……惨烈如此矣”[①]。这种亲历者的陈述更能打动人心，正是源于“信史”的力量。如美国学者贝德在《扬州十日记》英译本的序言中谈到的：“明代之覆亡与满人之侵入，历史学家每多浮泛之论，而《扬州十日记》一书，由征实多矣。此书就人类生命与价值立论，描写当时实况，故其后革命发轫时，所以采取激烈手段以满清统治者，盖此书之力也。”事实上这是文本角度不同而造成的不同解读效果，在《扬州十日记》署名“剑心”的跋记中，重点则是探讨扬州之役的历史教训，矛盾集中于史可法用人之误及黄得功、高杰的勾心斗角，对战争的残酷和附带性伤害并未过多提及[②]，然而这绝不是陈去病时代《扬州十日记》所要背负的政治使命，对于清廷曾经残暴的回顾是为了最大限度地凝聚当下的排满情绪，《陆沉丛书》也被《江苏》杂志称其“无语不感发国民之心，激起民族之思想”。

《陆沉丛书》是在统一的革命目的下将官方摒弃的历史加以汇总，《清秘史》则是陈去病在杂乱的野史杂记中挑选拼接，重新整合而成的一部“清史大观”。《清秘史》分为上下两卷，上卷主要用表谱的形式理清满洲世系等，下卷则是自满洲始祖直至光绪帝的坊间传本大全，并附有四篇吴三桂明末事，因为在陈氏看来，吴三桂与清廷不过一丘之貉。这种野史辑录的基础及采用野史的形式均来源于自明蔚为大观的野史笔记之风。

野史又称稗史，相对于官方修史，属于民间私修史，种类繁多，内容驳杂。《新唐书·艺文志》二“杂史类”有公沙仲穆《大和野史》十卷，这是“野史”作为一种文体类型最早出现于史书中。野史笔记至唐中后期开始初具规模，发展至明中晚期达到顶峰，究其原因，明朝国史不兴成为这类野史繁盛的一个重要因素。“文人士大夫痛感正史失诬，纷纷纂史以正视听”[③]，有感于“国史之失职，未有甚于我朝者”[④]，因此“史失则求诸野，则野史之不可已也久矣……故野史之繁，亦未有多于今日者”[⑤]。由此私修当代史成为了明代的一种风气。明清鼎革后，野史修撰的目的发生了变化，不再为了单纯的补正史之缺，而增添了政治色彩。精神方面用以寄托故国之思，如张宗祥评论查继佐《罪惟录》：“桂王之后附以韩主、郑成功及台湾二传。又慨乎言之，则惓惓故国之心可见矣”[⑥]。更现实的意义则是以野史存正史，如黄

---

① 赵曦明：《扬州十日记·跋》。

② 参见《扬州十日记》，上海书店 1982 年版，第 245—246 页。

③ 单磊：《晚明野史笔记繁盛的历史合理性》，载《福建论坛》，2009 年第十期，第 100 页。

④ 王世贞：《弇山堂别集》，中华书局 1985 年版，第 361 页。

⑤ 谈迁：《国榷》，中华书局 1958 年版，第 4 页。

⑥ 谢国桢：《增订晚明史籍考》卷一，张宗祥《罪惟录跋文》。

宗羲在《弘光实录钞》①中所言："国史既亡，则野史即国史也"，"钞之为言略也，凡书自备而略之者，曰钞。实录纂修，必备员开局，今以一人定闻见，能保其无略乎？其曰钞者，非备而钞之也，钞之以求其备也"②。也有为修正史而存史料之意，此种目的下编纂明末野史的行为来对抗清朝严苛的文化禁锢颇有剑走偏锋之感，且在清朝前期的确收到了不错的效果。这种私修野史风气的延续不仅在清初学界形成了私修史不可废弃的观念，对官方也有影响，"康熙年间虽屡兴文字狱，但并未禁绝野史，却广泛征集野史以供参考"③。然而这种暗度陈仓的行为在乾隆年间得以全面损毁，当政者借修《四库全书》之名全面查禁图书，这类野史笔记大半被毁。

清廷对于明史的私修经历了由默许到查禁的过程，但对本朝"祖先发迹的事实，诸多忌讳，或语焉不详"④。这种表现与其以异族身份入主中原，缺乏传统意义上的纯正血统的自卑心理有关。对于涉及到此方面的文献清廷的查禁力度相当大，且自开始便态度明确。举例以证，计六奇于康熙十年（1671）完成《明季南北略》，"南略"记述明室自南渡之后历史，"北略"则述满洲先祖发迹、入关、逐鹿中原，直至崇祯帝亡的一段历史，凡五十年，分二十四卷，史实选择较为公允，且在《明季南略》自序中表现出与前人截然相反的态度，甚至对南明小朝廷大肆鞭挞，指斥其奸臣误国，君主不明，而郑成功、张煌言此类的民族英雄人物不过"出没风涛，徒扰民耳"⑤。这种态度上的顺应新朝却没有给作品本身带来好运，此书直至嘉道年间才得以刊行。究其原因，则很大程度上缘于"北略"内容，即使对于满清发迹史持正视、客观态度也极难得到官方支持，清廷对于当代史的不通融态度也可见一斑。

晚清时期这种情况稍得缓解，但野史笔记的规模与明末自不可同日而语。陈去病整理编纂的《清秘史》一定程度上正是利用了读者的阅读好奇心，借助于野史这一古老外衣填充新内容，来达到煽动革命的效果。有的地方不免有丑化清廷之嫌，一改明代私修当代史"野史不野"的特点，将此类作品的功利性发挥到了极致，并与他所辑录的《明遗民录》相互呼应，以求达到最好的宣传效果。这本身的确已经超出了资料收集、以史为鉴等方面的修史、编史原因，不属于正规的史学建设范畴，只能算是一种出于特定目的考虑的文献整理活动，陈去病将这一行为彻底工具

---

① 《弘光实录钞》又名《弘光实录》、《弘光纪年》，原署名为"古藏室史臣"，朱希祖先生在所著《弘光实录钞跋》中考证作者为黄宗羲，又本书曾三次提及"臣父黄忠瑞"，按"忠瑞"乃黄父黄尊素谥号，作者为黄宗羲无疑。（据《南明史料》"点校说明"，江苏古籍出版社 1999 年版）

② 《甲申传信录》(外四种)，《弘光实录钞·序》，北京古籍出版社 2002 年版，第 175 页。

③ 乔治忠：《清代历史文献学的发展》，载《清史研究通讯》，1989 年第一期。

④ 谢国桢：《江浙访书记》，三联书店 2008 年版，第 10 页。

⑤ （清）计六奇：《明季南略·自序》，中华书局 1984 年版，第 1 页。

化，使《清秘史》也真正成为了特定时代的产物。

值得一提的是，野史汇编行为在民国建立之后逐渐向理性回归，如民国四年(1915)黄鸿寿所著《清史纪事本末》，编写取材自《十一朝东华录》，自满洲初起至宣统让位，成书八十卷；民国六年(1917)商务印书馆出版徐珂所编纂《清稗类钞》，作者广搜博采，仿清人潘永因《宋稗类钞》体例编辑而成，全书共分九十二类，一万三千五百余条，对于研究清史很有参考价值；民国九年(1920)成都所刊佚名辑《满清野史》则收录资料一百种，成书共约二百万字，自清代建国前至宣统逊位三百年间的内政、外交、军事、经济以及文化无不包罗，是一部价值很高的清代史料专辑。这些作品规模宏大，且具备史料编纂的严肃态度，已经不需要背负特定时期的政治使命，而是回归到了对一个已逝王朝的理性审视。

三、乡邦文献

乡邦文献可反映出特定地区政治、文化、经济等各方面的风貌，清中期之前，学人对于乡邦文献辑录的目的陈述大同小异，不外乎“求山川风土之异同，古今政治之得失”[①]；或“存一省文献也……俾不尽湮没，聊以存一省菁华于万一”[②]。辑录目的明确。晚清时期，乡邦文献辑录行为逐渐增添了新的意义。在陈去病所辑录、整理的所有文献中，乡邦文献是最具有学术性和文化建设性的一类。从辑录者的角度而言，此类文献也是陈氏用心最多、持续时间最长的一类。自 1899 年始辑《松陵文集》，直至 1927 年《吴江诗录》辑成，辑录活动持续了近三十年，共计辑成《松陵文集》(三编)二十余卷(未完成)，《笠泽词征》二十六卷，《吴江诗录》六十卷。乡邦文献的辑录不似前两类文献辑录目的单纯，功利性强，由于经历了数十年时间，辑录者的主观意图与客观的推动力也发生着变化，体现着独特的时代性。

对于陈去病而言，最初乡邦文献辑录的原因仅仅是为了找寻一条文化上的出路，如他在《松陵文集·凡例》中所言：“奈因无人指点引路，企图从乡邦文献中寻找道路，便奋发兴起，征文考献，乘与总集，复始辑《松陵文集》。”由于吴江地区深厚的人文底蕴和藏书传统，“承平之际，儒生好古，往往辑存前贤遗著，以免放失。故邑中诗文辑本，向亦不少”[③]，陈氏无需穷搜博讨，在较短的时间内便辑成《松陵文集》初编，文集的辑成也给他日后辑录分体文学式的乡邦文献带来了信心。面对社会转型期所带来的文化巨变，如何探求崭新的文化前景成为陈去病这一时代的文人

---

① 《粤西诗载校注》,《粤西诗载·序》,广西人民出版社 1988 年版。

② 《峤西诗钞·序》,民国抄本。

③ 《笠泽词征·凡例》。

所面临的共同问题，而陈氏选择的是回顾，即在对传统文化做出总结的同时积极寻求文化突破。这种选择既有对于吴江地区学术传统的继承，对于同邑先贤文学行为的有意效仿，又有在独特时代背景下产生的新原因。

吴江地区历来为人文萃聚之地，对于文献的整理与历代同邑先贤作品的汇集成为当地的一种文化传统，在每一部乡邦文献的自序中，陈氏都会对此做出一番梳理。最早"读凌退修《松陵文录》，辄怦然心动，思有所补缀，以存一方掌故"[①]。凌退修是柳亚子的舅祖父，素有爱国热忱，因甲午中日战争中中国惨败吐血身亡。作者的经历无疑使《松陵文录》本身增添了特定的历史厚重感和别样意味，也让处于青年时期的陈去病有意继续先贤的这项文化事业。正是这种"怦然心动"促使他开始整理《松陵文集》，初编于 1906 年完成，然至 1911 年方刊刻。同时在实际行动的背后还有着陈去病对于"遗民良史"潘柽章的精神追随，清初潘柽章曾在修《明史》之外别有《松陵文献》之辑，在体例上"甲集征文，乙集征史，各自为书，可分可合"[②]。然而明史案的牵连使"献集仅由获存，流传未广"，虽有康熙年间刻本，但此书随即列入四库馆奏准全毁书目，因此几乎谈不到有何影响。陈去病决定继潘氏之踵而成《松陵文集》，甚至在形式上都表现出对于潘氏的崇敬与仿效，"是书所辑，即本束皙补亡之意，故命名一遵潘氏，弗敢稍示背盭云"[③]，因潘柽章遭遇国变时曾隐居韭溪，因此陈氏也反复强调文集的辑录目的在"援束皙补亡之旨，藏韭溪未竞之功"[④]。这一行为也得到了友人们的赞誉，初集辑录的时代正值民族主义被推上风口浪尖，这种推崇仍有刻意之嫌。然而"发奋思补纂文集，以追力田之旧"[⑤]的想法更多地是作用于陈氏乡邦文献辑录的初期，随着时间的推移，这项活动更多地开始向专门的文化事业方向回归，逐步脱离了单纯的民族主义思想的宣传和鲜明的政治色彩。

作为分体文学形式的乡邦文献辑录，《笠泽词征》则带有更强的文学性，所选取的词作对象为历代吴江籍及寓居者，凡二百余家，共成二十六卷。一篇《自序》在陈氏骈语四六的描述下，不仅回顾了文词之乡的诗余沿袭，更是显现出难得的旖旎风情，与所选词篇相映生辉。虽然吴江地区词人成就较高，相关的词论与词集也不胜枚举，然专门的词作记录却并不多见，这与词本身的地位与功能相关。柳亚子在

---

① 《松陵文集·自序》。

② 郭长海、金菊贞编：《柳亚子文集补编》，社会科学文献出版社 2004 年版，第 84 页。

③ 《松陵文集》初编"凡例"。

④ 《松陵文集》初编"凡例"。

⑤ 柳亚子：《笠泽词征·序》。

《笠泽词征·序》中言“周氏[①]《词选》之弗彰，二百年来尤广陵绝响”，而陈氏“别撰《词征》，竟勒山未竟之业”，原因是陈去病在凡例中提到“倚声自勒山周先生曾事纂集外，竟无所闻”，且作品已亡佚不传。实际上在词作辑录中二人相同的仅为文献收集行为，周铭所编《林下词选》是闺阁词的重要选本，共十四卷，按朝代划分，最后一卷为补遗，选李清照等凡 205 家，词作 544 首。长洲尤侗、周铭同邑吴之纪、赵沄山子氏分别于清康熙辛亥年为其书作序，周铭自作《林下词选》题词，在《词选凡例》中言明“欲辑宋末以逮国初词家所未及……先订历代闺秀为〈林下集〉，以公诸世，要亦尝鼎一脔也。”[②]纵观此书，并无与陈去病所辑乡邦文献有任何相似之处，因此《林下词选》不在乡邦文献的范围内，陈、柳提及周铭或许仅因为他是吴江人士。

对于学术传统的承袭和同邑先贤文化行为的有意效仿最明显的莫过于《吴江诗录》。在《吴江诗录·自序》中，陈去病用极简练的文字梳理了吴江地区的诗歌文献辑录历史，“文儒王公，超俗成趣，居擅江湖之胜，亦撰其交游题咏为《臞庵集》十卷。此诚吾邑征文者之嚆矢也。丧乱频仍，遗编莫考，鲈乡撰志，始事掇拾。同时庞激辑《吴江》一集，篇亦略备。惜乎残帙仅存，莫窥全豹。惟雪滩《诗略》，刊本尤在，雪窗《诗约》，笠川《诗粹》，往尝一读。故皆断自朱明，未遑数典，朴村《词征》，更限清世。独东溪殷氏，尚古兴怀，录自西晋，迄于明季，成《松陵诗征》前编十二卷，用补袁氏之阕。”其中信息量很大，陈氏将南宋王份的《臞庵集》十卷视为乡邦文献辑录之嚆矢，《臞庵集》所载无外乎王份本人与友人交游唱和之作，范围有限，且彼时尚无“乡邦文献”之概念。至可见刊本为清人顾有孝[③]《吴江诗略》十卷，实际上此书为顾有孝与董二酉、张拱乾等人合辑。而对陈氏有直接影响的是清人袁景辂[④]所辑《国朝松陵诗征》二十卷，由于辑录朝代仅限于清，同邑殷增为补其阙，成《松陵诗征》前编十二卷，后人常将二者并刊。陈氏自言希望《吴江诗录》可以为“东溪诸子弥缝其缺憾”。在凡例中，更是完全对照殷氏《诗征》的体例、内容、范围，补其疏漏，纠正其误，从形式到内容都不乏有意仿效，所选诗作自三国始，迄于南明，共六十卷，仅以初编、二编共二十六卷刊行。陈去病在诗作前注明作者字号爵里，并采掇遗闻轶事以附其后，除收录吴江籍诗人诗作外，尚有“寓贤”、“官师”、“方

---

① 周铭：字勒山，号苍承，江苏吴江人，诸生。

② 据湖南省图书馆藏清康熙十年周氏宁静堂刻本。

③ 顾有孝（1619—1689），清诗人，字茂伦，号雪滩钓叟，临终更号为雪滩头陀。吴江人，明诸生，康熙十七年拒应博学鸿词之试，以遗民终，著有《雪滩钓叟集》，另编有《唐诗英华》、《江左三大家诗钞》、《乐府英华》、《五朝名家七律英华》等。

④ 袁景辂：清诗人，字朴村，又字质中，吴江人，贡生。受诗学于沈德潜，与同邑人陈毓升等人组织竹溪诗社，并集刊同邑诗人诗作，自清初起于当时，成《国朝松陵诗征》二十卷，著有《小桐庐诗钞》。

外”、“酬赠”等诗人诗作分类，更有“杂载”、“甄雅”、“别伪”、“怪异”、“谣谚”等难于归类，但又与吴江有关的作品。陈氏的用意显而易见，以“全面”为旨归，但这种事无巨细的归纳罗列带来的是过于琐屑的弊病，这也是《吴江诗录》作为乡邦文献集成最大的缺陷所在。

除去对传统的继承，陈去病的乡邦文献辑录也有时代原因，尤其表现为强烈的文献存录意识，而激发这种意识的正是近代的思想变迁。晚清时期西学不经过滤、节制的涌入，使得当时的学人们表现出对于中国传统学术未来之路的担忧，“此后之中国，风气渐开，议论渐变，非西学不兴之为患，而中学将亡之为患”[①]。传统知识分子的代表吴汝纶更是担忧与西学相比，中学因存在着“非专心致志，得有途辙，则不能通其微妙”的特点，而致使后人“谁复留心经史旧业，立见吾周、孔遗教，与希腊、巴比伦文学等量而同归澌灭，尤可痛也。”[②]相比于虫蠹兵燹之祸，来自于观念上的全盘否定对所有中国旧学文献而言不啻为一场浩劫，如何能“辑乡贤之遗文传之”[③]，使传统文学不至于彻底流失，成为当时学人们的时代使命，这种迫在眉睫的形势也激发起传统文人强烈的文献存录意识，“新学、新思想逐渐趋向支配地位，反而会刺激一些知识分子整理国故的愿望”[④]。大环境的趋势加上当地“其间乡贤哲之著作，遗佚不彰者，又多矣”[⑤]的具体情况，成为了陈氏辑录乡邦文献的又一原因。

另一个时代性原因则是国粹主义思潮，这一原因主要作用于陈氏乡邦文献辑录的前期。不论是“研究国学，保存国粹”的宗旨，还是强调在中西方文化强烈碰撞中坚守中国旧学阵地，因为“既不解国学，则于本国数千年来旧社会中组织之现象，以及性质风俗，皆不能详究深考，譬诸医者，不察病情，虽有良药，欲施无繇。况地球万国，未有不诸本国学问文字，而专研究他国者也。盖知有他国，而不知有本国，是国未亡，而先自灭者也。乌呼可”[⑥]！其观点与主张均与陈氏辑录乡邦文献的具体行为有暗合之处，也是陈氏寻求文化突破的途径。对国粹学派而言，“对中国传统文化前途的思考及纠正欧化论的偏颇是他们始终关注的核心问题”[⑦]。从大范围上讲，对于传统文学的传承与保护，更有益于传统旧学与新思想的过渡与对接，

---

① 梁启超：《饮冰室合集》文集三，《与林迪臣太守书》，中华书局 1936 年版。
② 吴汝纶：《吴汝纶尺牍》，黄山书社 1990 年版，第 260 页。
③ 胡蕴玉：《笠泽词征·序》。
④ 杨柏岭：《晚清民初词学思想建构》，安徽大学出版社 2004 年版，第 32 页。
⑤ 姚昆田等编：《姚光全集》，《〈松陵文集〉〈笠泽词征〉合跋》，社会科学文献出版社 2007 年版。
⑥ 孙宝瑄：《忘山庐日记》（下），上海古籍出版社 1983 年版，第 939 页。
⑦ 郑师渠主编：《中国文化通史》（晚清卷），北京师范大学出版社 2009 年版，第 76 页。

从而打造中国式的崭新学术体系，得以与西学一决高下，有着以文化救亡图存的历史使命感。更现实的意义则在于面对当下“士子，好著书不好刊书……阅之令人憎恶，而古人浏亮精妙之文，反致湮没不显，文字之厄，未有甚于今时也”[①]，“今世风日离，士不悦学，旧籍等诸刍狗，清芬久已无存”[②]，乡邦文献的辑录与刊行对于纠正这种浮躁学风意义非凡，“读其文者，庶几励慷慨之节，存蹇谔之风，荃荪芳洁，写忠爱之缠绵，松柏轮囷，惟后凋之可贵”[③]，从同乡先哲事迹中体悟可贵精神，如李根源所言：“根源亦尝涉猎东西历史……而精神之感发，终无如诸公之于我切，盖观感之道，与感情相联系，非可强而致也”[④]。地方文化对于精神意志的感发，个人道德的涵育有着血缘般的亲和力，作为文化重地的吴江地区，乡邦文献的力量自然更不可小觑，在谈及辑录目的时，“振兹坠绪”成为了出现频率最高的词语。这种做法究竟能否收到预期的效果另当别论，至少这种文化上的回归与一定程度上的保守平衡着激进的文化行为，有助于形成良好的文化生态。而以上分别论述的这两个时代性的原因有时会共同作用于陈氏乡邦文献辑录中，即在文献存录的对象上有所侧重，“尤在赵朱末祼，节士遗黎之作，零篇坠简，或遇之非望，互慰大欢，如获环宝”[⑤]，这种对于遗民作品的倾心，更加符合国粹思想中的民族主义精神，从而使乡邦文献的存录与遗民著作的辑录，“爱国、保种、存学”理念的贴合、联系更加紧密，体现出明显的时代性特征。

除去文学发展的自身原因和时代思潮的推波助澜，政治因素在乡邦文献辑录的原因中也占有一席之地，最突出的当属于地方自治运动。“地方自治”作为一种政治概念在戊戌政变前后被引入中国，得到改良派的支持，至20世纪初，随着各地地方自治的呼声日益高涨，清廷终于将其作为了筹备立宪的重要事项，于光绪三十四年(1908)十二月颁布《城镇乡地方自治章程》，标志着地方自治运动正式得到官方认可，自此拉开序幕。在当时的时代条件下，地方自治出人意料地在清政府、改良派和革命派三者间达到了共识，这种不约而同的鼓吹使得这场轰轰烈烈的地方自治运动声势愈发浩大，然而这种罕见的共识下却隐藏着各派迥异的目的。在清廷一方，自治的最终目的是官治，自治只是在表面上用分权的方式加强对于地方的控制，最终目的仍然在于最大限度地增强集权力，是以官治统率自治，以自治辅佐

① 胡蕴玉：《笠泽词征·序》。
② 姚昆田等编：《姚光全集》，《〈松陵文集〉〈笠泽词征〉合跋》，社会科学文献出版社2007年版。
③ 刘师培：《松陵文集》初编“序”。
④ 李根源：《辑刻明滇南五名臣遗集·序》。
⑤ 金祖泽：《笠泽词征·序》。

官治为出发点，这一点在政府发行的官报中已经表达得相当明确："自治之事渊源于国权，国权所许，而自治之基乃立。由是而自治规约，不得抵牾国家之法律，由是而自治事宜，不得违抗官府之监督，故自治者，乃与官治并行不悖之事，决非离官治而孤行不顾之词"①。表达出官治与自治合则双美分则两伤的用意。政治目的之外还有经济考虑，地方自治意味着地方财政的自给自足，这对于连续赔款、借债的清廷而言无疑是甩掉了一个沉重的包袱。而革命派和改良派也是各有想法，革命派认为地方自治"本身是在民主制度下的一种理想社会的模式，也是借此来攻击清廷。还希望这一地方权力的分配问题能导致清王朝与立宪派的争斗；而改良派呼吁地方自治则既是为了求得自身生存的经济空间，也是为了不过分地在中央权力的问题上刺激清廷而使之能逐步接受其君主立宪的政治主张"②。由此，表面上遍地开花的地方自治运动实际上暗藏着重重危机，清廷将难题下放到地方的直接后果是导致各地"自治风潮"不断，这种混乱的局面持续到了民国时期，孙中山对于地方自治也有着自己的想法与相对成熟的一套理论体系，然而与清廷相似的致命弱点便是与中国国情不符。清政府由于目的复杂，自治乃不得已而为之，并未从地方自治本身出发，制定章程；而孙中山则是因为醉心于美式政体而全盘照搬，虽然其先进程度令众多留美人士都闻所未闻，然仅是诚心可嘉，实效实在不尽如人意，有人曾总结比较民国新颁自治条例与清末自治章程，得出如下结论："弊在徒慕自治之虚名，而不求实际上之利益，徒予人民以自治之权利，而不为之规定程序；策励进行，徒袭他人自治之成规，而不就吾国内情、地方现状稍加参酌，前清章程之疏略实有启之。新颁条例，虽多修改，惟于此点无特别之矫正，遏嚣张之焰或有余，期美满之效恐仍不足"③。这段评论确实中肯，从中可以看到，民国的地方自治在实际实行中并未给人以太大的惊喜。在这种局面下，民国初年，各地在政治制度方面均呈现出一派混乱的局面：或成立临时议会政府，或仍保留咨议局，或成立参事会，性质各异，不能不说是地方自治运动在推广过程中缺乏一套行之有效的程序所致。

虽然如此，作为19世纪末20世纪初中国最重要的思潮之一，地方自治仍然影响着社会的方方面面，它在客观上推动了集权制的瓦解，有助于宪政的顺利实行，同时在市政、教育、卫生、法律等领域都取得了意想不到的进步，而在推动地方文化事业建设方面也发挥了重要的作用。"政治先行，文艺后变"④同样适用于此，地方

---

① 《宪政篇》，载《政治官报》，光绪三十四年(1908)十二月二十八日。

② 羽离子：《明清史讲稿》，齐鲁书社2008年版，第336页。

③ 高劳：《自治之商榷》，载《东方杂志》，1915年第二期。

④ 鲁迅：《三闲集》，人民文学出版社2006年版，第135页。

自治对于文化最大的影响之处恰在于它满足了文人浓重的乡土情结和传承千年的地域心理，而这两者恰是对乡邦文献辑录者最大的推动力，这种故土之恋的情结“根植在个体深层意识中，呈现为一种情感存在形式”①。而这种存在形式一旦得到外界的刺激和诱导，便会突出地外化表现为关注乡邦文学的治学精神，地方自治运动对于乡邦文献辑录最大的影响正是表现于此，陈去病的文献辑录时间恰逢自清末至民国地方自治运动最为盛行的几十年，在行为上也必然会受其影响。

在逐一分析了地域性的文化承袭、时代性的文化及政治思潮等方面的原因之余，还有一些客观因素也可能对陈氏的乡邦文献辑录工作产生一定影响。如军阀的介入，在政治上这种各自为政带来的是绵延若干年的动荡，然而在文化事业上有时会产生积极影响，出于增强各自所辖地竞争实力的需要，军阀对于当地的地域文献整理、辑录会给予经济上的支持，以完善地方文化事业建设，彰显当地文化实绩。突出的事例便是1914年，应赵藩等乡贤提议，云南省督军兼省长唐继尧拨款，全面整理云南文献，在这种强有力的财政支持下，《云南丛书》得以辑成，在陈去病，文献辑录多赖一人之力，然而后期的出版刊行则需要取得多方的经济支持，陈氏的政治地位在此时会给他提供帮助。再如其他客观原因，包括当地藏书事业的发展，书籍刊刻业的发展，都会对陈氏乡邦文献辑录行为产生影响，可见，相比于前两类文献，乡邦文献辑录的原因和内涵都更为复杂和多样。

四、陈氏文献整理的意义及影响

首先，宣扬民族主义，为政治活动造势。这一方面在20世纪的最初十年间尤为突出，“旧国故都，望之凄然，剩水残山，所思不见，读其文者，莫不低徊往迹，凭吊前徽，行人抒怀旧之情，壮士抱挥戈之念”②。在一个文学服务于政治的时代，不得不说民族主义的宣传和舆论准备成为陈氏遗民志士及清史文献辑录最大的意义所在。不仅如此，陈去病的这种行为直接影响了与自己关系较近、同是抱有革命思想的文人，在陈去病《陆沉丛书》初集辑成之后，高旭作《题〈陆沉丛书〉步家叔黄天韵》，中有“奴伏丑虏底，我生毋宁死。大振天汉声，兵为复仇起”之句，很显然，陈去病的丛书辑录达到了预期目的，矛头直指民族仇恨，紧随其后，柳亚子作有《中国灭亡小史》和历史小说《陆沉记》，回忆创作目的时柳亚子直言“我的主张，以为满洲入关，台湾纳土，汉族的统治，早就完结了……问题不是要变法，而是要革命；不是要

① 杨柏岭：《晚清民初词学思想建构》，安徽大学出版社2004年版，第30页。

② 刘师培：《松陵文集》初编“序”。

救亡，而是要复国”①。田桐、苏曼殊则相继编印了《亡国惨案丛书》。实际上，当时革命文人需要的是一种行之有效的宣传途径，《陆沉丛书》就是应此目的而生的，在收到了良好的效果之后，类似的作品蜂拥而出自然在情理之中，这种事例即使在今天仍屡见不鲜，如此说来，与其说陈去病的这方面文献辑录对革命文人产生了影响，不如说是陈氏率先找到了一条有实际效果的出路，高扬民族主义旗帜。此类文献的辑录在当时已经成为了文人们普遍接受的方式，如南社成员、云南李根源也曾辑刻过《明滇南五名臣遗集》，期望以同邑先贤精神感召民众，增强凝聚力，“绍往哲之徽献，扬大汉之声教”②。这与陈氏的文献辑录谈不上影响或效仿，只能说是为了达到相同的目的而采取了相似的方式。

其次，为地方学术建设做出贡献。对于陈去病而言，吴江地区的人文传统较其他地区更为深厚，因此文献辑录的最大难点并非是搜集、校雠或辨伪，而是在政治掌握话语权、国家动荡的时代还可以从事学术纯度较高的工作，尤其是乡邦文献的辑录，姚光曾言：“余自幼读书，亦颇笃志文献，以网罗自任，常思赓续先业，乃人事卒卒，不知毕业于何时，而君已蔚然成书”③，实际上若干年因“人事卒卒”而无暇顾及学术之人何止姚光一个，陈去病的这种坚持延续了当地数百年的文学传统，也凸显出吴江地区的文学实绩，对于地方学术建设有着重要的意义。

最后，强调个人内在修养的完善，为文化之争寻找出路。“读其文者，或亦湛然自守，远追箕颖之踪，独寐寤歌，弗履终南之径”④，面对浮躁文风和复杂多变的西方文化，陈去病坚持从中国的旧文学中找寻出路，国粹思想也好，文化保守也罢，这种强调向内的作用力有着“自省其身”的传统儒家思想的痕迹，作为解决中西方文化碰撞而引发的文化混乱等问题的途径，也产生过一定的积极影响。

第二节　文化实业活动

陈去病不仅致力于文献整理，更是投身文化实业活动，借助传媒、教育等平台扩大宣传范围，最具代表性的便是创办报纸和创建学校。陈去病一生主笔、主编了多种报纸刊物，并且亲自创办《二十世纪大舞台》、《大汉报》等报纸，具有重要的历史意义，而苏苏女校、竞雄女校等学校的创建则代表着陈去病希望以教育为切入

---

① 柳亚子：《五十七年》，上海人民出版社 1986 年版，第 170 页。

② 李根源：《永昌府文征・指归》。

③ 姚昆田等编：《姚光全集》，《〈松陵文集〉〈笠泽词征〉合跋》，社会科学文献出版社 2007 年版。

④ 刘师培：《松陵文集》初编“序”。

点，秉承先烈精神，宣传革命思想，同时也直接反映出教育救国及兴办女学等社会思潮对革命派的影响。

一、创办报纸

媒介始终是作为传递信息、将被传达对象“广而告之”的身份存在的。唐代出现报纸的雏形，系手抄形式，发展至明清时期已出现了官府邸报、京报等不同种类的报刊，但发行量低、流通范围有限，且阅读群体人数较少，因此戈公振在《中国报学史》中将近代之前的报刊业称为官报独占时期。清末民初大众传媒业的大发展则冲破了这种媒介形式的官方垄断，客观上是印刷、刊刻业的技术更新，给予了这种大发展硬件上的保障，主观上则是由于维新思想的兴起，报纸成为了维新派选择的重要宣传方式。维新思想愈盛，报纸作为宣传的有力平台和依托便愈发引人关注，这种互惠互利的局面最终也使报刊迎来了大发展时期，显现出民间运作的大趋势。“报业扩展的热潮，从戊戌一直持续到 1912 年，华文报刊由百余种增至 500 种，连同停刊者，共有七八百种之多，总发行量仅据 1913 年邮政系统运送的报纸印刷品计，就达 51524800 份，成为中国报业史上的重要时期”①。在这种报业大发展的背景下，陈去病选择创办、主笔报纸成为宣传革命思想的一条可行之路。

陈去病一生任主编、主笔的报刊有《江苏》、《苏报》、《警钟日报》、《中华新报》、《江苏革命博物馆月刊》等，创办的报刊则主要有《二十世纪大舞台》和《大汉报》。这些报刊大多数维持时间不长，这与宣传思想激进为当局不容、办报经费短缺、时局动荡人事变更等多方面因素有关，但在当时仍引起了一定的反响，具有重要的时代意义，尤以《二十世纪大舞台》最为鲜明，下文也将对此份报刊集中分析。

（一）《二十世纪大舞台》始末

《二十世纪大舞台》从创办到被查禁都与《警钟日报》有着很深的渊源。《警钟日报》的前身为《俄事警闻》，是由蔡元培等人于 1903 年 12 月 15 日创办于上海，陈去病也是创刊者之一。《俄事警闻》最初是“对俄同志会”的会报，针对日俄战争，专意于提醒国人俄国意图侵占中国土地的狼子野心，使国人有所警觉。随着国家局势的变化，主创几人决定扩大针对范围，于 1904 年 2 月 26 日创办《警钟日报》，以“抵制外侮，恢复国权”为宗旨，成为了继《苏报》之后的又一重要革命报刊。蔡元培等人早在 1903 年的《俄事警闻》中，就曾发表过题为《告优》的社论（佚名），希望戏

---

① 胡伟希编：《辛亥革命与中国近代思想文化》，桑兵：《论清末民初传播业的民间化》，中国人民大学出版社 1991 年版，第 238 页。

剧演员可以向西方学习，用戏剧的形式警醒国民，抨击时弊，抵挡外辱。此则可视为《二十世纪大舞台》戏剧改良理论的先声。

陈去病在1904年6月担任《警钟日报》主编，在此期间，与汪笑侬结识。汪笑侬（1858—1918），北京人，满族，本名德克金，字仰天，号竹天农人，出身官宦家庭，1897年中举，但无意仕途，热衷戏曲，后投身戏曲界，独创汪派，成为著名的京剧演员和京剧曲本作家。

京剧在上海的传播速度极快，且有着坚实的群众基础，早于同治三年（1864），便有人记载上海的观剧盛况："沪北十里洋场，中外巨商，荟萃于此，女闾三百，悉在租界，间有女班，唱皆徽调"[①]。几年之后，京剧登场，"沪人创见，举国若狂"，后京剧的影响进一步扩大至整个南方地区，上海成为京剧发展的重镇，"长江数千里，上至武汉，内及苏杭，远去闽粤，甚至湖南之常德郡，亦有京班足迹，佥以上海为根本"[②]。京剧在上海地区的备受关注与普及程度高也为其成为戏剧改良运动兴起的基地奠定了基础，不仅如此，京剧在进入上海之后，在排演的过程中亦根据当地情况进行了一定程度上的调整，这种调整与京剧的传播几乎同时进行，再加上本土艺术家的大胆创新，实际上"海派京剧"的风格已初见端倪，虽然前期多是形式上的变化，然而这种敢于创新的精神给予了后来的戏剧改良运动以极大的帮助。这也是为何前期的戏剧改良运动尤以京剧为重，而京剧改良运动又以上海为开端而非其诞生地北京。20世纪初上海的民族民主革命日益兴盛，这种思想也波及戏曲界，汪笑侬有感于上海革命风潮之盛与京剧改良运动呼声之高，所谓"南都乐部，独于黑暗世界，灼然放一线之光明"[③]，故奔赴上海排演新剧《瓜种兰因》和《桃花扇》，前者根据波兰为土耳其侵略，战败割地的历史改编，借外国史事，处处影射清廷；后者则是"老戏新唱"，一改"《桃花扇》于种族之戚，不敢十分明言，盖生于专制政体下，不得不尔也"[④]的论调，"复取《桃花扇传奇》以京调谱演"，令听者无不"直望我汉种青年日兴起其故国之思，而成光复之事业"[⑤]。从读者来信中亦可看到京剧《桃花扇》所带来的民众的思想波动，署名"梦和"的读者有《题汪笑侬〈桃花扇〉京剧即以寄赠》诗云：

---

① 转引自张福海：《晚清戏剧改良思潮的形成及其演变》，载《中华戏曲》，2009年第一期，第167页。
② 转引自张福海：《晚清戏剧改良思潮的形成及其演变》，载《中华戏曲》，2009年第一期，第168页。
③ 柳亚子：《〈二十世纪大舞台〉发刊辞》。
④ 转引自陈多等选注：《中国历代剧论选注》，上海古籍出版社2010年版，第434页。
⑤ 张夷主编：《陈去病全集》，上海古籍出版社2009年版，第292页。

沈沈日月天何醉，惨惨笙歌我独来。一曲《桃花》南渡影，是谁恸哭到西台。

人自酣嬉国自亡，《春灯》《燕子》太仓皇。斜阳不照冬青树，剩有寒蛩泣晓霜。

钩党纷纷祸有芽，竭来扇底问桃花。眼前多少兴亡恨，敢为苍生惜齿牙。

旧曲翻成新乐府，伤心不数《雨霖铃》。若容杯酒论肝胆，君是昆生我敬亭。①

诗歌以类似“观后感”的形式表现出《桃花扇》所蕴含的民族精神与亡国之恨。而陈去病对《瓜种兰因》尤为推崇，并从中得出“非结团体，用铁血主义，不足以自存”②的结论。在他所主编的《警钟日报》上，先后刊登《剧坛之新生面〈瓜种兰因〉》、《记续演〈瓜种兰因〉新剧》、《〈瓜种兰因〉新戏班本之出现》等几篇推介性文章，并连载了《瓜种兰因》剧本，且为其作序。不仅如此，陈去病对于汪笑侬本人的评价极高，认为他“于辛丑编《党人碑》新戏，实为演剧改良主义之开山”③。汪笑侬的满人身份在当时的时代背景和同陈去病的交往活动中略显尴尬，然而陈去病却直言“笑侬洵吾党之知己”，“我汉族之功臣”，只因在陈去病看来，汪笑侬的新剧惟愿“汉种志士得此激励……不以游晏戏乐为事而慨然奋发，黾勉以达救国之目的”④。与汪笑侬的结识给了陈去病的革命宣传工作一个崭新的角度和视野，也给他的关注对象和宣传方式带来了新的契机，陈去病开始认真思考戏剧在宣传教化中的巨大优势，随后他在《警钟日报》上发表《论戏剧之有益》，就已经类似于戏剧改良的理论宣言。1904 年 10 月初，陈去病与汪笑侬联手，于上海创办《二十世纪大舞台》，社址设于《警钟日报》报社内，报纸设有论说、传记、小说、传奇、班本、丛谈、诙谐、文苑、歌谣、批评、纪事、答问等十六个门类。《二十世纪大舞台》是一份集专业性与思想性于一身的报刊，在专业方面，它是中国第一种以戏剧和系统的戏曲理论为对象的报纸，是对戏剧改良运动的理论探索。由于创办者汪笑侬本身便是京剧演员和戏剧剧本作家，舞台经验十分丰富，因此《二十世纪大舞台》上发表的戏剧曲本有着很强的可操作性，绝非一般“案头曲本”可比。在具备专业性之余，也提供了一个优秀戏剧作品发表的平台，对于此后“上海‘新舞台’的建立，京剧改良运动

---

① 转引自王运熙、顾易生主编：《中国文学批评史新编》（下册），复旦大学出版社 2007 年版，第 507 页。
② 张夷主编：《陈去病全集》，上海古籍出版社 2009 年版，第 291 页。
③ 张夷主编：《陈去病全集》，上海古籍出版社 2009 年版，第 291 页。
④ 张夷主编：《陈去病全集》，上海古籍出版社 2009 年版，第 292 页。

的高涨以及海派京剧的发展都起到了直接的推动作用”[①]。相比之下，陈去病更看重的是思想的宣传，因此在首期便明确其创刊宗旨：“本报以改革恶俗，开通民智，提倡民族主义，唤起国家思想为唯一之目的。”在《〈二十世纪大舞台丛报〉招股启并简章》中则言：

> 同人痛念时局沦胥，民智未迪，而下等社会尤如睡狮之难醒，侧闻泰东西各文明国，其中人士注意开通风气者，莫不以改良戏剧为急务。梨园子弟遇有心得，辄刊印新闻纸报告全国，以故感化捷速，其效如响。吾国戏剧本来称善，幸改良之事兹又萌芽，若不创行报纸，布告通国，则无以普及一般社会之国民，何足广收其效，此《二十世纪大舞台丛报》之所由发起也。

效仿西方戏剧，以快捷方式唤醒国民的意图极其明显。然而《二十世纪大舞台》却因《警钟日报》被禁而过早夭折。1905 年春，《警钟日报》刊载揭露德国在山东的密谋等新闻，激烈地指责清廷外交上的失败，激进言论终于引来查封命运，主笔金少甫、刘师培等人被拘捕，3 月 27 日，《二十世纪大舞台》和《警钟日报》一同被当局禁锢。至此，《二十世纪大舞台》仅发行两期，然而仍引起了不小的反响。署名“崇鼎”的读者在题为《崇拜〈大舞台〉》的读者来信中，对《二十世纪大舞台》的创办者极力赞颂：“斯人也，何人也，创起大舞台之伟人也，神州有如是伟人，吾安得不震之、慑之、爱之、鞠躬屈膝五体投地而崇拜之！”马君武也对陈去病与艺人联手，提倡改良新剧多有赞誉：“论诗昔慕美尔顿，观戏今逢莎士披。怀才抱奇不自得，献身甘作优伶诗”[②]。《二十世纪大舞台》虽然仅发行两期，但发行范围较广，包括日本、新加坡、香港及国内各地，孙中山创办于香港的《中国日报》载文介绍《大舞台》，认为它“精神高尚，词藻精工，歌曲弹词，自成格调，读之令我国家、民族之思想，悠然兴发”[③]。《二十世纪大舞台》最重要的意义不在于两期的包容量或具体内容，而在于“首次”以专门的戏曲理论期刊身份面世，成为了清末民初戏剧改良运动中承上启下的重要一环。

(二)晚清戏剧改良运动及《二十世纪大舞台》所扮演的角色

戏曲自诞生之日起便与“娱乐”、“俚俗”之类的形容紧密相连，相比于诗文可以言志、载道的正统地位，戏曲这种显得有些下里巴人的文学表现形式始终同小说一

---

① 沈洪鑫：《京剧在上海》，三联书店 2009 年版，第 36 页。

② 转引自杨天石、王学庄编著：《南社史长编》，中国人民大学出版社 1995 年版，第 39 页。

③ 杨天石：《哲人与文士》，中国人民大学出版社 2007 年版，第 322 页。

起被视为“小道”。然而清代时已经有戏曲作家在创作过程中意识到了戏曲所蕴含的巨大力量，并有过较为有条理性的表述，清“乾隆三大家”之一的蒋士铨曾言：

> 天下之治乱，国之兴衰，莫不起于匹夫匹妇之心，莫不成于其耳目之所感触，感之善则善，感之恶则恶，感之正则正，感之邪则邪。感之既久，则风俗成而国政亦因之固焉。故欲善国政，莫如先善风俗，欲善风俗，莫如先善曲本。曲本者，匹夫匹妇耳目所感触易入之地，而心之所由生，即国之兴衰之根源也。①

蒋士铨以戏曲创作闻名，在其中他已经看到了戏曲可以以“润物细无声”的方式感染民众，进而达到教化之用，最终可决定“国之兴衰”，这种看法肯定了戏曲的社会功利价值，甚至有些夸大地抬高了戏曲地位，不免有矫枉过正之嫌，然而这种对戏曲的重视态度对后世，尤其是清末民初的戏剧改良运动产生了积极的影响。

晚清时期，改良派在文学创作上先后发起“诗界革命”、“文体革命”和“小说界革命”，中国的戏曲与小说有着特殊的关系，所谓“吾国戏剧，除一二新闻时事外，余均以小说为蓝本”②。因此戏剧改良运动是与小说界革命几乎同时开始的。二者在理论纲领上的确立均可追溯至1902梁启超发表于《新小说》创刊号上的《论小说与群治之关系》，在文中梁启超强调了小说的社会功利性及教化作用，无限拔高小说地位，直至“今日欲改良群治，必自小说界革命始；欲新民，必自新小说始”结论的导出。在新戏剧的创作方面，梁启超于1902年在《新民丛报》上发表了自己创作的《劫灰梦传奇》，后又陆续发表《新罗马传奇》、《侠情记传奇》等作品，这种带有示范性意味的剧本创作为戏剧改良的具体实施指明了道路，然而受其“小说界革命”理论的影响，这一时期论及戏剧改良理论时，时人往往过多地牵扯戏剧与小说之间的关系，如“小说与戏曲有直接之关系，小说者，虚拟者也，戏曲者，实行者也……欲改良戏曲，请先改良小说”③，“今日欲改良社会，必先改良歌曲，改良歌曲，必先改良小说，诚不易之论，盖小说（传奇等皆在内）与歌曲相辅而行者也”④，如此作法的好处是借助小说界革命轰轰烈烈的形势为戏剧改良运动提高关注度，不足之处则在于忽视了戏曲作为单纯的文学样式而具有的自身属性。

---

① 转引自张玉奇编：《蒋士铨研究论文集》，江西人民出版社1989年版，第133页。

② 铁：《铁瓮烬余》，载《小说林》，1908年第十二期。

③ 转引自陈多、叶长海选注：《中国历代剧论选注》，上海古籍出版社2010年版，第437页。

④ 转引自陈多、叶长海选注：《中国历代剧论选注》，上海古籍出版社2010年版，第443页。

同时改良派强调小说与戏曲关系密切，希望以此带动戏剧改良运动时，也出现了两个十分明显的问题：一是在评价中仍难脱前朝藩篱，对于小说戏曲缺乏客观公允的认识，如言“中国小说之范围，大都不出诲怪、诲淫、诲盗三项之外，故所演戏曲亦不出此三项”①。此种看法显然仍将传统小说视为糟粕，改革迫切的心情可以理解，但不应脱离最基本的判断，这种“此前作品全盘否定”的态度在近代具有普遍性。另一问题则是为了提升小说及戏曲地位，将其无限拔高或与当时盛行的社会思潮生拉硬扯在一起。如发表于《新小说》上的署名“狄平子”者认为：“孔子当日之删《诗》，即是改良小说，即是改良歌曲，然则以《诗》为小说之祖可也，以孔子为小说家之祖可也”。这种牵强附会未免有些令人啼笑皆非，为了强调小说和戏曲的正统地位不惜以孔子和《诗》来作比。而发表于《新世界小说社报》第五期的一篇题为《论戏剧弹词之有关于地方自治》的文章，则将戏剧与当时盛行的地方自治思潮联系，甚至传达出戏剧的改良推广将直接关系到地方自治成败的意思，这种过分夸大强调戏剧功能性的主张同样不恰当。分析这两点问题又可看出，实际上二者之间存在着一种悖论关系，一方面迫切地想要改良戏剧而过分贬低或不公允地评价之前的小说、戏曲作品，另一方面为了强调戏曲的重要作用又不遗余力地为小说戏曲扣上正统的帽子，重又走上“托古改制”的老路。出现这种悖论关系的原因在于时人并未从小说戏曲作品本身出发，而是过分看重其教化作用与社会功利价值，使得对之前传统小说戏曲作品的评价随实际需要而忽高忽低，这仍然是忽视作品本体研究所导致的现象。

即使如此，改良派首倡的“小说界革命”及接踵而起的戏剧改良运动对革命派的影响仍然是巨大的，这种现象也不单出现在戏剧改良运动中，在地方自治、兴办女学、教育兴邦等多种革命派认同并努力推行的社会思潮中，都不得不提改良派的首倡之功。虽然二者在目的上有所不同，然而在具体的宣传方式及观点方面并无本质上的区别，二者在 20 世纪初的众多文化活动中呈现出一种重合的状态。在纠结于戏曲与小说之间密切繁复的关系后，戏剧改良者们在与小说的对比中开始关注到了戏曲的独特优势所在：“编小说，开报馆，然不能开通不识字人，益亦罕矣。惟戏曲改良，则可感动全社会，虽聋得见，虽盲可闻，诚改良社会之不二法门也”②。“戏剧之效力，影响于社会较小说尤大。吾国教育未普及，彼蚩蚩者，目不识之无，安能各手一卷？若戏剧则有声有色，无不乐观之，且善演者淋漓尽致，可泣可歌，最

① 转引自陈多、叶长海选注：《中国历代剧论选注》，上海古籍出版社 2010 年版，第 437 页。

② 三爱（陈独秀）：《论戏曲》，载《新小说》，1905 年第二卷第二期。

足动人情感"①。戏曲可以最大限度地普及教化民众，对于教育下层民众尤为有益，相比于新式学堂"教人少而功缓"的缺陷，这种无形的教化，力量是不言而喻的。正是这种特性吸引了改良派和革命派的目光。

然而与戏曲的优长之处同时呈现出来的缺点也显而易见，由于长期以来戏曲曲本缺乏独立创作，而多为据小说改编，因此一定程度上小说的内容和格调就决定了戏曲的面貌，于是出现了两方面令改良者尤引为弊端的问题：一是戏曲严重脱离现实。中国戏曲讲求传承，这种传承不仅表现于唱腔流派中，也体现在对于传统剧目的钟情与偏爱上，所谓的创新不过是从旧小说中翻演新桥段，于反映现实社会的问题方面并无十分大的帮助，同时我们又不得不承认这种传承与舞台表现有着强大的作用力。这一问题在之后改良派陆续推出排演的新戏时也凸显出来，由于贴近现实，所以这部分改良新戏在短时间内风靡于世，但由于其往往片面追求思想性而缺乏戏曲唱腔等方面的细心打磨，仅靠内容新颖、做派新潮吸引眼球，在时代风潮转向之后，这类戏剧多湮没无闻。这其中固然有新兴话剧的强大冲击，但戏曲传统剧目因为有着广泛的群众基础与实际演出中更胜一筹的表现力而显现出更持久的生命力却也是不争的事实，传统戏曲的这一现象甚至延续至今，这也是当日的改良者们无法预料的。另一方面的问题则在于戏曲过分地追求娱乐性。从演出剧目不出"语怪、诲淫、诲盗"三项的定位，到对于京剧、二簧、山陕梆子的评价，所谓"言辞鄙陋，其事迹荒谬，其所本之小说、传记亦毫无意义，徒以声音取悦于人，而无益于世道人心"②。一时之间，传统戏曲最根本的属性成为众矢之的，柳亚子更是因时代所需，过分注重戏曲的功用性，而有"万族疮痍，国亡胡虏，而六朝金粉，春满红山；覆巢倾卵之中，笺传《燕子》；焚屋沈舟之际，唱出《春灯》。世固有一事不问，一书不读，而鞭丝帽影，日夕驰逐于歌衫舞袖之场，以为祖国之俱乐部者"③之辞，甚而将其视为"民族之污点"。实际上愉悦民众对于戏曲而言本无可厚非，这是服务于底层民众的文学艺术形式必然存在的基本特点，然而一旦其被作为宣传思想、开启民智所采用的手段，这种特点便在戏曲地位陡然升高的同时显得有些格格不入，由此娱乐性也成为了改良者们眼中传统戏曲的一大弊端。

虽然这两方面问题中有对于传统戏曲的曲解，但从某种角度上看，改良者们也发现了传统戏曲长久以来存在的戏剧升华提纯之后产生的内在精神因素的缺乏，这一点也的确是传统戏曲的薄弱环节，个体的思考和个性化的行为方式在中国传

---

① 铁：《铁瓮烬余》，载《小说林》，1908 年第十二期。

② 转引自陈多、叶长海选注：《中国历代剧论选注》，上海古籍出版社 2010 年版，第 444 页。

③ 柳亚子：《〈二十世纪大舞台〉发刊辞》。

统戏曲中的出现屈指可数，而“传统剧目在思想内容的指向上，是被设定在伦理道德的层面上的，因而成为传统社会意识形态的载体，个体对宇宙人生的究问是牢笼在伦理学之内的，而被指斥的‘诲淫诲盗’剧目，乃是对传统伦理道德范围的游离，但因格调不高而流于低俗，走向颓败”①。也正是由于这方面的原因，中国传统戏曲长久以来无法拥有如西方戏剧般显赫的地位，改良者们在分析比较之后已经对传统戏曲的内在精神有了初始的了解和认知，遗憾的是他们过于急切地追求功利性，并未耐心地深入挖掘传统剧目的这一本质特点，系统地总结论述中国戏曲的内在精神及人文情怀，探究并适时引导传统戏曲合理的发展方向，最终走上了不论原因，只看结果的老路。

在对戏曲的优劣之处一一罗列之后，改良者们开始有针对性地提出改革方案，由于他们中的大多数人都有过游历他国的背景，因此西方戏剧及日本新戏在这场戏剧改良运动中也担任了重要的角色，多方面为改良者们提供着借鉴，改良的意见集中于以下几个方面：

首先，脱离剧本曲本对小说的依赖，保证其独立性。改良者们在分析之后发现，戏曲对于小说的过分依赖最终会导致戏曲内容老套，缺乏思想上的深刻性。自明代以来，中国的戏曲发展逐渐走向了两条道路，在舞台上搬演的往往是沿袭前代的曲本，或改编自小说，因需要不断调整、适合观众口味，最终常演不衰的通常是令改良者们口诛笔伐的“语怪、诲淫、诲盗”内容，舞台戏“多取材于说部稗史，综其大要，不外寇盗、神怪、男女数端”②；而实际的以明清传奇为代表的剧本创作却又因专业文人的参与而逐渐走向雅化，最终成为戏台上难得一见的“案头文学”，并丧失了舞台表演性，这种发展趋势使得这部分作品不具有喜闻乐见的特点，再度成为知识阶层的读物，孔尚任的《桃花扇》就是鲜活的一例。如此一来，深刻而富有教化作用的剧本无法上台，台上的剧目却又乏善可陈，独创新戏成为了当务之急。“以《霓裳羽衣》之曲，演玉树铜驼之史，凡扬州十日之屠，嘉定万家之惨，以及虏酋丑类之慆淫，烈士遗民之忠荩，皆绘声写影，倾筐倒箧而出之；华夷之辨既明，报复之谋斯起，其影响捷矣”③。1905年陈独秀署名“三爱”发表于《新小说》上的《论戏曲》共对中国传统戏曲的发展提出了五条建议，除第二条“采用西法”之外，其余四条：“宜多新编有益风化之戏”、“不可演神仙鬼怪之戏”、“不可演淫戏”和“除富贵功名之俗套”几乎都是在针对这一问题。《二十世纪大舞台》在这方面表现的尤为出色，它的

① 张福海：《晚清戏剧改良思潮的形成及其演变》，载《中华戏曲》，2009年第一期，第164页。

② 转引自陈多、叶长海选注：《中国历代剧论选注》，上海古籍出版社2010年版，第509页。

③ 柳亚子：《〈二十世纪大舞台〉发刊辞》。

优势在于两位主创一重创作演出，一重理论宣传，双管齐下，同时借助媒体平台，形成一套行之有效的戏剧推广模式。在《二十世纪大舞台》上，汪笑侬先后发表《长乐老》和《缕金箱》，都是借明末史事抒发反清思想的新戏，而惜秋发表于第二期的《拿破仑》则是中国第一个描写外国题材的京剧，这些新戏或许有着粗制滥造的缺点，但毕竟符合了改良者们实现戏曲思想性和操作性统一的目标，在宣传方面产生了积极的影响。

其次，提高戏曲地位，尊重戏曲演员。如同抬高小说地位一样，改良者们强烈地呼吁提升戏曲和演员的社会地位，产生这种提议的原因是同戏曲本身“易移人志，直如镜之照物，靛之染衣，无所遁逃”①的功用性不可分割的。“戏曲者，普天下人类所最乐睹，最乐闻者也，易入人之脑蒂，易触人之情感，故不入戏园则已耳，苟其入之，则人之思想权未有不握于演戏曲者之手矣……由是观之，戏园者，实普天下人之大学堂也；优伶者，实普天下人之大教师也。”②陈去病则索性从头为戏剧正名，“仲尼曰：‘移风易俗，莫善乎乐’，孟轲氏曰：‘今之乐，犹古之乐也’，彼戏剧虽略殊，顾亦未可谓非古乐之余也”③，且专门作《南唐伶工杨花飞别传》，用以表彰杨花飞以歌讽谏，令南唐中主李璟有所顿悟，励精图治一事，陈去病由此感慨：杨花飞“以迨优孟歌廉吏之章，而楚庄警悟；优旃善笑言，而合于大道。则歌哭之为术，亦何不可发人深省哉？而优伶其可贵矣！‘生不愿封万户侯，长杆大笠一扁舟’，斯时之花飞，乃亦抱此见解，翛然洒然，而投其身于优伶社会之中”，从历史中选取光彩照人的戏曲演员事迹，以提升传统的伶人地位。陈独秀等人则在与西方演员的对比中提出中国传统观念中视“演戏为贱业”的不公：“人类之贵贱，系品行善恶之别，而不在于执业之高低……泰西各国……以优伶与文人学士同等”④。“又泰西伶工，皆例上流，往往学术湛深，迥逾流故俗，能躬木铎之任，取一世之智俗而陶冶之，不但称为专门，且应推为先觉”⑤，陈去病也在《二十世纪大舞台》第二期中发表《告女优》一文，文章以白话形式写成，力求通俗，鼓励女演员排演新戏，并提到“这女子串戏的事，原是不独我们中国有的，就是那外国，无论什么东洋西洋，总有一样都有的”。这种提升戏曲、演员地位的呼声，最根本目的仍然希望戏曲能够引起人们的足够重视。

---

① 转引自陈多、叶长海选注：《中国历代剧论选注》，上海古籍出版社 2010 年版，第 451 页。

② 三爱（陈独秀）：《论戏曲》，载《新小说》，1905 年第二卷第二期。

③ 张夷主编：《陈去病全集》，上海古籍出版社 2009 年版，第 401—402 页。

④ 三爱（陈独秀）：《论戏曲》，载《新小说》，1905 年第二卷第二期。

⑤ 佚名：《论改良戏曲》，载《四川学报》，丙午第 12 期。（1907 年一月）

再次，排演剧目要寓有现实意义。这一点的确是中国戏曲所缺乏的，也是改良者们提及最多的，这一建议的提出直接借鉴于欧美与日本戏剧。法国战败于德，政府欲举新政，为激起民心之愤，便“于巴黎建一大戏台，官为收费，专演德法争战之事”①，日本所演之剧则“追绘维新初年情事，是时国中壮士，愤将军之专横，悲国家之软弱……乃慷慨悲歌，欲捐躯流血以挽之”②，终于推动日本政府“急急改革，政治年年改良进步”③。在《二十世纪大舞台》简章中，陈去病也曾提过“泰东西各文明国，其中人士注意开通风气者，莫不以改良戏剧为急务。梨园子弟遇有心得，辄刊印新闻纸报告全国，以故感化捷速，其效如响”，在此，陈去病不仅呼吁剧目中的现实教化意义，而是更进一步希望戏曲可以具有同报纸相类似的特点，能够及时传达时事，激励民众。在《二十世纪大舞台》上他率先进行尝试，在第二期刊登了由自己创作的新剧《金谷香》一出“枪击”，此剧完全是根据实事改编，1904 年，万福华因不满于前广西巡抚王之春散布将东三省割让给俄国人的谬论，设计在“金谷香”西餐厅枪击王之春，因不会用枪未能成功，此事在全国范围内引起了强烈反响，也揭开了晚清刺客风潮的序幕。在陈去病创作的戏剧中，人物姓名、事件经过几乎与实事完全相同，陈去病的确是以戏剧的形式传达新闻的效果，从时间上看，刺杀王之春事件、陈氏的创作与新剧的登出在一年内发生，这种迅捷的创作也体现出陈去病强烈要求新闻反映现实的主张，急就章式的作品在艺术水准上自然不会太高，但这毕竟是一次可贵的尝试。

最后，对悲剧作品的呼唤。这一观点集中反映于蒋观云 1905 年发表的《中国之演剧界》一文中，开篇借拿破仑好观悲剧得出结论，“使剧界而果有陶成英雄之刀，则必在悲剧”，上溯至春秋时期的礼乐文化，赞成墨子的非乐之议，并强调“剧界多悲剧，故能为社会造福，社会所以有庆剧也；剧界多喜剧，故能为社会种孽，社会所以有惨剧也”，同时盛赞汪笑侬的新戏《党人碑》便是一出切合时势的悲剧。从蒋观云的戏曲理论来看，对于悲剧作品的召唤仍然是因为此类作品更有益于人心，出发点仍是基于作品的教化作用，然而他已经开始关注到悲剧所反映的现实悲剧性，这种悲剧性恰恰是最具有持久性，含有最深的文化意义的力量，如亚里士多德在《诗学》中给予“悲剧”的定义：“悲剧是一个严肃、完整、有一定长度的行动的模仿，它的媒介是语言，具有各种悦耳之音，分别在剧的各部分使用，模仿方式是借人物的动作表达，而不是采用叙述法，借引起怜悯与恐惧来使这种情感得到陶冶”。当

① 转引自陈多、叶长海选注：《中国历代剧论选注》，上海古籍出版社 2010 年版，第 446 页。
② 转引自陈多、叶长海选注：《中国历代剧论选注》，上海古籍出版社 2010 年版，第 447 页。
③ 转引自陈多、叶长海选注：《中国历代剧论选注》，上海古籍出版社 2010 年版，第 447 页。

然，从文艺学上对于悲剧的探究并非此时改良者的目的，蒋观云也并未意识到悲剧的出现需要作家首先形成悲剧意识，并进一步通过作品进行文化上的把握与阐释，但这种对于悲剧作品的呼唤是中国戏剧理论向现代转型过程中的一次有益探求。

综合以上四点可以看出，戏剧改良者们最根本的目的仍是试图将戏曲为己所用，强调戏曲的功利性，这是所有具体改良措施的统一出发点。而《二十世纪大舞台》所刊登的理论性文章，其观点也大致不出此范围，柳亚子对于《二十世纪大舞台》的定位十分精准：此份报刊“乃为优伶社会之机关，而实行改良之政策；非徒以空言自见，此则报界之特色，而足以优胜者欤”①，陈去病等创办者率先为戏曲搭建起媒体的平台，将理论宣传与实际的舞台演出结合，这正是《二十世纪大舞台》的价值与意义所在。之后，在戏剧改良的号召下，上海的剧界中坚力量潘月樵、夏月润兄弟、冯子和等人积极排演新剧，将关注目光投向现实生活。几年之后，随着梅兰芳等人的努力，戏剧改良热潮逐渐北移，从中可以看到《二十世纪大舞台》在整个清末民初戏剧改良运动中所占有的重要位置及其承上启下的关键作用。

二、创建学校

中国传统的教育更多地以家族模式呈现，为迎合科举制度，内容千篇一律地以文字为重。近代时人在目睹西方先进军事科技技术并切实感受到其威力时，从教育入手转变被动局面成为他们找寻到的出路，创建新式学堂的呼声遂日益高涨。如梁启超所言：“甲午受创，渐知兴学，学校之议，腾于朝度，学堂之址，踵于都会”②，清政府也在应时潮而动，积极推行新举措，一时之间官办高等学堂如雨后春笋，迅速发展起来，与此相同步的则是民办学校的繁荣，此类学校多为革命党人、开明士绅、商贾或归国留学生所建，针对阶段则主要是启蒙、小学或中学，其中尤以创办女子学校者众多，短时间内官办民营新式学校蜂出，至20世纪初达到了中国近代文化教育发展的高峰。

陈去病与友人创建的学校在性质上均属于民间办学，其所参与创建的学校共有三所，即1904年正月于周庄创办的东江国民学校，同年8月协助冯沼清创建于苏州的苏苏女学及在1912年同徐自华、徐蕴华姐妹，姚勇忱、王金发于上海创建的竞雄女学。其中东江国民学校的持续时间最短，陈去病在创办时即是为武装斗争做准备，故宗旨亦是“以保存国粹、阐发旧学、养成武健之风”③为目的，但因为经费

① 柳亚子：《〈二十世纪大舞台〉发刊辞》。

② 梁启超：《倡设女学堂启》，《饮冰室合集》文集之2，中华书局1989年版，第20页。

③ 陈去病：《东江国民学校简章》。

不足，短短四个月便宣告停办，在这三所学校中是产生影响最小的。苏苏女学的主要创建者是冯沼清，陈去病更多地是任协助的角色，冯沼清抱着“独女子数千年不与社会相接触，恶业未染，天真烂然，虽不学无术，固非其罪，使一旦沟而通之，陶铸群才，必能出其慈悲贞干之特性，以宏济艰难”①的办学理想，顶住重重压力创建女校。苏苏女学是苏州地区第一所女子学校，在苏苏的带动下，两年之后，“别创女学者，遂踵相接，盖遍吴门得三十余校”②，遗憾的是 1907 年冯沼清突发疾病离世，最终苏苏女学也未能继续运转，但其毕竟是开当地办女学风气之先，因此仍然有着重要意义。生命力最强的则是民国建立之后为纪念秋瑾而创办的竞雄女学，陈去病仍然是协助创办者之一。1912 年竞雄女学创建于上海白克路，1913 年由徐自华等人将其由小学扩充为中学及师范学校，孙中山为竞雄女学亲题校训“勤敏朴诚”，竞雄女学也一度成为倒袁及倒军阀活动的集散地，1927 年夏，徐自华将该校交由秋瑾之女王灿芝接办，次年，由于王灿芝赴美留学，学校停办，不久，徐自华又物色秋瑾的学生纪国振接办，迁至派克路协和里三号，1956 年合并于凤阳路小学。

陈去病参与创建的这三所学校性质不同，命运迥异，但从中既可以见到晚清兴起的教育救国等社会思潮的痕迹，又能看到专属于革命派的为斗争和武装活动建造合法掩体的目的，因此也可以从外界因素的作用力和内在的发展两方面分析陈氏创建学校的原因和目的。

从外部作用力而言，首先要肯定的是晚清时期兴起的教育救国及兴办女学思潮的强大推动。教育救国的源头可以追溯至洋务派倡议创办的京师同文馆及机械、船舶等新式学堂，这种“经世致用”的想法对其后改良派以教育为救国保种手段的思想有着直接的引导、启发意义，但此时这种“变器不变道”的办学方式更多地是停留在知识层面，表现出明显的仿效和模拟痕迹。以康梁为首的改良派将“教育救国”正式提出，在维新变法中教育的维新也是其中的一项重要内容，康有为在《上清帝第二书》中言：“夫才智之民多则国强，才智之民少则国弱”，“天下之变岌岌哉，夫挽世变在人才，成人才在学术”。改良派认为，开启民智，培养人才才是救国的出路，因此将教育视为头等重要之事，比洋务派的单纯学习西方技术等更为进步的是，以梁启超、严复等人倡导的这场教育救国思潮已经开始强调对于西方政治体制的学习，因此已经带有显著的政治色彩，这场教育救国思潮使清政府亦有所触动，积极颁布新式学堂章程条例，同时这场社会思潮给时人带来的最大影响则在于使

---

① 柳亚子：《冯君竞任家传》，载《江苏革命博物馆月刊》第 18 期，《江苏革命史略》。

② 柳亚子：《冯君竞任家传》，载《江苏革命博物馆月刊》第 18 期，《江苏革命史略》。

得新式教育观念深入人心，所谓："甲午、庚子以还，内为志士所呼号，外受列强之侮辱，始知教育为中国存亡之绝大问题，于是众口一声曰：'教育！教育！'"[①]然而这一理论的主要针对对象是官办高等院校，涵盖范围实际上仅限于金字塔尖，兴办女学则逐渐显现出其重要地位。

兴办女学最早是以教育救国思潮偏师的身份出现的，一般将梁启超1897年所作《倡设女学堂启》视为呼吁兴办女学的肇始，在文中，梁启超追溯"圣人之教，男女平等，因教劝学，匪有歧矣"，而如今却不兴女学，与西方国家相比更是不可同日而语，梁启超在其中提到了一个现象："彼士来游，悯吾窘溺，倡建义学，求我童蒙，教会所至，女塾接轨"，这指的是教会学校。教会学校成为在改良派倡导兴办女学之前中国新式基础教育的一个最重要的部分，在此，梁启超是抱着对于教会学校的感激同本国教育不兴的羞愧这种复杂心情来论及这一现象的。不可否认的是，教会兴办的学校，尤其是女校在普及基础教育、传播新式文化方面功不可没，为中国的女子教育填补了空缺，然而这部分学校也同样会因为宗教及西方视角偏见等复杂内容的输入而不可避免地带有文化侵略之嫌，改良派显然并没有注意到教会学校的这方面于中国教育的不利因素，这种忽视也直接影响到了革命派，甚至在民国建立之后，所颁布的学堂章程中仍没有对于教会染指中国教育一事作出过多干涉，这对于其后中国教育发展的独立性及体制建设都带有负面的影响。梁启超在对中国女子教育现状感到蒙羞的同时也注意西方及日本的女学教育，得出"夫男女平权，美国斯盛；女学布濩，日本以强，兴国智民，靡不始此"[②]的结论，同时从中也可以看到，兴女学的倡议同男女平等、恢复妇女地位等20世纪初盛行的女权主义和妇女解放运动等主张之间关系密切。如此，兴办女学本来作为改良派教育救国主张的一个组成部分提出，却由于针对面广且符合了女权运动萌芽期的民众心理，又因办学要求相对较低，政策宽松等客观环境因素而蓬勃发展起来，最终几与官办高等学堂成并行之势。

但最初女学的发展并不顺利，这一主张对于中国传统观念无疑是一种严重的挑衅，女学想要在强大的传统势力夹缝中求得生存，便不得不做出一定的调整和让步，由此改良派力倡下的女学呈现出新旧杂糅的态势，女学"修身课讲的则都是当时要女子们必须服从和照办的'三从四德'等等封建道德的旧观念"[③]，这种问题的出现也是实属无奈。

---

① 《教育世界》，1901年第五期。

② 梁启超：《倡设女学堂启》，《饮冰室合集》文集之2，中华书局1989年版，第20页。

③ 转引自苏有全主编：《中国社会史专题研究》，内蒙古人民出版社2006年版，第397页。

在教育救国及兴办女学的主张上，革命派继承了改良派的具体实践，并在此基础上添加了新的因素且取得了较大的成绩。由于教育救国提倡的多属于政府行为，在民间可操作性不强，因此兴办女学的思潮在20世纪的最初十年影响颇大，陈去病所参与创建的两所女校也均受此思潮的直接影响。很多人将维新派的兴办女学思想与国家民族命运相接，使其具有更宏大的意义，他们认为国家之所以不昌，“实由于人才太少，人才太少，实由于母教未立，母教未立，实由于女学不兴”①。而金天翮在1903年署名“爱自由者金一”发表的《女界钟》则可以视为革命派兴办女学的代表宣言，这本不足百页的小册子中却浓缩有对于兴女学和妇女权益的全新见解，金天翮认为，女子应该积极争取长久以来被剥夺的权利，包括入学、交友、营业、掌握财产、出入自由、婚姻自由等六个方面，而在女子教育的目的上，则罗列了八种，其中尤为鲜明的是“改造风气，女界先觉之人”及“坚贞节烈，提倡革命之人”，从而彻底摆脱了改良派在此问题上作出的妥协和形式主义泛滥之弊，超越了女学之目的便是培养贤妻良母的观点，为兴办女学增添了全新的革命定义。这部作品也在社会上引起巨大反响，反对之声不绝于耳，方言学堂所编撰的《伦理讲义》针对《女界钟》更是不惜大骂：“有贱丈夫焉，昧乎男子治外之大义，自弃其天职，倡言女权；充其类必使女子治外而后已。举重远之任而付之于虑近恩胜之人，不知其不可而为之则不智；以孱弱之族而托之以艰大宏济之事，教猱升木而不顾其后则不仁；自不能尽其保卫生人之义务而反欲求庇于妇人之手则无耻……”②，足见当时民风未开，民间兴办女学压力之大。

在实际创建学校的经历中这种情况也时有发生，柳亚子在《冯君竞任家传》中详细记载了苏苏女学初办时的艰难，1904年冯沼清等人因感叹中国“峨冠博带之徒已矣，无可望矣”，故“求须眉于巾帼”，遂决定兴起女学，不惜“举债称贷以济之，不足则典衣裘殆尽”，然而教员、生源仍有赖朋友以维持，如此举动引来吴人蜚短流长，“开校之初，生徒才六七人”，这种局面直至两年之后才有所改善，而“前谤君者，亦转相赞美”。刊载于《女子世界》1905年十二期的苏英在苏苏女学开学典礼会上的演说词则充分诠释了革命派的女学观念：“如今我们的意思，是要撤脱贤母良妻的依赖性，靠自己一个人去做那惊天动地的事业，把身儿跳入政治界中，轰轰烈烈光复旧主权，建立新政府”，而女子学校的目标则立志使学生“一面研究国文，开通智识……一面注重兵操……提倡这尚武精神”，强调合群力，而绝不再作“男子的高

① 《演说女学》，载《大公报》，1904年11月11日。

② 转引自张琛、袁熙旸著：《篱外的春天：中国女性与近现代文明的演进》，上海译文出版社2005年版，第58页。

衙奴隶，异族的双料奴隶”，如此很明确地否定了之前改良派兴办女学的教授内容中关于打造贤妻良母的方面。不仅如此，这篇演说词的打击面相当广，既认为“保皇立宪纯属温和派的议论，这没有一句可通的”，从而将改良派主张彻底剔除，同时又排斥“迂儒曲士”、见不得男女平等之人、“为虎作伥的政界人物”等等一系列男子形象，直言指望姐妹团结，“排除异族，还我山河，实行那男降女不降的主义”，这已经带有极其鲜明的女权主义色彩，因此这篇演讲词也常被引用作为 20 世纪初中国女权运动的宣言。

民国建立之后，教育救国和兴办女学迎来了崭新时代，不仅在于民办学校有了合法的地位，“提倡女子教育为最要之事”[①]思想的支持，也包括对于这两大思潮有了更加清醒的认识和反思，虽然金天翮早在《女界钟》中便提及女子参政的重要性以及女权的发展与国家民权的昌盛程度成正比等问题，但对于妇女参政等方面的实践一直到民国建立之后才在条文上有所体现，这同样也推动了之后的女学发展。同时这一时期在办学目的上也更加明晰与合理，“注重道德教育，以实利教育、军国民教育辅之，更以美感教育完成其道德”[②]，这种道德教育的强化和完善同时也体现着新式教育观念在逐渐发生变化并走向成熟，也正是由于这种相对于晚清更加宽松的社会环境在客观上给予了建于 1912 年的竞雄女学以更长久的生命力和更大的发展空间。当然，民国关于教育和办女学的举措并非尽善尽美，如前文提到的未对教会办学生成有力的遏制政策，同时许多条文因为并不完全切合各地情况，并未推广普及而沦为纸上空谈，之后兴办女学和教育救国思潮逐渐细化分流，出现了若干分期，盛行于晚清的这两大社会思潮也相继走入沉寂。

中国近代独有的一个文化现象即是某一新思想在一段时期内往往同时受力于清政府、改良派和革命派三方，既是因为在短时间往往三方混杂，难分彼此，同时又在于各方都意在借相同的对象达到不同的目的，因为这种不约而同的共识和默契，新思想在引介之后受到三倍于自身的正向推动力而迅速得到启蒙与传播，并逐渐呈现出社会思潮之象，教育救国和兴女学也不例外，除去改良派的引介首倡之功，革命派的深化推广之举，清政府所付出的努力也必须得到承认。

在教育救国方面，改良派最初即是寄希望于政府，清廷“知革新潮流之不可复遏，颇能提倡新政，学校教育稍稍萌芽”[③]。1901 年 9 月，清政府下兴学诏：“除京师已设大学堂应切实整顿外，着各省所有书院，于省城均改设大学堂，各府厅直隶州

---

① 《孙中山全集》第二卷，中华书局 1982 年版，第 358 页。

② 舒新城：《中国近代教育史资料》(上)，人民教育出版社 1981 年版，第 223 页。

③ 宋紫佩：《二十年来之回首》，载《鲁迅研究资料》10，天津人民出版社 1982 年版，第 138 页。

均设中学堂，各州县均改设小学堂，并多设蒙养学堂”，1902年，清政府制定了《钦定学堂章程》，即“壬寅学制”，1903年，又制定并正式颁布了《奏定学堂章程》，即“癸卯学制”，这是中国近代第一次制定系统的国家教育制度，1905年9月清廷下诏废除科举制，同年12月中央设立学部，作为最高教育行政机构，随后各省设提学使司，各府厅州县设劝学所，以加强对教育事业的管理。这些政令的颁布和举措的实施对于中国近代教育体制的建立有着重要的意义，如今全国的一流高校前身大多为当时所兴办之高等学堂，因此不能忽视清政府在最后的十几年间对于教育改革的探求和贡献。而在兴办女学一事上，清政府的行为颇有些“无心插柳”的意味，由于女学往往是针对启蒙或初级教育，带有一定的扫盲性质，且潜在生源充足，因此对于创办者要求较低，更由于兴办女学只是作为教育救国的其中一个分支发展起来的，本身带有更多的民间化行为，因此民办女学的发展速度远远超出了当局的控制，一大批如苏苏女学、中国教育会创建的爱国女校等革命派创建、带有明显的激进色彩的女学涌现出来，为了达到遏制革命态势进一步蔓延的目的，清廷采取了怀柔政策，于1907年颁布了《学部女子小学堂章程》和《女子教育章程》，仿效日本的女学章法，以“启发知识，保存礼数”为原则，在培养目标上，强调将历代女教书立为修身课本，对于集会、游行和演说则严加禁止，但这一举措收到的正面效果远没有客观上对女子学校兴办的推动力来得强大。章程颁布之后，女子教育（包括小学和师范）首次列入了学制，得到了合法的地位，各地出现了公办的女子小学，而清廷希望遏制的民间兴办女学之风非但没有减弱，反而呈现出愈来愈盛的态势，章程的出台在客观上反而加速了民众对女学的认可，同时从官方角度为女学正名，缓解了因传统观念顽固而导致的民办女学生源不足现象，有利于女学的发展。据统计，1907年时有女子初等学校391所，男女学生人数之比为49∶1，到1916年男女学生人数比例达到了24∶1①，在十年的时间中女学生的入学比例增长了一倍，清廷在其中也扮演着重要的角色。

从陈去病等人创建学校的行为本身看，其原因和目的更加明确单一，更主要的是为自身安排合理身份，以便开展革命活动，尤以东江国民学校和竞雄女学为代表，前者因为创建时间短，谈不上有何影响，只能从建校宗旨上看出用意，而后者则因存在时间长，且在民国建立之后切实地发挥过作用，因此最具代表性。竞雄女学作为纪念秋瑾而建造的学校，本身即寄托有陈去病等人希冀秉承先烈遗志的愿望，

① 据苏有全主编:《中国社会史专题研究》，内蒙古人民出版社2006年版，第429页。

而这所女校也的确为革命党人提供了便利。[①] 1913 年徐自华接手竞雄女学，有一说即是因为其与浙江都督朱瑞就秋墓修建一事有所分歧，徐自华因朱瑞屈从袁氏政府擅自改动计划而据理力争，且散发传单以告民众，朱瑞恼羞成怒，扬言对徐不利，适逢孙中山来杭州，劝徐自华不要做军阀的牺牲品，后徐自华赴沪主持竞雄女学。[②] 竞雄女学从最初建立便带有革命色彩，陈去病、胡朴安、黄宾虹、庞树柏、徐小淑等南社社友都曾任教竞雄女学，而在 1913—1927 这段时间中，同盟会及光复会的很多成员都以竞雄女学教职员工的身份为掩护，做了许多倒袁、倒军阀的工作，其中最突出的一次是 1916 年袁世凯称帝，蔡锷起义，浙江也变相独立，同盟、光复两会留沪会员在竞雄女学协商抵抗，图占苏州，时陈去病正于竞雄女学任教，决议推举陈和徐自华到苏州乔装上香，辟室苏台旅馆，指挥一切，事前与苏州警察所长已有联系，后该所长翻悟欲捕二人，幸得逃脱，[③]此事已足可证明竞雄女学的作用。

然而从陈去病参与创建的这三所学校中不难看出，民办学校有着自身无法回避的缺点，即其不稳定性，这一特征也同样出现在当时的民间办报等各种行业。财政紧张成为民办学校最大的问题所在，东江国民学校因此而停办，冯沼清更是抱着破釜沉舟的决心毁家纾难，最终才使运转起来的苏苏有了一点起色，然而主办者的突然离世也使这所学校最终未能逃脱停办的命运，竞雄女学的幸运则在于有更利于发展的时代环境，且因其为纪念秋瑾而含有的特殊意义，会得到更多的关注与经济上的支持。这种不稳定性也是近代民办学校所带有的通病，在强调民间办学对于教育巨大贡献的同时这一问题也是不可回避的。

第三节　陈去病的文化观念与价值取向

陈去病的文化观念与价值取向在他的文献整理活动和文化实业创办的过程中表现出一种矛盾状态。在思想倾向上接受以三民主义相号召的资产阶级革命派理论，却又对恢复汉家正统地位，光复华夏念念不忘；在价值取向上，有着革命者勇于站在时代风口浪尖上的魄力，在具备社会主流意识的同时又渴望文人的闲适生活，甚至隐居山林；在文化观念上，陈去病则多纠结于一种文化状态的静止与动态的矛

---

① 《吴江文史资料》第九辑林北丽作《徐自华》中载“自 1908 年至 1911 年，每年 6 月 6 日，寄尘都在上海竞雄女学聚集社员举行纪念活动，藉机联系王金发、吕凤樵等光复军骨干，积极商讨浙江起义事宜”在时间上有误，竞雄女学于 1912 年民国建立之后始宣告建成。

② 此说法转引自张夷主编：《陈去病全集》，《陈去病年谱》，上海古籍出版社 2009 年版，第 183 页。

③ 据徐双韵：《记秋瑾》。

盾之中，站在国故和旧学根基上的陈去病生发出极具号召力的狭义民族主义，然而时代的骤然转型却将其置入了文化上无所归依的真空状态，另一方面，陈去病创办报纸、协办女学紧随时代步伐，同时却又对特定时期出现的、已成为静止状态的遗民情有独钟。这些矛盾纠结有同属于时人的，也有独属于陈去病的，究其原因不外乎时代和个人因素的共同作用。

首先，思想倾向。陈去病在晚清热切地呼唤革命，希望摧枯拉朽之后重现新天地，他所拥护的是以孙中山为代表的革命派，然而革命之后迎来的究竟是一片“新天地”还是“旧河山”，则是陈去病常常模糊的问题。与“革命”和“推翻”这类极具时代特性的思想相对应的是对于汉家正统的认同和遗民心理的感同身受，他整理遗民文献，祭奠抗清英雄，反复强调对“一朝大地削蹄迹，光复旧物还淳和”（《题明孝陵图》）的渴求和重现汉官仪制的愿望，也会出现“最是令侬凄绝处，一声断肠哭先皇”（《偕光汉子观汪笑侬〈桃花扇〉新剧》）的真实情感体现，这一声“先皇”已经模糊了陈去病的身份认同，使其已然不知今夕是何年。在其诗作中，甚至会有《仲冬下瀚二日，被酒恍忽与人并服先朝儒服，翩然殊得，惟对镜自视，只觉鬓丝未长耳》的出现，这已近似一种幻觉，偶尔也会有“只合瞿昙老此身，万山深处做遗民。百千年后长寥寂，没个刘郎来问津”（《丁未八月，海上藏书楼夜坐杂感》其五）的念头。在《读吴骏公集》中，字里行间表现出对于遗民心理有着体会至深之感：“故宫离黍隐铜驼，大好神州等逝波。几辈金兰昭大节，一生忏悔付悲歌。屈平辞赋牢骚甚，庾信文章哀怨多。算有少陵诗史在，遗民心事不曾摩。”这是在强烈的追慕和认同之后对于自身身份产生的模糊。而陈去病所支持与宣扬的三民主义，在帝制推翻之前，其阶段性任务便重在民族主义，这与陈去病自身的思想倾向是吻合的，这也是三民主义最先吸引陈去病之处。这种倾向上的相合在民国建立之后出现了问题，将重心转移至“民权、民生”建设的三民主义，令陈去病无所适从，在思想倾向上陈去病也开始与三民主义出现了矛盾和分流。

其次，价值取向。在20世纪的最初十年，民族主义成为社会的主流思潮，陈去病的社会活动家身份使他站在时代的风口浪尖上，充当革命宣传的旗手，参与实施革命活动，成为名副其实的革命家与辛亥风云人物。然而另一方面，他又有着不折不扣的文人气质，渴望独善其身的生存状态，更有远离庙堂，隐居山林，优游卒岁的愿望。这种想法在当时的革命家文人身上极具代表性，仅南社成员在作品中表现过这种想法的便俯拾皆是，“桃花源上波千尺，与而偕归作老渔”（作者自注：宋钝哥与予约，时局稍定归隐桃源）（陈家鼎《麓山悼烈士墓并赠钝初》），“每于患难见深情，十载论交与弟兄。肠断当年耦耕约，可能相续到他生”（作者自注：……君常谓余，使共和底定，余命犹存，当与子卜居万山中，力耕自给，不与世竞荣利也）（刘约真《哭太一诗》其三），“才大难容天亦忌，满腔血染楚州红。偶耕偕隐成虚愿，酌酒磨刀唱大风”（作者自注：烈士为余诗序有云，愿得田百亩，躬耕偕隐其中。）（周伟《痛哭周烈士实丹》其一）。宋教仁、宁调元、周实丹，这些为共和事业呕心沥血，付出生命的功臣不约而同地选择功成身退之路。出现这种普遍性想法的根本原因仍然在于传统的儒家思想影响，这些革命家基本上都是在传统教育的背景下成长起来的，他们的价值观中有儒家“心系苍生，胸怀天下”的情怀，然而文人气质又会使其对远离权力政治、行走于社会生活的边缘地带有着巨大的渴望。陈去病同样渴望这种生活，亦曾吐露心声：“顾所深愿者，且晚归去，鱼钓其间，则必将遥吟俯唱，与周君相应和于芦漪之畔”（《柳溪竹枝词序》）。在诗作中也能寻觅到其渴求山林生活的痕迹，且出现次数不少：“安得吴淞江上去，绿蓑青笠作渔翁”（《四十初度，黄海舟中遇雾一首》），“养鱼兼种竹，我独慕陶朱”（《泛舟碧浪湖，因游道场山，登绝顶骋望》），“斯则我愿具偿君亦足，可以长揖归山邱。躬桑力穑老孙子，天台笠泽同千秋”（《梦羽生长乡县，醒而异之，书以代简，寄天台山中》）。然而随着时局的变化，共和果实的摇摇欲坠，他清醒地意识到闲云野鹤的生存状态只可能是一种美好愿望：“与子十年别，相看各老苍。论交余感慨，多难罕文章。救世情逾切，共和愿岂偿。劳生知未已，何暇计耕桑”（作者自注：君语予欲卜居江浙间，躬耕课桑，自食其力，余笑应之，而知其未能也。）（《赠张溥泉》）。如同杨铨在《贺新凉·题亚子〈分湖旧隐图〉》中所言“乱世不容刘琨隐，满眼湖山杀气，更谁辨渔樵滋味？”[①]这种革命家和文人的身份在很大程度上是不兼容的，他“身上那种既积极入世又超脱出世的矛盾和本真、自我、纯粹的文人习气使他坚信自己的价值判断，而政治激情的过剩又使得他能够兼容矢志不渝、专心著述和乐志林泉、跌荡文酒，这既让陈去病显示出纵游天下的视野开阔，又显得似乎一叶障目、不见泰山”[②]。这种双重作用使陈去病在价值取向的矛盾重重中找到了统一和平衡。

最后，文化观念。陈去病的文化观念始终纠结于动态与静止之中，尤其表现在两个方面。一方面存在于他整理国故、钟情旧学的执着与飞速变化的时代之中，同是发表于以“研究国学、保存国粹”为宗旨的《国粹学报》上的文章，黄节、邓实等人为纠正欧化论的偏颇同时为中国传统文化寻找出路，已经将命题上升到了中学与西学、学术与民族命运等本质层面，然而陈去病却始终呈现出为存国故而存国故，

---

① 转引自杨天石、王学庄编著：《南社史长编》，中国人民大学出版社 1995 年版，第 349 页。

② 苏野：《政治激情的延伸和历史辑佚者》，http://blog.sina.com.cn/s/blog_4c3278410100k9b0.html。

从历史中挖掘阐发时代含义的简单状态。这是他以文人方式干预现实的体现,但他从故纸堆中找寻到的民族精神最终被定格在了一个特定时代,直接导致了民国之后他在文化溯源上的真空状态。如果说革命家身份与文人气质的不兼容同与之带来的矛盾的价值观念在当时普遍存在的话,这种文化上的矛盾则更为小众。除去迅雷不及掩耳之势的时代转型以及相关的一系列客观原因,就陈去病而言,更多的是源于他的个人性格。陈去病更多时候担任的是社会动员角色,而最具说服力的表现便是自身对宣传对象发自内心的拥戴,这使陈去病对自己的文化立场坚定不移,无比自信,极难为他人所撼动。然而这种自信同样带来了文人的自负之气,过人的理解力与超高的悟性在某种程度上会形成观念上的封闭而非发展,从这一点上看,除非他对自身进行调整,否则时代对于陈去病的影响固然存在,然而改变却并非易事。民国建立之后陈去病对于文化观念的调整始终未见多大成效,以致在作于庚午年(1930)的《笃守墓庐记》中,他已经对于"天下有道则见,无道则隐"的观念产生了模糊,"夫今之时固何时乎?以言有道,则纲纪凌替,名节扫地矣;以言无道,则建国方新,百废俱兴也"。最终学人的本性仍使他选择了"好学守道",却又担心自己"学既不足以自信,而又不能坚固卓绝以明其道",这种晚年文化选择上的纠结与矛盾同样来源于对于中国固有文化思想的眷恋与执着。另一方面则存在于陈去病创办报刊、协办女学,却又同时不遗余力地搜罗旧典,尤其是遗民文献之中。我们必须承认这二者在功利性目的方面有着相同之处,然而女学和报刊作为近代标志性的新生事物,本身便代表着文化观念上的前沿阵地,且处于迅速发展和不断完善之中,遗民与旧典的状态则与之截然相反,作为特定时代的产物和过去式,这种纯粹的静止也全赖陈去病重新整理阐释才得以焕发光彩,这种在动态与静止的文化形式间不断跳转的文化观念,也让陈去病呈现出一种矛盾状态。

第三章　南社与其他社团的组织

社团组织是陈去病文化活动的一大重心所在，他秉承了前人尤其是复社、几社经世致用的精神，采用结社的方式聚拢有识之士，在近代大放异彩。从1906年开始，陈去病先后组织过黄社、神交社、秋社、匡社、南社、岁寒社等数个带有革命倾向的社团，尤其是1909年与高旭、柳亚子于苏州发起的南社，成为参与人数上仅次于明末复社、规模宏大的革命文学社团组织。一时间社友遍布全国，在发展最盛时正式登记入会的达到一千一百余人，前后断断续续绵延将近半个世纪，成员荟萃了中国近现代政治、思想、文化、教育及出版等各种领域的精英人物。社员所创作的诗文集、小说集、笔记小品、翻译文学以及主编、主笔的文艺报刊、杂志，总数当在千数以上，对中国近代社会产生了巨大的影响，也在中国文学史上留下了浓重的一笔。作为发起者之一，陈去病对于南社的组织作了舆论上的准备工作，在社团内在精神的引领方面也功不可没，同时南社作为带有革命色彩的社团对于社会活动家陈去病而言又有着别样的意义，他与柳亚子、徐自华、苏曼殊等南社中坚力量交游唱和，关系密切，在提携后辈方面不遗余力，在为社团组织付出巨大努力的同时却又暴露出处于特定时代的政治人物急功近利、虎头蛇尾的通病。

第一节　明清社团发展概观

“社”作为名词由来已久，《说文》云：“地主也，从示土。《周礼》二十五家为社”，《周礼》中的“社”指的是祭神的地点，故有春社、秋社之说。后来“社”由地而引申为社会的组织，之后习武备的叫做社，文士的结合也名作社。晋代有惠远莲社，是结社可以追溯到的较早的源头。而文学性质的结社，据欧阳光考证当始于中唐，“大历十才子”之一的司空曙诗中曾有“结社”、“洛阳旧社”等语，此为其结社之明证。对后世影响很大的是白居易的香山九老会，以谈禅娱老为主，与纯文学性质的诗社不尽相同，但也有诗酒唱和的内容，因此对后世文人结社产生了重要影响。结社现象自中唐之后日益见多，其后有宋代胡瑗的经社、元代的月泉吟社等，开始倾向于纯文学性质。结社发展至明末时期蔚为大观，社团种类驳杂，大多为文士所发起参与，性质各异，内部结构较为松散，参与成员针对某一方面达成共识即可，在活动组织和人员构成上类于西方的俱乐部，往往缺乏统一的组织纲领，多以休闲消遣为主要目的，因此社团的发起和消亡都具有随意性。

文社是文士为吟诗作文而自发结成的社团，又因诗歌有着体制短小、限韵、可唱和等多种优势而更易在成员间形成互动，便于群体创作，因而更得青睐，而文人所创作的诗歌内容多样，拈韵分题，唱和互吟之外亦不乏讽议时政之作。诗社之名始见于北宋，南宋以后，随着重文轻武观念的增强，文人的团体意识也得到了发展，因此文人结社渐成风气。这一行为发展至明代逐渐走上高峰，并于明末发展至最盛，如清人吴振棫所言："盟社盛行于明季，江南之苏、松，浙江之杭、嘉、湖为尤甚，国初尚沿此习"①，据何宗美考证，明代文人社团的数量远在三百家以上。值得注意的是，由传统诗社发展而来的社团在明末蕴含了新的时代因素，受到国家政治等方面的影响，结社的目的也更为复杂，消闲的成分逐渐被抨击时弊所取代。至明弘光小朝廷时期，社团及其成员则成为了一股不可小觑的政治力量，在反清活动中扮演着重要角色，并对清初文坛产生了巨大影响。社团的这种性质上的转变也表现出时代动荡所赋予它们的历史使命。谢国桢在《明清之际党社运动考》中将明代的社团活动分为三个时期，即嘉靖到万历初年的社集以文会友，是社集萌芽的时代；崇祯年间社局，由诗文的结合而变为政治的运动；弘光以后，由政治的运动而变为社会革命的运动。这种划分方式是建立在充分考虑到党争对结社影响的基础上，因此自明中后期始。何宗美则从文人结社意识和文学主张本身将明代结社分为四个时期：元末明初的结社时期，尚处于元代结社遗风的延续阶段；洪熙至成化时期是明代结社的初兴阶段；弘治至万历时期是明代结社的第一次高潮期；天启、崇祯时期成为文人结社的至高峰。

事实上"以文会友"才是明代社团发起的最原始目的，除去消闲作用，尚有比拼才学的意味。将这种"文酒之宴，声伎之好，品书评画，此唱彼酬"②作为一种生活方式，这与明代士人的生活态度、治学态度以及明代文风亦不无关系。同时结社的地点密度也同地域经济的发达程度成正比，经济发达会刺激当地的文化事业发展

---

① （清）吴振棫：《养吉斋丛录》卷二十五，北京古籍出版社 1983 年版，第 268 页。

② 郭绍虞：《照隅室古典文学论集》（上编），上海古籍出版社 1983 年版，第 526 页。

并提升教育质量,由此走上良性循环,从客观上保证结社成员的数量和水平。如此,江浙一带经济发达、人文荟萃之地成为结社密度最高的地区,从明代直至近代。陈去病就曾在笔记《五石脂》中提及家乡集会时的胜景:

> 四方士子之挐舟相赴者,动以千计,山塘上下,途为之塞。迨经散会,社中眉目,往往招邀俊侣,经过赵李,或泛扁舟,张乐欢饮。则野芳滨外,斟酌桥边,酒樽花气,月色波光,相为掩映,倚阑骋望,俨然骊龙出水晶宫中,吞吐照乘之珠。而飞琼、王乔,吹瑶笙,击云璈,凭虚凌云以下集也。①

然而进入晚明时期,结社成为了士人聚集指陈当朝得失的借口,再加上凡谈及明末社团运动,尤其是复社,必然要论及东林党及二者之间的关系,由此党、社相互纠结,呈现出更加混乱复杂的态势,东林党一方面与宦官集团斗争,大快人心,另一方面却又为自己的利益患得患失,远离庙堂却左右国政。有着"小东林"之称的复社作为政治侧翼的出现对局势更多地是起到推波助澜的作用,这一点在几百年后的南社身上同样体现出来。然而这种局面对于已是末日黄花的明朝政局而言,无可谓是喜是忧,这种内部的相互倾轧与争斗并未从根本上产生影响,无力挽回大厦将倾的大趋势,这种结果也给后世造成了一种错觉,自此党祸与社事往往并论,"盖野之立社,即朝之树党也……同同相扶,异异交击,有好恶而无是非,急友朋而忘君父,事多矫激,人用偏私"②,这种观点在晚清也屡被提及,似乎已深入人心,这也是晚清士人对于结社之风褒贬不一的最根本原因。实际上面对经济繁荣引起的奢靡之风以及这种风气对于文坛文风的冲击,晚明的结社者力图对当时的时俗、士风、学风和文风有所匡扶,如以吴应箕、徐鸣时为首的匡社,合七郡十三子之文行于世,社名"匡",即有"匡正时俗"之意;后来周钟主盟的应社,即取"同声相应"之意;张溥为首的复社,取"兴复古学,务为有用"之意,而陈子龙等人的几社,冀"绝学有再兴之几,而得知几其神之义也"。③ 从中可以看出明末社团已经开始主动地承担社会责任,如侯峒曾《持声社序》中认为社"盖将以企望德义,奖化风俗,非为艺文设也"④,在此时社团逐渐开始强调功用性,再次背离纯文学性质,也正是这种共同主张使明末社团规模愈发浩大,至崇祯二年(1629)由浙西文社、江北南社、吴门匡社

① 张夷主编:《陈去病全集》,上海古籍出版社2009年版,第927页。

② 转引自谢国桢:《明清之际党社运动考》,上海世纪出版集团2006年版,第187—188页。

③ 据何宗美:《明末清初文人结社研究》,南开大学出版社2003年版。

④ (明)候峒曾:《侯忠节公全集》卷十二。

等十几个社团联合而成复社，成为社团发展史上的巅峰。

除此之外，结社还有着其他的目的，最具实际价值的莫过于八股取士、功研时艺的需要，如《公安县志》记载袁宏道“总角，工为时艺……年方十五六，即结文社于城南，自为社长，社友三十以下者皆师之，奉其约束不敢犯”①，这种带有实际性和功利性意义的文社在明代当不在少数，复社领袖张溥最初就是通过这一方面招贤纳士，成员讨论八股技法的运用，不断得到学习与提高，随着社员的得中功名，社团也随即声名鹊起。谢国桢认为这是张溥计划的第一步，是为“利用群众做后盾去干涉政治”②打好了基础，如此这一方面仅可作为召集成员、扩大声势的手段，但不可否认，这种更为具体和可操作的科举需要是明末结社的重要目的之一。

明末的社团成员遭遇国变之时大都选择了抗清斗争，即谢国桢所谓的“社会革命的运动”，这支特殊的抗清队伍在斗争中死伤惨重，而幸存者则对清初的文坛文风及结社活动产生了深远的影响，成为清初遗民文学的主力。清初，结社行为出于一种文学活动的惯性依旧活跃，再加上清廷尚未遑于加以限制，于是此时文社遍布大江南北，河南商丘有雪苑社，淮上有望社，松江有惊隐诗社，无锡惠山有云门社，浙西有林云社、忘机吟社，浙东有西湖八子社、南湖九子社、西湖七子社、南湖五子社、证人讲社、秋水社，福建有南平文社、元云诗社、芝山诗社、三山吟社，广东有南园诗社、西园诗社、探梅诗社，东北有冰天诗社和七谪之会，③参与成员中明志士与遗民仍占大多数。

清廷在天下初定之后开始加强文化控制，对于遗民的类似于文化追慕的结社行为视为大忌，同时吸取明代党社勾结左右朝政的教训，对结社严加防范，于顺治九年由礼部题奏，立条约八款颁刻学官，第八款中有“生员不许纠党多人，立盟结社，把持官府……违者听提调官治罪”④。顺治十七年，针对杨雍建所呈《严禁社盟疏》，清廷下旨称：“士习不端，结订社盟，把持衙门，关说公事，相煽成风，深为可恶，着严行禁止”⑤。康熙二年(1663)，清朝开国以来的第一宗文字狱“明史案”发，牵连甚广，被判磔刑者中的吴炎和潘柽章正是几社而外松江地区最大的诗社——惊隐诗社(又称逃之盟)的领袖人物，据沈彤《震泽县志》记载，惊隐诗社“迹其始起，盖在顺治庚寅，诸君以故国遗民，绝意仕进……时往来于五湖三泖之间，其后史案株

---

① 转引自郭绍虞：《照隅室古典文学论集》(上编)，上海古籍出版社 1983 年版，第 529 页。

② 谢国桢：《明清之际党社运动考》，上海世纪出版集团 2006 年版，第 7 页。

③ 据陆草：《中国近代文社简论》，载《中州学刊》，2001 年第四期，第 139 页。

④ 转引自谢国桢：《明清之际党社运动考》，上海世纪出版集团 2006 年版，第 188 页。

⑤ 转引自谢国桢：《明清之际党社运动考》，上海世纪出版集团 2006 年版，第 190 页。

连，同社有罹法者，社集遂辍”[①]，所谓“罹法者”指的正是吴、潘二人。这种高强度的打压使士人对结社一事噤若寒蝉，即使尚有零星的社团存在，处事也相当低调，同时文人因担心招来文字之祸，一改明代士子风流自赏，聚众清谈的风气，转而从经史考据等方面研习，彻底改变了明代“空疏不学”[②]的文坛特点，从客观上有利于文化的发展积淀，使清文坛呈现出醇厚好古的风气，与社团需要的张扬个性、表现自我的特点渐行渐远，自此清代结社也进入了低谷期。

乾隆年间文风之锢有所松动，结社出现复苏迹象，至嘉庆年间，国势盛极而衰，政府对文化的控制能力渐弱，文人结社卷土重来，颇成规模。江浙地带依旧处于领跑位置，从道光到同治年间，据潘衍桐《两浙輶轩续录》记载，仅浙江一省便有著名诗社 25 个，而此书是刊于光绪十七年，因此晚清浙江一带诗社数量远不止于此，而江苏地区在这一时期则有上元的苔岑社，扬州的春草社，冶春后社，吴江的竹溪吟社，无锡的虚白社，苏州的问梅诗社，青浦的吟花诗社，上海的淡社等，[③]另外，福建、湖南等地社团也大规模地涌现。戊戌变法使结社活动更盛，同时社团性质开始发生变化，变法失败后清廷一度想要控制局面，再次打压结社，但随即而至的庚子事变极大地增强了国民的危机意识，也使清廷再无还手之力，于 20 世纪初被迫实施新政，由此以救国为号召的结社组织公开化，迎来了清末社团发展的高峰期，据张玉法《清季的立宪团体》统计，自 1900 年至清亡，全国共有社团 668 个，其中1901—1904 年间成立了 37 个，而 1904—1912 之间则有六百余个，足见短时期内社团发展速度之快。

在很长一段时间中结社行为不被认可，尤其为传统思想所不容，皆源于明季“党祸误国”的阴影作祟，曾国藩的一番理论可视为其中代表：“君子之言也，平则致和，激则召争，词气之轻重，积久则宜易世风，党仇讼争，而不知所止。曩者良知之说诚非无弊，必谓其酿晚明之祸，则少过矣”[④]，而明季党社勾连又确为事实，由此结社始终不被正视。除此党社勾连之弊，晚清的文人也对于明末社团的其他方面问题有着较为清醒的认识，就在南社即将诞生之际，三位发起人之一的高旭还对于深受景仰的明末复社提出了自己的看法，“当时是，主盟者为张天如，余观天如文学，亦未有大过人者，所以能倾倒余子者，图以其名位而已……特余所深鄙者，科举

---

① 乾隆《震泽县志》，卷三十八。

② 郭绍虞：《照隅室古典文学论集》（上编），上海古籍出版社 1983 年版，第 527 页。

③ 据陆草：《中国近代文社简论》，载《中州学刊》，2001 年第四期，第 139—140 页。

④ 李瀚章、李鸿章编纂：《曾国藩全集·文集》，中国华侨出版社 2003 年版，第 62 页。

痼疾，更甚曩时；门户标榜，在所不免。要其流弊，历史遗羞”[1]，其中并不讳言社团领袖以名位而非学识相号召的现象，同时对于“门户标榜”也持鲜明的否定态度，这已经意味着时人一种平和心态下的反思。随着清末各类社团的涌现以及相关思想的宣传，时人有了更为宽阔的视野，在权衡利弊之后，结社重新以正面形象进入了公众视野。1913 年吴贯因提出“第一之急务，在提倡讲学结社之风而已矣”[2]，只因“今日欲与恶社会宣战，必不可不结成团体，内之则可相互慰藉，以长其志气，外之则可互为声援，以厚其势力，此其事非讲学结社，不能为功也”，且在其中充分强调明末东林诸贤“藉学问之切磋，结集团体，清名之士，声应气求，其德不孤，用能战胜社会，革颓风而为良风”，从社会的大背景下关照人物，同时强调群体之力对于改良社会的强大作用力，这种观点虽不是来自于官方，但这种认同也与社团蓬勃发展的态势不无关系。

这一时期不仅社团的数量有了大幅度的攀升，且性质再次出现异变，与明末类似的是，这一时期的社团显现出鲜明的政治因素，不同的则在于清末的新式社团或提倡康梁新政，或鼓吹反清排满，倡言革命，在本质立场上发生了变化，且有相当一部分社团的组织者是留学生，社团于他们更重要的意义是宣传新思想的平台，与以文结社会友的原始目的完全背道而驰。同时除文社性质的社团外，维新变法尚触动了绅商阶层，使之更为活跃，因此清末以绅商为主体所建立的社团组织异常繁荣，据考，清末仅商会就有九百余个，到 1909 年，各地共建成教育会 723 个，农学会到 1911 年至少有总会 19 处，分会 276 处，仅此三项已超过两千家，[3]而在社团成员构成上，往往是新式学生和开明士绅占其多数，因此清季社团不能与明末社团等同观之。清末社团不仅数量惊人，在规模上也出现了如南社者，但西方文化的强行输入和中国本土文化的力求新变在客观上加速了传统社团的瓦解，尽管如此，传统的结社之风依旧以强大的惯性力量绵延至 20 世纪 30、40 年代。

第二节　南社之前陈去病发起的社团组织

在 1909 年发起南社之前，陈去病已经先后组织过黄社、神交社、秋社和匡社。这四个社团发起的原因、地点、宗旨各不相同，但均带有革命性质，其中神交社的发起已经颇具追溯几复风流之意，而秋社的结成却又与秋瑾有着直接关系，匡社更是

---

① 高旭：《南社启》，载《民吁报》，1909 年 10 月 17 日。

② 本段其后引用均据吴贯因：《社会与人物》，载《庸言》，1913 年第一卷第五号，“通论六”。

③ 据桑兵：《清末新知识界的社团与活动》，三联书店 1995 年版，第 274 页。

对 1911 年成立的越社意义深远。而从陈去病的结社经历中也可以看出他的经验渐趋成熟，同时结社的根本目的在于反清排满，诗文有时充当的只是掩护的作用。这一点在陈去病的早期社团组织中已相当明确，而陈去病将这种倾向也直接带入了南社。另外，由于这些社团革命性太过鲜明，致使当局无法容忍，因此陈去病时常四处躲避缉捕，他早期的社团组织也多难逃有始无终的命运。

一、黄社

陈去病早年在同里也曾创办过雪耻学会，但由于缺乏明确的宗旨，更谈不上有何组织结构，从内容到形式都不具备社团的必要条件，因此不能称之为社团。黄社是陈去病组织创建的第一个较为成熟的社团组织。1906 年许承尧在安徽歙县创办新安中学堂，黄宾虹担任国文教习，时陈去病恰应聘于徽州中学堂，与黄宾虹等人过从甚密。任教期间二人同许承尧(际唐)、江炜(彤候)、汪律本(鞠友)等人共同组织黄社。黄社是为纪念明末清初思想家黄宗羲所创建，属于秘密结社，表面上以讨论诗文为名，实际上包含有反清排满的目的，"'黄社'在当时社会上没有什么大的影响"①，不过是一个以学术为掩护的反清进步组织。由于影响不大，再加上当时类似的秘密社团数量庞大，因此对于"黄社"的记录并不详细，仅知社团初建时有成员九人，后发展至十数人，成员多为同盟会会员。许承尧起草社盟，据黄宾虹回忆大要有三句："遵梨洲之旨，取新学以明理，忧国家而为文"②。黄社未设社长，许承尧为社务理事，黄宾虹为助理。然而由于是秘密组织，联络集会多有不便，再加上成员流动性强，黄社的实际存在时间很短。陈去病不久即离开安徽，而黄宾虹为接济革命活动，竟于家中私铸铜钱，次年，私铸一事为人告发，黄宾虹被直指为"革命党人"，遭到清政府的通缉。黄宾虹在朋友的帮助下化妆出逃上海，后因安徽巡抚被徐锡麟所杀遂得化险为夷。黄社的匆匆收场实际上符合传统社团的特点，社团的发起常带有随意性特点，多数社团都没有对社友详细的约束条例，一个社团中往往只有一两位核心人物，他们在一定程度上决定着社团的命运，因此社团经常或因人事变动，或因遇朝廷更迭，使得核心人物产生变化而直接导致解散。

近代对于黄宗羲的推崇是维新派开始的，而原因在于黄宗羲在作品中所阐释的源于孟子的"民贵君轻"思想在维新派看来是民权意识的萌生，陈去病也认为"孟轲氏……独创民贵君轻之说……此诚今日天赋人权之嚆矢也"③，而孟子的这一思

① 转引自杨天石、王学庄编著:《南社史长编》，中国人民大学出版社 1995 年版，第 52 页。
② 转引自杨天石、王学庄编著:《南社史长编》，中国人民大学出版社 1995 年版，第 52 页。
③ 张夷主编:《陈去病全集》，上海古籍出版社 2009 年版，第 526 页。

想尤其体现在黄宗羲《明夷待访录》的“原君”篇中，所谓“古者以天下为主，君为客，凡君之所毕世而经营者，为天下也。今也以君为主，天下为客，凡天下之无地而得安宁者，为君也”[①]，梁启超认为“像这类话，的确含有民主主义的精神（虽然很幼稚），对于三千年专制政治思想为极大胆的反抗……实为刺激青年最有力之兴奋剂”[②]，谭嗣同更言“孔教亡而三代之下无可读之书矣！乃若区玉检于尘编，拾火齐于瓦砾，以冀万一有当于孔教者，则黄梨洲《明夷待访录》其庶几乎！”[③]于是黄宗羲地位被无限拔高，直至与西方的卢梭并驾齐驱甚至更高一筹，（《明夷待访录》）“是他的政治理想，从今日青年眼光看去，虽像平平无奇，但三百年前——卢骚《民约论》出世前之数十年，有这等议论，不能不算人类文化之一高贵产品”[④]，这一观点也直接为后来人所接纳，如高旭便有“民权发达最高潮，难得梨洲识相超。试读中华《民约论》，东方原亦有卢骚”[⑤]。在这种备受推崇的情况下，黄社的出现并不突兀，但组织者陈去病、黄宾虹等人的关注点并不是民权意识，而在（君者）“是以其未得之也，屠毒天下之肝脑，离散天下之子女，以博我一人之产业……然则为天下之大害者，君而已矣”[⑥]，这种说法在当时已经成为了一种革命思想的表现，是陈去病等人从中探求到的时代意义，也是以黄宗羲作为精神领袖的真正用意。

采用秘密结社的方式显然也是有所仿效，20 世纪初，由知识分子结成的秘密社盟组织数量众多，安徽地区最具代表性的便是陈独秀等人在安徽公学成立的岳王会，岳王会以“精忠报国”为号召，取民族英雄为象征，寓反清之意，“在组织形式上是旧式会党，但又是新式职业革命团体的雏形”[⑦]，会员入会与暗杀团相似，不作宣传，绝对保密，岳王会更侧重于军事异变行为，成员多为警察学堂学生，但在形式上，黄社依然受到这类组织的影响。陈去病与黄宾虹一起住在县城弟子许家，每逢周日集会，借讨论诗文为名交流宣传革命思想，许父是当地大士绅，黄宾虹等人选在他的家里集会，还巧妙地借助他的势力，对官厅有一定的威慑。[⑧] 由此，以秘密结社的方式宣传革命思想成为了黄社的两大特点，而黄社也成为了陈去病社团组织的开端。

---

① （清）黄宗羲：《明夷待访录》，岳麓书社 2008 年版，第 6 页。
② 梁启超：《中国近三百年学术史》，团结出版社 2006 年版，第 54 页。
③ 转引自秦燕春：《清末民初的晚明想象》，北京大学出版社 2008 年版，第 51 页。
④ 梁启超：《中国近三百年学术史》，团结出版社 2006 年版，第 54 页。
⑤ 高旭：《高旭集》，社会科学文献出版社 2003 年版，第 19 页。
⑥ （清）黄宗羲：《明夷待访录》，岳麓书社 2008 年版，第 6 页。
⑦ 胡明：《正误交织陈独秀：思想的诠释与文化的评判》，人民文学出版社 2004 年版，第 49 页。
⑧ 据吴晶：《画之大者——黄宾虹传》，浙江人民出版社 2003 年版，第 68 页。

二、神交社

在南社之前陈去病所组织的社团中，神交社最具备传统诗文社的特点，在性质上与南社也最为相似。1907 年 7 月 13 日，秋瑾被捕遇害，各界展开悼念活动，7 月 29 日，陈去病在上海国学保存会和《国粹学报》欲开秋瑾追悼会，然为各方势力所阻挠，最终未成，陈去病转而组织神交社，同日于《国粹学报》发表《神交社雅集小启》和《神交社例言》。从陈去病这一结社行为的前因后果来看，神交社仍是醉翁之意不在酒，皆因“吾皖、浙革命党人大遭失败，一时同人星散，消息都断，故鄙人于是秋在上海发起一神交社，借资联络……”①，而“海内外多士炳蔚，往往有读其名著至繁伙，或彼此闻声相思，与为神交者有年，而觌面不相识，时负失于交臂之憾”，②既说明神交社命名的原因，又公开言明此社团的根本目的是搭建一个文士相会的平台。当正面的、公开的革命活动不便展开时，陈去病便会寻找到文学社团作为突破口，以诗文为名相与联络，尽管如此，神交社依然已经是较为成熟的带有革命性质的文学社团。在《神交社雅集小启》中，陈去病追溯了明代贤士云集、结社成风的壮观场面，尤其是江南地区，“虎阜三集，南金东箭，美莫能名，至今道之，有余羡焉”，然而入清之后，明史案发，社团从此几乎销声匿迹，“讆言一出，文网日张，三百年来，文人结社，几与烧香拜盟同悬厉禁”，逢清末“俗弊风颓之日，正吾侪论交讲学之年”，号召天下文士前来“论文道故”，以“追江湖惊隐之风”，其间可以看出陈去病于结社讲学方面急于追慕前贤之心，同时在具体组织方面他也考虑得较为成熟，选择上海作为神交社雅集之地，是因“沪上为四方人士荟萃之区”③，虽说明末的社团遍布江浙，但至光绪年间，南方地区已经逐渐形成以上海为中心的社团分布局面，这与上海当地经济的繁荣，东西方文化交融下地区文化飞速却带有异变性质的发展，西方国家租界林立为部分秘密社团提供安全系数更高的庇护以及上海的交通便利等诸多因素相关，在雅集地点的选择上，陈去病颇有见地。从《神交社例言》中则可以发现对于参与者有着一定的限制，申请加入者须符合其中至少一个条件：(甲)耆儒硕彦，有诗、文、杂著发刊行世者；(乙)曾为著名杂志担任撰述者；(丙)海内外有名之新闻记者；(丁)有编译稿本为学界所欢迎者；(戊)留学生之得有允当文凭者；(己)海内外著名学校之主任者；(庚)各学会之会长；(辛)名人后裔，能保先泽而无失坠者。换言之，神交社要求参与者有一定的文学成就，为入会者定了一道不

---

① 转引自杨天石、王学庄编著：《南社史长编》，中国人民大学出版社 1995 年版，第 297 页。

② 陈去病：《神交社例言》。

③ 陈去病：《神交社例言》。

算太低的门槛，同时秉承新旧思想兼容的原则，所含领域囊括文学、出版、新闻、翻译等各类，尤其值得关注的是最后一项，这既是水准上的要求，更是在道德上划的一条底线。

8月15日（夏历七月七日），神交社成立并于上海愚园举行雅集，到会者有吴梅、刘三、冯沼清、祝心渊等十一人，陈去病对这次雅集的描述是"敦盘之好，不殊竹林清谈；文酒之雅，几乎应社再见"①。这次雅集，后来的两位南社发起人柳亚子、高旭均未参加，但高旭作诗答陈去病："弹筝把剑又今时，几复风流赖总持。自笑摧残遽如许，只看萧瑟欲何之。青山似梦生秋鬓，红豆相思付酒卮。怕听夜乌啼不了，沼吴陈迹泪丝丝"（《海上神交社集，以事不得往，陈佩忍书来索诗，且约再游吴门，邮此代简》）。由此"几复风流"呼之欲出，而高旭另一首寄柳亚子的诗作中则对于民族主义的情愫表现得更加外化："苍狗看云事莫论，百无聊赖倒空樽。伤心薇蕨西山尽，几辈衣冠南渡存？衰草红鹃亡国泪，凄风黄蝶未归魂。君真知我应能谅，事有难言且闭门"（《寄亚庐》）。神交社"考复社虎阜往例"，参与者留姓名于一册，类似于通讯录，以此效仿古人，并摄影留念，这种雅集习惯至南社而未改，对于原始文献的保留和历史还原有着重要作用。陈去病将神交社雅集照片寄与柳亚子，柳亚子作《神交社雅集图记》，如果说高旭的诗作中仅流露出遗民情怀与故国之思，柳亚子则以斗争的角度评价明末社团，"复社胜流，风靡全国，其意气不可一世……其执干戈以卫社稷者，皆坛坫之雄也"②，由此来激励社员继承先贤遗志，"他日攀弧先登"。

神交社无疑是陈去病一干人等创办文社的一个良好开端，当时国内形势并不乐观，徐锡麟、秋瑾先后遇害，革命党人屡被缉捕，浙皖起义的失败也一度让陈去病有过"祈死无灵，疗愁鲜术，抚琴空呜咽。信陵醇酒，算了这生归结"③的消极情绪，但结社为他找到一个新的视角，出于文人特性，陈去病几乎是本能地选择以文学社团号召同人，增强凝聚力，"欲借文字以促进革命之实力"④。这种较之于武装起义更为温和的方式也更易拥有长久的生命力。这种方式的选择在当时是极明智的。同时神交社的宗旨、性质、入社要求等诸多方面均与南社无异，柳亚子认为神交社已经"隐然是南社的楔子"⑤，相比之，南社只是作为成熟的社团在社务管理、社集

---

① 张夷主编：《陈去病全集》，上海古籍出版社2009年版，第284页。

② 转引自杨天石、王学庄编著：《南社史长编》，中国人民大学出版社1995年版，第88页。

③ 张夷主编：《陈去病全集》，上海古籍出版社2009年版，第273页。

④ 转引自杨天石、王学庄编著：《南社史长编》，中国人民大学出版社1995年版，第323页。

⑤ 柳无忌编：《南社纪略》，上海人民出版社1983年版，第6页。

刊刻出版等方面进行了更为细致的规定，比神交社更进了一步，仍是在其基础上进行补充，更重要的则是神交社的组织精神已经定格在了“效仿前辈先贤，追慕民族精神”，同时采用结社方式表达对几、复精神的膜拜，南社的主张与之一脉相承，不过是由于南社后期人员众多，主张各有不同，再加上时代变化，帝制消亡，在剧变中社员态度各异，故显得阵营林立，条理不清，但在前期这种社团内在精神的认同异常鲜明，因此神交社对于之后南社的创建是有着深远影响的。

三、秋社与匡社

之所以将秋社与匡社合而论述，是因为二者的创立时间相隔很近，在当时均未产生较大的影响，二者的成立都与秋瑾有关，在性质上均非文社，秋社地点随创办者活动地点的变化而不断改变，匡社则因陈去病的离开而被迫解体，然而辛亥革命之后，改建后的秋社与匡社的余绪越社有着紧密的关系，因此将二者合论。

继秋瑾遇害陈去病欲行悼念为当局阻挠之后，陈去病与秋瑾的结拜姐妹徐自华等人始终在为秋瑾的后事忙碌，奔波于各地的悼念活动。1908 年 2 月 25 日，陈去病与徐自华等人在杭州西湖凤林寺为秋瑾谒墓致祭，陈去病“因建议组织秋社，一时与会诸子咸赞同焉”[①]，徐自华被举为社长，定每年农历的六月六日作为秋侠成仁纪念日，陈去病作《秋社启》。秋社与之前的黄社、神交社均有不同，它甚至不能算是文学社团，秋社的发起开始仅为“结悲秋之社，庶来吊屈之人”(《秋社启》)，是纯为悼念而建，从性质上讲颇有“治丧委员会”的意思，陈去病等人专门建一秋社，无非是想借秋瑾之事再掀反清排满的波澜，反复重申“汉胡深仇，繄非旦夕，百年图报，已觉其恕，而瑾生会稽，聆猿剑之风，励薪胆之志，其于革命，不亦宜乎”[②]，完全是出于一种政治考虑。然而当日的悼念活动进行的并不顺利，“杭州驻防闻人贵翰香闻讯，亦往参加，起立演说，对于先大姊(案:秋瑾)颇有微词，女士(案:徐自华)抗辩甚烈，不欢而散”[③]，此后，秋社的活动也始终围绕对秋瑾的悼念展开。

1908 年 4 月，陈去病赴绍兴府中学堂任教，秋瑾生前在大通学堂培养了一批革命力量，在秋瑾去世之后呈涣散状态，陈去病入绍兴积极奔走，与学生宋琳(紫佩)等人“联络越中志士，合前大通同学，结为匡社，蓄志排满。同盟会诸子亦频相往来，颇引以为同志焉”[④]，匡社寓有“继秋瑾遗志，匡复中华”之意，也就是说匡社

① 张夷主编:《陈去病全集》，上海古籍出版社 2009 年版，第 631 页。
② 张夷主编:《陈去病全集》，上海古籍出版社 2009 年版，第 631 页。
③ 秋宗章:《记徐寄尘女士》，载郭延礼编:《秋瑾研究资料》，山东教育出版社 1987 年版，第 678 页。
④ 宋紫佩:《二十年来之回首》，载《鲁迅研究资料》10，天津人民出版社 1982 年版，第 139 页。

在性质上属于反清的革命团体。陈去病的这一系列举动最终触怒清廷，越人王季清奏陈去病、徐自华为秋瑾同党，引起当局注意。匡社成立不到半年，陈去病和徐自华再次为秋瑾周年筹备活动，事泄未果，为避祸，陈去病辞职返回上海，匡社的社务也因此停顿。

1911 年 3 月，曾经的匡社组织者之一、已经是南社成员的宋琳在绍兴发起越社，想以此与南社相呼应，陈去病表示支持并为越社作序。1912 年 1 月，宋琳与鲁迅主创的《越铎日报》创刊，陈去病与徐自华赴绍兴，陈去病承诺在绍兴期间担任编辑及写社论。1 月 23 日，《越铎日报》发表《越社启事》，为改建秋社，筑风雨亭向海内外各界募捐。浙江光复后，徐自华、陈去病等人联名请求浙江新政府允建秋祠，浙省临议会决议，将原清刘典祠改建为“鉴湖女侠祠”，又称“秋祠”，而秋社即附设于此。① 此时出现的“秋社”可视为 1908 年陈徐二人于杭州所建秋社的延续，1 月 26 日，秋社与越社联合举行秋瑾追悼大会，在当地引起不小轰动，可见后期越社与秋社之间的关系，同时越社的前身也可视为匡社，由此，“不论是匡社、越社，还是绍兴的秋社，它的基本成员是绍兴府中学堂的师生，而且大部分是跨组织的，因三社的基本性质一致”②。

1912 年 1 月 15 日，陈去病于《越铎日报》发表《绍兴匡社同人公鉴》和《安徽黄社同人公鉴》，内容完全一致，首先便言“自中原光复，吾曹之目的已达”③，希望同人之间恢复联系，实际上此时黄社和匡社已经不复存在，陈去病在找寻昔日战友的同时也在表明一种姿态，即当初这类社团创建的目的是为民族主义而战，因此有“中原光复”一说，这种思想在他创建南社及后期南社发展的过程中都有所体现，并且直接决定了陈去病对于南社的态度。

第三节　陈去病与南社

神交社在陈去病早期发起的一系列社团中最具文社特征，同时相应的社规、章程相对最为完善，不仅如此，神交社的成功也为陈去病积累了社团组织经验。但神交社并未如预期的一般顺利发展下去，事实上它只举办了一次雅集，在此之后，既没有大规模地招纳社员，又没有依傍于某一平面媒体为平台扩大影响力，更未刊刻

① 据张夷主编：《陈去病全集》，上海古籍出版社 2009 年版，第 178—179 页。

② 姚锡佩：《〈紫佩自述〉中的陈去病和鲁迅——兼谈匡社、秋社、越社及其他》，载《吴江文史资料》14 辑，1994 年，第 90 页。

③ 转引自杨天石、王学庄编著：《南社史长编》，中国人民大学出版社 1995 年版，第 236 页。

出版相应的社刊，而是渐趋销声匿迹，这与发起人陈去病的个性不无关系，作为社会活动家，发起、动员为他所擅长，但落实到具体琐碎的社务管理方面却又不胜其烦，同时由于陈去病本人在当时已经有一定声望，言行稍有逾矩，便极易成为当局的目标，致使他时常处于居无定所的状态，这是他组织的社团往往有始无终的客观原因，当然，虎头蛇尾之弊仍是最重要因素，即使在南社的发起和发展过程中，陈去病的这方面弱点仍是显而易见的，南社的维持时间长久，影响范围广很大程度上有赖于几位发起人和中坚力量在不同方面的互补，加之细致完备的准备工作以及社务相应细则的完善，陈去病的弱点也是为何在社团发起时他常处于领头羊位置，在发展中地位却不断下滑的原因，这一方面将在下文以专门章节论述，在此不赘述。

一、南社的酝酿与发起

1908 年 1 月，刘师培、何震夫妇自日本回国，受陈去病邀请，与刚刚抵沪的柳亚子以及高旭、沈砺诸友齐聚于上海酒楼。席间，陈去病提议继续明末云间几社的事业，组织文社，作有《无畏、天梅、亚卢、嘐公翩然萍集，喜成比什》：

> 星辰昨夜聚，豪俊四方来。别久忘忧患，欢多罄酒杯。
> 文章余老健，生死半凄哀(谓冯沼清)。待续云间事，词林各骋才。

陈去病在其中并未提及神交社一事，兴趣点已经转移于建立新的文社以图再举，倒是高旭的《次佩忍、无畏韵》中隐约透露出些许与神交社的顺承之意：

> 到头时事何堪说，地老天荒我始来。几、复风流三百首，竹林豪饮一千杯。
> 尽教黄种遭奇劫，端为苍生赋大哀。尚有汨罗须涛去，江山如此不宜才。

陈去病提议结社得到了友人们的支持，几天之后，文社成立并摄影留念，除去上次参与者，尚有杨笃生、邓实、黄节、朱少屏及张聘斋，在文社成立时陈去病明确表示了对“南”字的钟情，后来在《高柳两君子传》中陈去病言：“至丁未冬，复与余结南社于海上，而天下豪俊，咸欣然心喜，以为可借文酒联盟，好图再举矣”①。将这次结社的目的说的很清楚，而这次上海酒楼聚会的意义则在于正式确定了“南社”的称谓，自此，南社进入了正式的酝酿筹划阶段。在此后很短的时间内“南社”一词

① 张夷主编:《陈去病全集》，上海古籍出版社 2009 年版，第 656 页。

便开始频频出现于陈去病的诗作中，如 1908 年 2 月《题忏慧诗集》其二："天生风雅是吾师，拜倒榴裙敢异词。为约同人扫南社，替君传布廿年诗"。同年四、五月间《有怀刘三、钝剑、安如，并苦念西狩无畏二首》其一中有"其二有渐离，生来耻帝秦。报仇志不遂，往往多哀呻。要我结南社，谓可张一军"句。

但在这次结社倡议之后，陈去病再次显现出社会活动家的特质，从文社之议到南社正式发起短短一年多的时间中，他先赴杭州会葬秋瑾并结秋社，之后任教于绍兴府中学堂，借机组织大通学堂涣散的革命力量共结匡社，之后更是远赴广东主汕头《中华新报》。1908 年底，陈去病返回上海，却又因腿疾住院，南社之事一拖再拖，着实经历了一番好事多磨，在此期间具体的准备工作多为柳亚子实际操作，1909 年 8 月，陈去病至苏州任家庭教师，柳亚子感到结社时机已经成熟，"巢南坐镇苏州，以及时雨宋公明的资格，指挥一切。我是以梁山伯上小旋风柴进自命的，在复社是自比于吴扶九、孙孟朴，自然是要尽奔走先后的职务了"①。9 月，柳亚子专程至金山县拜访高旭，与之探讨南社成立事宜。

自 1909 年 10 月，由朱少屏、景耀月等主办的《民吁报》上先后刊登了高旭的《南社启》、宁调元的《南社集序》和陈去病的《南社诗文词选叙》，陈去病的这篇文章后被刊于《南社丛刻》第一集的篇首，成为南社文学的纲领性文件。在其中陈去病并未掺入过多的政治因素，而是从文学本身着手，提出三种"不得已"，"自古羁人、贬宦、寡妇、逋臣、才子、狂生、遗民、逸士，苟其遭逢轗轲，侘傺穷途，志屈难伸，身存若殁，莫不寄托豪素，书写心情……湘水沉吟，比三闾兮自溺；江南愁叹，等贾傅而烦冤。此不得已者一也"，强调文学抒情性特征，同时旁及个人经历与文学的关系以及文学的历史真实性。不得已者二则更可表达陈去病的心意："抑或揽髦丘之葛，重慨式微；采首山之薇，将归曷适？竹石俱碎，凄凄朱鸟之吟；陵阙何依，黯黯冬青之树。吊故家于乔木，厦屋山丘；寻浩劫于残灰，铜驼荆棘"，由此南社之文立志于书写遗民情怀的倾向已显而易见，"吊故家于乔木"、"寻浩劫于残灰"用以形容陈去病本人多次凭吊抗清遗民志士遗迹、搜集整理遗民文献又是极为恰切。三不得已倾向于阐释文学在朋友交往、传情达意方面得天独厚的优势："乘车戴笠，交重金兰，异苔同岑，谊托肺腑……或月明千里，引两地之相思；或邻笛山阳，怅九京之永逝"。作为拥有众多成员的社团组织，文学的这种平台功能也显得至关重要。顺此三种不得已，陈去病提出南社文学追慕前贤，试图再现几复风流之意："要诸因缘，都成感慨；偶逢好事，遂尔风流。南社之作，得毋类欤？然而语长心重，本非无疾以

① 柳无忌编：《南社纪略》，上海人民出版社 1983 年版，第 10—11 页。

吟呻；兴往情来，毕竟伤时而涕泣。寥寥车辙，不同几、复当年；落落襟怀，差比河汾诸老。辨足音于空谷，一二跫然；追逃社于前盟，数人而已”。这一点也成为南社的核心特征之一，“南社要在几社、复社的历史语境里开掘出激扬气节、砥砺人格、反清排满的精神资源”①，这篇叙文也将陈去病本人的文学思想阐释得很清楚，文学为革命服务成为陈去病从遗民文学中萃取的全新时代含义。

然而对于社团组织而言，这种过分地强调气节和人格、追慕与重构也给南社的发展埋下了祸根。一方面，作为社团文学的指导性文件，遥想“几、复当年”，自比“河汾诸老”，精神上对于遗民的追慕会直接导致文学思想上的偏重。在实际发展中，南社人因接受复社尊经复古主张，进一步上溯至前后七子，从而得出诗歌宗唐、词则重五代北宋的文学倾向，其间固有借唐诗外衣而蕴时代精神以及唐诗与南社人浪漫的文艺气质更为契合等因素的存在，但一旦外部大环境发生改变，这种源于效仿继而接纳的文学主张顿时失去凝聚力变得不堪一击。事实上，唐宋诗之争自南社初创便成为一种隐患，最终导致南社的瓦解，柳亚子回忆时仍不无痛心地坦言，瓦解原因“不出于外侮，而出于内讧”②，这似乎也成为了社团组织的一种宿命。即使没有唐宋诗之争，南社的文学主张也注定使这个社团在近代不会走得太远，从遗民社团组织中挖掘出的民族精神在反清排满的斗争中有着非凡的战斗力，“南社早期以反清彰著也实有其效，诗文时世无二，诗人、学者亦儒亦侠，文学书写的民族精神彪炳千秋”③。但民国建立之后这种由思想而及文学的选择顿时落入了尴尬之地，南社中的大多数人都曾经高谈“复古”，然而这种复古究竟是用来求革新还是反革新一时之间在南社成员的观念中混乱起来，包括陈去病在内的很多社员表现出的是一种“笃旧”情怀，而作为社团，尽管针对被讽为“明季遗老”④，社团中坚傅尃也作出了解释：“先是社中方以激励国人为帜志，又尝胁于清吏之罗织，则廋其词隐其旨，以求抒其志之所郁结，而一通其道于述往思来之旨，容有当焉。昧者不察，至有以明季遗老相讥者，盖未审作者之志”⑤，但这种说法已是出现在南社解体之后了，很难说其中有无反思之后的掩饰，况且傅尃本人就是对于中国传统文化最坚

① 孙之梅：《南社研究》，人民文学出版社 2003 年版，第 79 页。

② 柳亚子：《南社丛选·序》。

③ 姚达兑：《评〈晚清民族主义与文学转型〉兼梳理晚清三种民族主义的历史叙述》，载《二十一世纪》网络版，2008 年 12 月。

④ 上海改良派报纸《时报》1911 年 3 月 2 日刊《明末遗老出现》：“上海某名士，素负文名，自命交游遍海内。昨晚过某君处，某君以《南社丛刊》示之，名士展卷无一识者，姑阅其文，反复摩挲，绉眉曰：‘这班人不是明末的遗老吗？’”（据杨天石、王学庄编著：《南社史长编》，中国人民大学出版社 1995 年版，第 183 页。）

⑤ 傅尃：《南社丛选·序》。

定的拥护者，1924年南社湘集的发起即是明证。然而南社这种文学主张上对遗民文学、几复传统的认同与接纳是毋庸置疑的，在文学观和社会价值观全盘颠覆的时代，文学上的复古对于社团而言实在不是明智的选择，在文学上让这个盛极一时的社团倒塌的罪魁祸首——唐宋诗之争的出现把南社打回原形，也意味着南社中的大流在文学观念上不过走上了一条老路，跳出这种循环已成奢望，而传统文化投射在旧式社团中的惰性也暴露无疑，由此南社的止步不前终至瓦解也成为了必然结果。

另一方面则表现的更为直接，这种气节上的相投不仅表现在文学主张上，实际上也成为南社接纳成员的道德门槛，然而在当时而言，这道门槛过低了。“一时代之文章必感受一时代之影响而成。其影响也，有顺受，有反感……南社之文章，一时代影响之反感者也。夫文章之道，和平难工，激昂易妙……南社影响时代之反感，其发为文章也，固宜出于激昂之一途”①，一时之间时人“出于激昂，掊击清廷，排斥帝制，大声以呼，振启聋聩，垂涕而道，晓喻颛蒙，气类所通，薄海斯应”，这种反清之声成为了跨入南社的最重要条件，南社在民族矛盾一触即发的时代以民族之声为标准招贤纳士，对于扩大社团声势有着积极作用，但也必然会导致对社员整体水平的忽视，导致南社成员众多却良莠不齐，“慷慨之夫，刚强之士归之，意气用事之徒亦归之，不得志于满清，无由奋迹于利禄之徒者亦归之”，这种很大程度上只是以意气相投为标准招纳社员的方式同样受到明末社团的影响，然而陈去病等人却忽略了明末与清末截然不同的时代背景，明末的遗民社团最终遭遇的是灭顶之灾，己方的完全失败反而成就了他们以气节相砥砺、流芳千古的辉煌，同样如陈去病在文中所言“遗民、逸士，苟其遭逢轗轲，侘傺穷途，志屈难伸，身存若殁，莫不寄托豪素，书写心情”，个人的困窘也将文学的抒情达意特性表现得淋漓尽致，从而使清初的遗民文学大放异彩。除此之外，清廷的打压也意外地为明季清初社团扬名起到了一定作用，如惊隐诗社知名度的提升不能说与明史案牵连被磔的吴潘二人全无关系，清廷虽属无心插柳，但这一方面的原因也确实存在。陈去病等人并未考虑这些因素，对于社团的发展缺乏长远的眼光，民国的成立在一定程度上也成为南社阶段性的胜利，然而这种胜利反而使南社陷入了不知该何去何从的窘境之中，尤其目睹社员大有作鸟兽散状，各奔前程，所谓“反感之目标既去，向之意气用事者，不能固其初志。无由奋迹于利禄之徒者，反得假为捷径焉。于是其黠者置身于通显之域，其愿者奔走于权势之门，激昂之气一亦变而为脂韦之容，南社减色，吾辈亦觉汗

① 本段引文均出自胡蕴玉：《南社丛选·自序》。

颜焉”。这种单凭追慕遗民气节的标准不足以架构一个庞大的社团组织，成员的鱼龙混杂，身份各异也使进入民国之后的南社忽而为保卫共和果实一致讨袁，忽而却又因文学主张和政治选择的不同而内讧不断，甚至被政治丑闻牵连，从前期社员招纳的“意气用事”中似乎已露出日后千头万绪弊病的端倪。本身松散的社团组织以及后期思想和文学方面纲领性意见的缺失，南社对于社员中出现的各个方面的分歧已毫无弥合之力，民主共和的到来，阶段性成功的取得竟成为了南社衰败分化的前奏，颇具讽刺意味。

在舆论工作准备就绪之后，1909 年 11 月 6 日，陈去病在《民吁报》上发表《南社雅集小启》，宣布定于同年 11 月 13 日在苏州虎丘召开南社成立大会，地点为张国维祠。这篇“小启”优雅而含义深远，迫于当局压力，陈去病在“小启”中描绘的是严寒之下暗藏的一派春意：“孟冬十月，朔日丁丑，天气肃清，春意微动。詹尹来告曰：重阴下坠，一阳不斩，芙蓉弄妍，岭梅吐萼”，虽然只是言明此次集会是“踵东坡之逸韵，载展重阳；萃南国之名流，来寻盛会”，但“微乎微乎，彼南枝乎，殆生机其来复乎”却带有试探性的口吻，并希望这一社团富有长久的生命力，从而冲破坚冰，打开局面。

而南社地点所选择的张国维祠也是别有深意，张国维是浙江东阳人，明末曾任兵部尚书，1645 年他拥鲁王朱以海监国，因总兵叛降而败，张国维作《绝命书》三章后投水而死，虎丘的张国维祠正是后人为纪念而建。将集会地点选在此处自然为表明立场振奋人心，其中所包含的民族倾向也显而易见，1936 年，徐蔚南在《南社在中国文学史上的地位》一文中，仍然将二者相联系，“南社的产生地是苏州虎丘张东阳祠，张东阳是明季奉监国鲁王抵抗满清的一个殉义的勇士。南社是从勇士的怀里产生的……”①事实上，早在 1907 年清明，陈去病就曾与高旭、朱少屏、刘三、沈砺等五人自上海赴苏州游览，至虎丘谒张国维祠，陈去病作有《天仙子》（重谒张国维祠）：“短艇轻桡随处舣，又到中丞香火地。神鸦社鼓不成声，哀欲死，无生气，入门撮土为公祭。痛饮黄龙今已矣，亮节孤忠空赍志。满园花木又凋零，余碧水，向东逝（祠在绿水湾），盈盈酷似伤心泪。”在其中已经表现出对于张国维气节的肯定，南社集会的地点应该也是经过了几位发起人的深思熟虑之后才决定的，由此，1909 年 11 月，由陈去病首倡，柳亚子奔走联络的晚清革命文学社团——南社正式宣告成立。

---

① 转引自杨天石、王学庄编著：《南社史长编》，中国人民大学出版社 1995 年版，第 644 页。

二、陈去病参加的南社活动

南社正式雅集共举行了十八次，陈去病只到会了六次，或因政务在身分身乏术，或因对南社已经兴趣大减，或因在北京等地发起新的集会而无暇兼顾，尤其是在 1916 年之后，陈去病便再也没有在南社雅集上出现，后期对南社事务的冷淡态度再一次暴露出他性格上的缺点。

1909 年 11 月 13 日，南社于张国维祠召开成立大会，到会者有陈去病、柳亚子、朱锡梁等十七人，其中同盟会会员有十四人，足见南社的革命气息之重及与同盟会的关系之密切。会议选举了陈去病为文选编辑员，这是对其文学成就的一种肯定，且陈去病在三位发起人中年纪最长，在此之前已经有《陆沉丛书》、《五石脂》、《烦恼丝》等辑录、创作的作品问世并取得了良好的读者反馈，在南社中称得上是声名在外的长者，这一职位也是对他的一种尊重，此时的陈去病在南社中俨然占据盟主地位，到补填入社书的时候，陈去病名次列第一便是明证，而这一点从南社第二次雅集地点的选择中也可清楚看到，南社是在以陈去病为中心举行活动，“这一年（案：1910 年），巢南是在杭州蒲场巷高等学校教书了，第二次雅集所在地，照例是应该在及时雨宋大哥驻扎的山头上举行的，所以决定地点是杭州”①。

但陈去病时常有些随性的名士脾气和不擅处理琐碎事务的缺点在具体到编刻社刊《南社》时暴露出来，《南社》第一集为高旭所编，陈去病除了《南社诗文词选叙》之外，并无新作。第二集则是陈去病编辑，并自己经手印刷，在杭州出版，虽然“好像比第一集进步一些，象《文选》、《诗录》、《词选》都放在一起，而以各家专集殿后，比第一集的参差错杂好得多了……不过，文的成分太少，诗的成分太多，不均平的很”②，柳亚子的这种不满并非没有道理，《南社》第二集仍然给人以杂乱之感，并没有完全依照文体划分，作者罗列既非按籍贯也不按姓氏，毫无次序，而这种混乱所引发的不满直接导致了柳亚子等人对于所选编辑不当的想法，由此引发了第三次雅集时的张园革命。在陈去病和高旭均未到场的情况下，柳亚子与俞剑华商定办法，会议通过了《南社第三次修改条例》，包括将社刊改名为《南社丛刊》等十三条，并对南社职员作出了重新选举，陈去病与高旭双双落选，在落选这件事上，陈去病最初也表现出不悦，但并未如高旭一般深为不满，这是个人性格所决定，不需要耗时费力，耐心细致地选文编辑、刊刻印刷，这对陈去病而言未尝不是一件好事。陈

① 柳无忌编：《南社纪略》，上海人民出版社 1983 年版，第 16 页。
② 柳无忌编：《南社纪略》，上海人民出版社 1983 年版，第 20 页。

去病第二次主编南社社刊则是到了 1923 年年底,《南社丛刻》第二十二集,这是南社社刊结束的特大号,选取作品数量庞大,此时柳亚子转而关注新南社的运转,此次的南社社刊全赖陈去病、余十眉、姚石子等人,终于算是有一个圆满的结局。陈去病编辑南社社刊一头一尾颇为巧合,但却意义不同,最初的编辑陈去病仍沉浸于首倡社团的欣喜情绪之中,最后的努力则更多地是对于南社大势已去的追忆和祭奠。

1911 年 2 月,陈去病参加了于上海举行的第四次雅集,然而在此之后,他连续缺席了四次雅集,直至 1913 年 10 月第九次雅集才重新出现,我们可以注意到,这段间隔的时间正是民国建立前后,民主共和呼声最为高涨的时期。陈去病在辛亥革命之前赴南京新军中进行革命活动以呼应上海,武昌起义之后,苏州也在很短的时间内宣告独立,陈去病又忙着与傅専等人创办《大汉报》,民国建立之后,主笔《越铎日报》,改建秋社,协助创办竞雄女学,之后追随孙中山担任政治职务,陈去病如一只陀螺般旋转不停,根本无暇参与南社雅集。而在此期间,南社内部波澜已现,1912 年 10 月 27 日,南社于上海愚园举行第七次雅集,柳亚子建议将编辑员三人制改为一人制,却遭高旭反对,柳亚子怒而宣布脱离南社。1913 年 10 月 8 日(一说 10 月 16 日)的第九次雅集不仅有久未露面的陈去病再次到会,也有经多方协调方肯"归队"的柳亚子的出现,这次波澜的结局是柳亚子的坚持得到了实现,改三人制为一人制,将编辑员制改为主任制,并由主任全权负责,这次改制对南社有着积极意义,将责任明文规定有效地防止了名士随意的脾性,也有助于社团健康地发展。但此时的陈去病却已经与南社的关系越来越淡,极少参与社务管理,对社员间的内讧也并无偏向调解,这一切使人感觉陈去病似乎已经站在了南社圈外,之后他虽然参加了 1914 年 3 月和 1915 年 5 月的两次雅集,但当时正值革命屡受重创的时期,南社损兵折将,社员情绪低落,在这两次雅集中陈去病也并无过多唱酬作品,此时已经很难再说陈去病在南社有着主盟地位,更多情况下,他成为了南社政治上的一面旗帜。钱仲联在《南社吟坛点将录》中将及时雨宋江的座位留给了柳亚子,从南社发展的整体过程来看,这个评价的确并不过分,而陈去病则冠以玉麒麟卢俊义的称谓,钱仲联如此评价:浩歌堂上起雄风,创社当时亦首功。① 一自东南开讲座,夕阳犹似曙时红。② 在钱仲联看来,陈去病对于南社最大的贡献仍然是首倡之功,后期则是因为东南大学的任教而大放异彩,这固然是出自于学者的角度,然而从陈去

① 自注:填写入社书,名次列第一。

② 钱仲联:《当代学者自选文库·钱仲联卷》,安徽教育出版社 1999 年版,第 721 页。

病的活动来看，他的存在对南社而言确实更像是一种标志。1916年之后，陈去病与南社渐行渐远，他再也没有参加过南社的雅集活动，对于1917年开始显现，继而愈演愈烈的唐宋诗之争，陈去病只是在论争发展到白热化时发表了《论诗三章寄安如》，对于江西诗派和同光体进行批判，同时表示支持柳亚子的主张，虽说立场鲜明，但在这场最终导致南社分崩离析的门户争论中，这种表态未免显得过于单薄与敷衍。

三、陈去病与南社成员的交往

由于南社地域性特征显著，再加上陈去病为宣传革命思想常辗转于若干地区，因此他与南社元老级成员多数均已是相识多年，而南社雅集活动又为拓展陈去病的交往范围创造了极好的机会，尤其是民国建立之后，陈去病常往返于南北之间，使人感觉在这样一个革命文学团体中，他始终距离政治更近。作为南社的发起人与具有一定社会声望的革命活动家，陈去病的交游范围广，朋友身份各异，兼跨数个领域，其中与陈去病有交往的南社成员众多，过从甚密者也不乏其人.在此特选择柳亚子、徐自华与苏曼殊作单独分析。陈去病与他们均相识于南社成立之前，他应算柳亚子长辈，但二人始终以友相称，在辛亥革命之前，从柳亚子身上常能找到其对于陈去病文化行为的模仿及受到的影响，随着思想的日趋成熟，民国建立之后，柳亚子的身份已经成为了与陈去病并肩而立的同志，进入20年代，柳亚子更是在文化思想上紧追时代步伐，作出了迥异于陈去病的文化选择。徐自华对于陈去病而言更似一位红颜知己，他们因秋瑾之事而结识，共同结社，共举地方革命活动，且二人私交甚好，多文酒唱和之作，他们的交往给予了研究陈去病交游活动一个全新的视角。苏曼殊作为南社成员中标新立异的代表，一生行为乖张，与陈去病始终聚少离多，然不论是最初的为同一理想而相识，还是最后为老友营葬奔波，陈去病与苏曼殊之间体现出的是真挚绵长的友谊。

(一)陈去病与柳亚子

陈去病与柳亚子的相识应追溯至1902年，十六岁的柳亚子于吴江应试，认识了与其父同样师从诸杏庐的陈去病，陈去病比柳亚子年长十七岁，在辈分上应为柳亚子的师叔，但二人言语投机，便以友相称。在政治上，陈去病是柳亚子当之无愧的引路人，早在家乡代卖《新民丛报》之时便在政治上开始对柳亚子产生影响，之后经陈去病等人介绍，1903年柳亚子加入中国教育会，后进入上海爱国学社，1906年入同盟会和光复会，成为“双料会员”，1924年5月，陈去病受委任江苏省临时省党部委员，实行国民党改组，柳亚子于同年以中国同盟会会员身份加入改组之后的国民党，在政治道路上，陈去病总是先于柳亚子一步。

陈去病与柳亚子的交往唱酬活动则主要集中于1908年前后和1920年前后两段，这两个年份在陈去病的经历中也是极具代表意义的节点，1908年是陈去病结社、凭吊、搜寻整理文献活动最为活跃的一年，尤其是凭吊遗迹，仅这一年便先后有五次祭奠行为，同时这一年中陈去病也可谓祸不单行，秋瑾事触怒当局，不得已避祸远赴广东，却又急症缠身，半年始瘉，几乎死里逃生，这段时间，柳亚子在与陈去病的唱酬作品中更多的是带有钦慕的色彩，同时创作内容及情绪指向很明显受到陈去病的影响，甚至是一定程度上的追随与仿效。1920年对陈去病同样难捱，民国建立后十年的时间，经历战事不断，国体政体乱作一团，最感失落的莫过于如陈去病这般心心念念推翻旧朝，却发现新天地也如此不堪一击之人，柳亚子也拥有着同样的感受，苦心经营南社与积极参与社会活动使他的思想日趋成熟，且比陈去病更易接受新的社会思潮及由此带来的变化，尽管如此，国事的混乱仍给此时的二人心头蒙上了一层阴影，字里行间多情绪低落的感喟。

辛亥革命之前，柳亚子受到陈去病的影响，诗作中往往呈现出深沉的遗民情怀，如《八月二十七日，明思文皇帝殉国忌辰也。读巢南诗，即题其后》(其四)："百年青史已茫茫，[①]野哭荒郊几断肠。扬越山河仍险阻，无诸台榭尽荒凉。何时逐鹿驱元顺，此日蹊牛怨楚庄。莫话孝陵兴废事，中朝王气总销亡。"在与陈去病的唱和作品中也时常表现出对于遗民气节的追慕："平生私淑玉樊堂，自向云间爇瓣香。两世成仁真父子，一身馀技有文章。髫年崛起称豪俊，几辈同归尽慨慷。风马云车雄鬼集，人间何处奠椒浆？"(《和巢南九月十九日顾端木、刘公旦、钱彦林、夏存古诸公三十余人殉国大纪念节诗二首》其二)1908年5月24日(夏历四月二十五日)，陈去病与刘三祭张煌言并哭吊永历帝，柳亚子则先后作有《四月二十五日，前明永历皇帝殉国纪念节也，前十数日有滇中之捷，感而赋此》、《四月二十五日》等数首诗作，同陈去病在《殉国实纪》中号召响应河口义军一样，柳亚子也在诗作中发掘出了故国情思所寄托的现实意义："天南义旅起堂堂，司隶威仪旧帝乡。小挫纵然闻洱海，大勋终望集昆阳。一成兴夏诛寒浞，三户亡秦忆楚王。好待收京传露布，十三陵畔奠先皇。"(《四月二十五日》其四)末句以"先皇"称呼明帝，同样有身份混淆之感，而这一点与陈去病亦是极其相似。之后不久陈去病因要避祸远赴广东，启程之前二人再聚，陈去病作有《访安如》及《初度将及杂成六截》，言语中仍有东山再起的雄心，"此去壮图如可展，一鞭晴旭返中原"，倒是柳亚子在《巢南初度将及，感成六

---

① 自注：帝殉国日，《明史》、《南疆逸史》均失载。

绝和韵》中对于国运不兴，异族当道，功臣被害颇多愤慨："残山剩水哭黄天，妖鸟馀腥总蔓延。赖有义熙元亮在，中原不数羯羌年。"（其一）而《次韵柬巢南》中更是因要与挚友分别而流露出消极低落的情绪："芳兰自判误当门，漂泊年来有泪痕。已觉尘寰少知己，那堪离别更销魂。关心梁狱愁无赖，返日阳戈忍再论。料得粤王台上客，几回蒿目望中原。"虽然在前期柳亚子深受陈去病影响，但二人的性格有着本质上的区别，在很大程度上决定了他们日后的文化取舍，相比较而言，陈去病对于自身的价值判断和文化观念更加坚持，性情较柳亚子更加持重，而柳亚子则情绪化极重，以1908年初二人与刘师培等人商定再举文社之事为例，几人几天之内两次聚会，首次相聚柳亚子有《海上即事，次巢南、天梅韵》："天涯旧是伤心地，群屐丛中我再来。把臂恍疑人隔世，消愁端赖酒盈杯。琵琶天宝鬼年怨，词赋江南庾信哀。莫管存亡家国事，酒龙诗虎尽多才。"其中传达出的不仅仅是文人的失意和借酒浇愁，更是对国事的彻底失望与对现实生活的逃避。几天之后数人再聚，商定结社一事，柳亚子志气高昂，"慷慨苏菲亚，艰难布鲁东。佳人真绝世，馀子亦英雄。忧患平生事，文章感慨中。相逢拼一醉，莫放酒樽空"（《偕刘申叔、何志剑夫妇及杨笃生、邓秋枚、黄晦闻、陈巢南、高天梅、朱少屏、沈道非、张聘斋酒楼小饮，约为结社之举，即席赋此》）。单凭诗作所传达出的情绪，很难想象几天之内有如此大的变化，而在之后的文化活动中，柳亚子也始终如此，情绪变化起伏不定，且又对新鲜事物保持着不变的热情，虽有着过头之举，但始终与时代合拍，反是陈去病的个性并不利于他改变自身立场，性格上的差异最终导致了民国之后文化选择上的分道扬镳。

除去遗民情怀的影响，陈去病最为柳亚子肯定的便是文献的整理工作，陈去病的文献整理活动几乎持续了一生，作为同乡，陈去病整理乡邦文献的行为让柳亚子极为敬佩，他在作品中针对此方面也是数次提及，给予了陈去病极高的评价，"叹息乡邦事，萧条泪万行。阳秋今不作，文献久沦亡。绝学唯君在，论交许我狂。昔贤如可起，回首意苍茫"（《巢南书来，谓将刊长兴伯吴公遗集，先朝得公真迹小札一通，又得王山史先生所撰〈夏内史传〉及为内史营葬事甚详，喜极驰告，索诗纪之，应以四律》），"复社逃盟总旧因，网罗遗佚替传真。祝宗莫便轻祈死，文献东南要此人"（《巢南初度将及，感成六绝和韵》其六），"乡邦坛坫慎交社，桑海遗闻补史亭，一自莘庐耆旧死，松陵文献尽推卿"（《怀人诗十章》其三），"身有千秋原自信，胸罗万卷要重裁。（自注：时有《松陵文集》三编之辑）"（《十日巢南招饮酒楼，即座赋呈兼示馨丽世妹》），"越角吴根尊硕果，松陵文笔魏塘诗。（自注：巢南辑《松陵文集》、十眉辑《魏塘诗征》，皆名山巨业也。）"（《别后寄巢南、十眉海上》），直至1923年为贺陈去病五十寿所作《陈巢南先生五十寿序》中仍言"弃疾附乡邦后进之谊，以狂胪文献为职志”,足见陈去病的文化行为及思想指向对柳亚子影响之大。

民国建立之后十年间,二人鲜有唱酬,陈去病抱着大展拳脚的雄心将生活重心转移到了政治事业上,为追随孙中山担任政治职务四处奔走,而柳亚子则更多地将精力投入到南社的管理之中,直至1918年第一次护法战争再次以失败告终,极度失意的陈去病于1920年返回吴江,由此二人的唱酬迎来了第二个高峰期。与1908年前后的交游不同,这段时间由于国民政府政权的摇摇欲坠,几次维护共和成果的战斗均以失败收场,对旧式文人而言,前途似乎更加茫然,此时二人的活动及所创作的诗作更加个人化,前期剑拔弩张的民族大义消失殆尽,取而代之的是张扬的文人气质。1920年11月,柳亚子“偕陈巢南先生暨嘉善余十眉、郁佐皋、慎廉、蔡韶声,同邑凌昭懿、范烟桥泛舟游分湖,踵杨铁厓故事也。”①陈去病有《分湖游两首题晓风残月之舫兼赠亚子》,柳亚子则作《分湖游两首,次韵和巢南》,自此二人更加文人化的交游唱和活动正式拉开序幕。同年12月,二人同费公直、王玄穆等人聚于岘江酒楼,据柳亚子《初集迷楼》自注载:“十二月二十有三夜,初集岘江之迷楼,沾醉题壁”,此次醉饮三夜的集会看上去不过是文人随性、纵酒当歌,对于当垆女子的反复歌咏似乎也可以说明这一点,然而在内心深处,他们却有着对于世事的莫大哀愁,如柳亚子所言:“欲凭沈醉敌凄寒,拼以温馨护肺肝”(《次韵和巢南兼示同人》)。这一切不过是借酒消愁,聊作慰藉,在这次聚会中,二人唱和甚多,但由于陈去病之女陈绵祥在选录过程中的删节,《浩歌堂诗钞》仅存《坠楼三章》,从柳亚子的诗题中可见当时唱和原貌,《次韵和巢南兼示同人》、《赠玄穆用巢南韵》、《坠楼三章,次韵和巢南》,即使在硕果仅存的《坠楼三章》中,还是可以隐约地看到失落的革命者把酒言欢背后的忧愁:“平生触处逢蹉跌,岂独婆娑醉舞闲。赖有元龙豪气在,撑持诗骨尚坚顽”(其一)。此次持续三天的聚会过后,这场疯狂的文酒盛宴远没有结束,只是刚刚开始,二十四日,二十八日,二十九日,柳亚子再邀众人聚,在三十日他返黎里之前共四集迷楼,陈去病参与了第二次聚会,惜所作诗歌已全部被删节,此次聚会上柳亚子有《迷楼题壁,次韵和巢南、玄穆联句》、《步虚一章,次韵和巢南》、《望衡一章,次韵和巢南》,从陈去病的诗题《岘江留别亚卢、抟霄、率初、大觉、公直、君崇诸子》来看,他未与柳亚子同行,而是在二十四日第二次聚于迷楼之后先行离开,这场天昏地暗的狂欢,留给陈去病的仍然是心中难以驱赶的抑郁:“阴森剑气逼人寒,詄荡灵襟露胆肝。甲帐迎风春淡宕,锦屏遮梦泪阑干。当炉泥饮君休笑,小阁围灯意自宽。只有沉愁三万斛,欲寻奇侠一倾难”(《岘江留别亚卢、抟霄、率初、大

① 柳亚子:《自撰年谱》,上海人民出版社1986年版,第19页。

觉、公直、君崇诸子》)。

1921 年 11 月,陈柳二人与部分南社成员连续几日再聚,二人唱和作品众多,同样因为删节原因,《浩歌堂诗钞》中关于此次集会作品只存有《题西园雅集第二图》、《堕地和亚子韵》、《辛酉残腊,挈亨儿冒雪过严扇杂感》等几首,2009 年出版的《陈去病全集》中有《浩歌堂诗补钞》,编者自柳亚子所辑《蓬心和草》中寻觅到部分被删节诗作,当时的聚会盛况也得以呈现,其中包括《十年十一月六日,偕十眉重过斜塘,与亚子玄穆诸同人共饮酒家有作》、《海上招亚子十眉小饮,亚子即席有作,余亦继声》、《禁脔一首叠用歌韵》、《与十眉把酒深谈并简亚子,叠馨儿与亚子唱酬韵》、《灯红三首叠前韵》、《重过乐天倒叠歌韵》等等,更有《归自岘江,忽桐君急递来招,因驰赴之,相见辗然,已复掩涕,若不胜情贻,以两律索亚子和》、《明日重赠桐君,用歌韵回环二首》、《上灯时节重晤桐君,备悉近况,再用歌韵得二首,仍索亚子和》,后面数首诗歌中表现的是故人重逢,不胜欣喜。柳亚子也分别和有《次巢南归自岘江赠桐君韵》、《次巢南明日重赠桐君韵》和《次巢南吴门重晤桐君韵》。至于原校订者的删节原因,大致是由于在此类作品中,陈去病会有把酒言欢的片刻放纵抑或消极情致的流露,而这类情感是与《浩歌堂诗钞》的整体风貌有所出入的,实际上在一睹原作本貌之后,相比较其他聚会成员的作品,陈去病仍是那个最关注世事的角色,也许对陈去病而言,"讵分殷勤捧玉卮,纵教沉湎敢容辞。狂于阮籍当垆醉,胜似刘伶荷锸随"(《灯红三首叠前韵》其三)就已经不属于他的生活方式了吧。

综观陈去病与柳亚子的交往,二人终生以挚友相待,尽管后期二人的文化选择并不相合,但与友谊无关,陈去病的执着与整理文献之功最为柳亚子所钦佩,而在面对柳亚子时,陈去病会表现出坚定外表下脆弱的情感,如柳亚子所言:"相视而笑,莫逆于心,吾二人殆有默契于语言文字外者"(《浩歌堂诗钞・序》),陈去病亦坦承"生平交满天下,俱无少当意,而独与故人子柳弃疾善"(《垂虹亭长传》)。

(二)陈去病与徐自华

徐自华在陈去病的一众友人中较为特殊,作为近代为数不多的杰出女诗人,她与陈去病年龄相仿,自 1906 年二人相识直至陈去病去世,数十年始终保持着密切的联系,二人不仅在政治活动中有所合作,更是相互欣赏的诗文挚友,此外,二人的私交甚好,徐自华在一定程度上称得上陈去病的红颜知己,在交往与唱酬中,陈去病也更多地流露出个人情致。

徐自华(1873—1935)字寄尘,号忏慧,石门语溪人,婚后七年寡居,育有一双儿女,亦不幸先后夭折,常以诗赋自遣,并专志树人,曾任南浔浔溪女学校长,徐自华亦是在任女学校长时与前来任教的秋瑾结识,两人一见如故,结为金兰姐妹,1907

年初与秋瑾约定“埋骨西泠”，后秋瑾于绍兴密谋举义，多赖徐自华及其妹徐蕴华赠金相助，秋瑾牺牲后，徐自华姐妹赴绍兴将其灵柩护送至杭州，在当时引起极大震动，1909 年徐氏姐妹加入南社，民国建立之后徐自华重建秋墓，接办竞雄女学，策应讨袁斗争，1920 年曾出资购墓地安葬苏曼殊，晚年多主持秋社事务直至去世。

在民国建立之前，陈去病与徐自华在政治活动方面的交往几乎全部围绕秋瑾展开，1906 年三四月间，陈去病南浔访秋瑾，始识徐自华，当时徐自华与秋瑾也不过结识月余，但秋瑾对于徐自华的影响是终生的，秋瑾的独立意识感染着徐自华，引领其走出闺门，而之后对其精神和事业上都给予了极大帮助的则非陈去病莫属了。1907 年 7 月，秋瑾遇害，陈去病举行追悼会不成转而成立神交社，1908 年初，徐自华信守“埋骨西泠”的约定，与陈去病、徐蕴华等人将秋瑾安葬在杭州西泠桥畔，陈去病有《正月二十四日会葬鉴湖女侠于西泠桥畔》四首，徐自华和有《戊申正月二十四日，葬璿卿于西陵，视窆既讫，感而有作，次巢南子原韵》，字里行间传达出对于这一近代奇女子的仰慕与惋惜：“流到西泠水更清，慕才谁复结芳亭？英雄儿女皆千古，毕竟秋坟照汗青”（其二）。也就在此次安葬之后，由陈去病提议秉承秋瑾遗志，举秋社，并推举徐自华为社长，自此徐自华与秋瑾的精神紧紧地连在了一起，不仅后期秋社的具体事务多赖她一人之力，还有 1912 年创办的竞雄女学也主要由徐自华管理。陈去病作于 1912 的《徐自华传》中详尽地描述了徐自华与秋瑾“埋骨西泠”之约及秋瑾牺牲之后，徐自华为信守承诺，甘冒巨大风险为营葬秋瑾四处奔波，徐自华的这一行为在同人中也有着极高的声誉，柳亚子赞其为“红颜季布”，陈去病也感叹徐自华的“一诺千金，不渝其志”（《徐自华传》），而此后陈徐二人的政治事务上的交集多为共同经营秋社。辛亥革命之后，徐自华所作《中原光复，重入越中，有悼璿卿》中则多了一份欣慰，同样的情感也出现在陈去病创作于 1912 年的《与徐自华登风雨亭》中：“秋魂兮招苏，驱强胡兮恢皇图。美新亭兮蕖蕖，长无极兮与民国而流誉”。纵观徐自华的文章，大半与秋瑾有关，她曾先后作有《秋女士历史》、《秋瑾轶事》、《祭秋女士文》、《为秋瑾营葬事致吴芝瑛女士书》、《鉴湖女侠秋君墓表》、《西泠重兴秋社并建风雨亭启》和《秋社呈内政部请备案文》等等。

民国建立之后，在陈去病的影响下，徐自华视野亦渐趋开阔，1916 年曾与陈去病在苏州乔装母子进香，以联合同盟会、光复会会员武装反抗，图占苏州，虽最终事泄未果，然对于徐自华而言仍然难能可贵。在社会活动的参与上，徐氏姐妹均为南社早期成员，参加了多次南社雅集活动，直至 1923 年陈去病等人所发起的岁寒社上，仍可看到徐自华的身影，且有《十二年除夕，在香山公旅邸夜宴，口占赠溥泉老友精卫伉俪》之作。

但陈去病与徐自华的交往更多地是以纯文人的唱和形式表现出来的，产生作品最多的两次分别是1908年的西湖月夜泛舟与1929年的焦山唱和。1908年夏，陈去病利用学校暑假时间自绍兴赴杭州，与徐自华共同筹划纪念秋瑾牺牲周年的活动，为尽地主之谊，徐自华携其妹小淑邀陈去病同游西湖，此次游湖在陈去病的作品集中仅可见《西湖三潭印月晚归遇雨，同忏慧小淑作》三章，从诗作风格上看，明快轻盈，显然此行心情甚佳："晚凉天气不胜秋，结伴同为打桨游。刚是藕花初破蕊，清香时掠过船头。"（其一）实际上从徐自华的作品中可见，当晚陈去病的创作远不止此三章，其中尚有一段有趣的插曲：一行几人入夜泛舟于西湖之上，忽然发现陈去病不见踪影，众人惊慌失措，担心其落入湖中发生意外，遂四处寻觅，不久却发现原来陈去病因不胜酒力，误入他船，徐自华因此罚其作十绝，作品如今不可见，但其中应有怨语，徐自华特作《夜泛三潭印月，忽失巢南所在，同人遍觅不得，疑其溺死，后复相见，仍议罚作十绝，诗成有怨余语，作此答之》七章记录下了当时的一幕，"闻说诗人无恙在，前船飞报后船听"（其五）让人忍俊不止，而"醉趁他舟独自归，疑生疑死是耶非？十联诗句犹轻罚，莫想吴侬代解围"（其六）又充满着朋友的调侃，想必一行定是其乐融融，在当时紧张的社会环境下，这组诗作却忠诚地记载着友人相见时松弛的心情与跃然纸上的感染力。二人的另一次集中唱和则是1929年仲秋，陈去病偕徐自华及徐蕴华、刘翼谋等人一路酬唱，此次焦山一行所留作品甚多，陈去病作有《绿杨村小憩》、《和忏慧瘦西湖作》、《和忏慧赠翼谋韵》、《隋堤怀古》、《晚坐松寥阁和忏慧韵》、《和忏慧湖上见寄之作并示翼谋》，徐自华则有《和佩忍绿杨村韵》、《和佩忍隋堤怀古韵》、《晚坐松寥阁》、《游扬州瘦西湖归，再游杭州西湖，赋寄佩忍翼谋乞和》、《瘦西湖》及《赠柳翼谋先生》等，在其中基本是纯粹的风景之咏，已入暮年的两位朋友再见，唱和中多了一份平和的心态和恬淡的生活方式，"绿杨城郭绿杨村，一水回环绿到门。渺渺蒹葭秋未半，疏疏梧竹暑无痕。庭闲只觉幽兰秀，山静何来鸟雀喧。一笑莫嫌西子瘦，扁舟重与细温存"（陈去病《绿杨村小憩》），"小桥过处认前村，万树垂杨绿绕门。碧水一湾窥瘦影，幽兰数翦澹秋痕。好风吹透霞成绮，溽暑销残鸟不喧。三载病魔吟兴废，纪游聊和一诗存"（徐自华《和佩忍绿杨村韵》）。

除去相聚唱酬，陈去病和徐自华始终保持着书信往来，期间颇有些专属于文人的情调，如1908年，陈去病在同徐自华安葬秋瑾并结秋社之后匆忙赴绍兴任教，二人在分别前应有清明之约，故徐自华才会在《迟巢南子不到，书寄》中言"十日轻寒未放晴，西泠约已爽清明。"1909年徐自华在《送春和佩忍韵》其二中有"强欲宽愁愁未宽，牡丹约已爽临安"之句，自注"来书约三月至灵隐赏牡丹，因事未果"。不仅如此，二人均为对方作品的刊刻出版竭尽所能，如陈去病在1908年曾为徐自华刻《忏慧词》，又帮助其出版、编辑诗稿，作有《题忏慧诗集》、《题寄尘女士〈听竹楼诗集〉》等多首作品，公开表示“为约同人扫南社，替君传布廿年诗”（《题忏慧诗集》其二），为徐自华作品的整理推介立下了汗马功劳，徐自华则不辞辛苦，为陈去病所辑录的《笠泽词征》“执笔其后，为之考订而斠写者，亦六阅寒暑矣”[1]，足见二人的深厚友谊与相投的志趣。

革命同志与诗文挚友以外，陈去病与徐自华二人私交甚好，这一点最突出地表现在了极度的私人情感的表露方面，徐自华在1908年有《感怀和巢南子韵》[2]：“砧催木叶又秋归，自叹年来百计非。玉笛音凄残月冷，风琴声断彩云飞。（自注：先君善笛，爱吹《残月晓风》之曲，亡女能奏风琴）诗心近觉能禅悟，傲骨拼教与俗违。暂且抛诗理刀尺，敢劳慈母制寒衣？”亡夫丧子之痛对徐自华而言是最不愿提及的话题，但在作品中她毫无顾忌地向陈去病倾诉，这是一种莫大的信任。由于儿女先后夭折，徐自华对陈去病的女儿绵祥尤为疼爱，作于1930年的《西湖纪游》其五：“同登天竺理慈航，娇女随参一瓣香”中的“娇女”指的即是绵祥，关爱之情溢于言表。陈去病在徐自华面前也极坦率，年近五旬仍无子让陈去病始终引为憾事，在《内子安霞将祔先人之兆，诗以叙哀》他曾明言“我年迫五旬，而尚艰嗣续”，实际上早在1907年的《题寄尘女士〈听竹楼诗集〉》其五中，陈去病在安慰徐自华丧女的同时便已经表现出对尚无子嗣隐隐的焦虑：“漫嫌失却掌中珠，块肉犹存赵氏孤。不似中郎生命薄，书成惟可托娇雏。（自注：余只一女九岁矣，粗识之无。）”这种“不与外人道”的情感在作品中的出现恰恰证明二人关系的亲近。1909年春，陈去病自广东返苏州，因腿疾入上海同济医院治疗，先由林奇亮照料，后林返日离沪，全赖徐氏姐妹精心护理。1922年，徐自华介绍一远房表妹与陈去病为填房，为陈去病重新组建了家庭，1929和1930年，已年逾五旬的陈去病更是连得两子，了却了平生的一大憾事，极为巧合的是，徐氏姐妹加入南社后，为徐自华妹徐蕴华介绍与南社成员林寒碧相识并促成姻缘，作伐者正是陈去病，这类交往已经超过了普通的文酒之谊，徐自华更像是陈去病的一位知己，二人彼此称呼极为尊敬，陈去病因徐自华年长之故常尊称其为“吾师”，而徐自华在作品中亦常用“巢南子”称之，其妹徐蕴华更是认陈去病为师，在诗文造诣上多得提点。从陈去病和徐自华二人的交往中，似乎可以看到陈去病交游活动的一个截然不同的角度，更加地文人性、私人化，以及独

---

① 徐自华：《笠泽词征·序》。

② 《南社丛刻》中题为《巢南来书问何久不作诗，口占答之》，此处据《听竹楼诗集》。

属于挚友间的情感表达。

（三）陈去病与苏曼殊

在苏曼殊频繁地辗转于各国各地，与友人的来往信件中，几乎找不到与陈去病的书信往来，而目前可见的《陈去病全集》中，也仅有两封简短信函，无一例外地询问苏曼殊的行程。与刘季平、柳亚子、刘师培等人相比，陈去病与苏曼殊的交往显得尤为平淡。二人一位是南社领袖，终生致力于为实现政治思想而奔走呼号；一位虽身为南社成员，却成为这个社团中最为另类与游离的一员，南社的二十余次雅集他从未到场。然而陈去病与苏曼殊之间实则有着书信之外、真挚绵长的友谊。

二人的相识可追溯至1903年，这一年对于陈去病的思想转变尤为关键，在此之前，他对于当局的腐败与时政的抨击，完全出于自发的状态，并无明确的思想导向与立场，这一点在他东渡日本之后逐渐有所改变，以霍去病的精神相号召充分证明他开始以民族主义为武器，正式走上了革命之路。也正是在同年，年仅二十岁的苏曼殊转入日本成城学校习武，四月，由留日学生秦毓鎏、钮永建等人发起，五百余名学生在东京集会成立拒俄义勇队，陈去病与苏曼殊均参与其中，二人自此相识。1930年，在苏曼殊十二周年忌日时，陈去病仍然对当年情景记忆犹新："慷慨论交廿七年，当时犹记在神田。（自注：予留学日本始识君于神田，相与组织军国民教育会）"①可以说，二人最早的相识即是缘于共同的革命理想。

拒俄义勇队仍然是本着民族主义宗旨发起的革命团体，然而之后的发展阻挠重重，为避人耳目，1903年五月，拒俄义勇队易名为学生军，但清廷开始秘密逮捕回国的学生军成员，同时向日本政府施压。面对内外交困的局面，学生军在改组为军国民教育会的努力再次失败，终于在一片叹息声中偃旗息鼓。陈去病选择了回国创办《国民日日报》，撰文作者中，曼殊之名已赫然在列。② 在相识的几月中，二人完全是因对清廷窳败的清醒认识与对国家前途的深切忧虑而走到了一起，举起民族主义的义旗。正如吕思勉所言："社会当变动时，本非有所慕于彼，而思以竭力赴之之问题；乃皆有所恶于此，而急欲排去之之问题耳。"③在清末社会剧变的格局下，"反清"这一万恶之所归无疑最具有感召人心的力量。

回国之后的陈去病迅速找到了有效方式实现自己的革命理想，从办号称"苏报第二"的《国民日日报》开始，同时着手搜集明遗民逸事与反清相关的材料，从1903年八月至1907年底，陈去病的相关政治、文化活动给予了苏曼殊巨大的影响，这是

---

① 张夷主编：《陈去病全集》，上海古籍出版社2009年版，第187页。

② 据张夷主编：《陈去病全集》，上海古籍出版社2009年版，第40页。

③ 《吕思勉遗文集》（上册），华东师范大学出版社1997年版，第380页。

二人相识之后活动最为集中的一个时期。陈去病年长苏曼殊将近十岁，苏曼殊对于陈去病始终有一份敬重，书信中始终以"佩公"相称，正是在这段时期内，苏曼殊的一系列活动几乎都是陈去病的翻版。

1903 年九月，苏曼殊回国，当时陈去病正在编辑旨在反满排清的《陆沉丛书》，苏曼殊与田桐则不久之后即有《亡国惨案丛书》问世。1904 年，国学保存会成立，次年，陈去病曾担任其机关刊物《国粹学报》的主撰，住在上海爱尔近路国学保存会藏书楼，在此期间，苏曼殊频繁地来往于东京和上海之间，每每至沪，往往在此落脚。《国粹学报》宗旨是"研求国学，保存国粹"，实际上所谓的"国学"仍然有着"保种"的目的和前提，换而言之，《国粹学报》及国学保存会仍然是以民族精神相砥砺。这种潜移默化对于日后苏曼殊的思想变化与价值取向的影响是巨大的。

1907 年九月开始，二人渡过了相处时间最长的一段时间，原本预备返回日本的苏曼殊因"舟资未足，故未能定期东渡"①，只得滞留上海，住于藏书楼，与陈去病朝夕相处了三个月，在回忆起这段时光时，苏曼殊显然感到愉悦与怀念："日与去病先生对床风雨，意极可亲。"②而这三个月也是苏曼殊对于遗民精神和民族主义的接受最为直接的一段时间，陈去病此时正花费大量时间和精力开始整理《明遗民录》，同时着手搜集江浙地方文献，受其影响，苏曼殊对岭南文献和遗民遗著的搜集尤为用心，并阅读了大量相关书籍。以至于同年十月写与刘季平的信中尚有此语："暇时乞兄为我署'翁山女语'四字，(或加'屈'字)，各如钱大，盖家母将以女语付剞劂，流传日本，女语一卷，出屈大均《广东新语》，此系清朝禁书，兄见过否？"③在之后的岁月里，苏曼殊更是把这种对遗民精神的追慕投注到了对明代陈转片瓦的搜集和收藏之中，以至于发展成了一种癖好，1910 年在《与高天梅柳亚子书》中，殷切询问陈近况之后，不由抱怨陈去病欠自己的一笔文债："前岁佩公匆匆一别，都不闻动定，忏慧夫人词，何不见寄一册……又前岁佩公许为我题《明故宫瓦当歌》，至今未见惠下，想佩公亦已忘却，或因通书，幸为我寄言佩公也。"向上追溯，不得不说陈去病对遗民事迹与清廷禁书的整理对苏曼殊此种行为的影响之深。

自 1907 年作别之后，陈去病与苏曼殊始终聚少离多，直至 1918 年苏曼殊去世，二人碰面不过是朋友相宴，诗酒之乐，然而共同的革命志向却成为两人交往的基础。"一个革命的和尚"(孙中山语)与一个革命的文人尽管常常天各一方，却彼此惦念，渴望重逢，苏曼殊每每与刘季平等人通信，不忘问佩忍先生近况，信中常见

---

① 柳亚子编:《苏曼殊全集》(一)，北京市中国书店 1985 年版，第 195 页。
② 柳亚子编:《苏曼殊全集》(一)，北京市中国书店 1985 年版，第 195 页。
③ 柳亚子编:《苏曼殊全集》(一)，北京市中国书店 1985 年版，第 199—200 页。

“衲前日过沪，日余即返。闻佩公日杪至沪……今冬沪上，必当握手相笑耳。”①足见二人平淡却真诚的友谊。

如果说陈去病在具体的革命理想实践形式方面给予苏曼殊极大的启示与影响，苏曼殊的高洁品质则始终令陈去病赞不绝口。在《为曼殊大师建塔院疏》中，陈去病就始终以“吾师”相称，称其“逐龙虎于风云，随几复通生气”。1921年，作为苏曼殊身后事具体策划者的陈去病将营葬一事向孙中山请示，为了让孙更加全面地了解这位才华横溢却英年早逝的挚友，陈去病特意作了《将为曼殊卜葬湖上，呈元首六绝》，对苏曼殊的一生及在各个领域中的出色表现有了宏观的呈现，并给予了极为精准的定位与评价，其六言：“奚啻从亡似介推，晋文应得有余哀。愿将骏骨千金意，换取绵山寸土来。”这是组诗中用以表明心意又旨在总结的一首，而“似介推”三字不仅表明了苏曼殊的个人志向，同时也成为了陈去病对其最真实的肯定。

作为革命者，如何定位自己的身份是体现其人品质最直接的途径，苏曼殊在生活上也许是个看破世俗却贪恋红尘的矛盾体，然而在革命与名利的勾连中，从未见过苏曼苏牵绊于此。他一生都与资产阶级革命派有着血浓于水的关系，他参加过青年会、拒俄义勇队、横滨暗杀团、光复会、华兴会、同盟会、中华革命党，他试图刺杀康有为，发表《反袁宣言》，然而这一系列革命活动背后是他纯粹为了理想而战的动机，是他对名利一以贯之的云淡风轻，这一点在一众朋友笔下娓娓道出：“（苏）其间数东渡倭省母，会前大总统孙文，玄瑛乡人也，时方亡命嵎夷，期覆清社。海内才智之士，鳞萃辐辏，人人愿从玄瑛游，自以为相见晚，玄瑛翱翔其间，若庄光之于南阳故人焉。及南都建国，诸公者皆乘时得位，争欲致玄瑛。玄瑛鸿冥物外，足未尝一履其门，时论高之。”②“（苏）凡委肖功利之事，视之蔑如也。虽名在革命者，或不能得齿列……可谓历高节，抗浮云者矣。虽黄节之徒，亦其次也。”③“窃观鼎革之际，一时英俊，各据高位骄人，下焉且奔走权贵，以求升斗之禄。智者如曼殊，独视名利若浮云，优游物外，或以情痴目之，曼殊未尝失其节也。”④不论是介推的功成身退，还是严光的终老林泉，再或者是品格胜过时人眼中神人般的黄节，友人们的评价无一例外地对于苏曼殊的不慕名利大为钦佩。

与苏曼殊相类似的是，陈去病也有着风云人物之外，不折不扣的文人气质，渴望独善其身的生存状态，更有远离庙堂，隐居山林，优游卒岁的愿望。陈去病渴望

---

① 柳亚子编：《苏曼殊全集》（一），北京市中国书店1985年版，第214页。
② 柳亚子编：《苏曼殊全集》（四），北京市中国书店1985年版，第153—154页。
③ 柳亚子编：《苏曼殊全集》（四），北京市中国书店1985年版，第134页。
④ 柳亚子编：《苏曼殊全集》（四），北京市中国书店1985年版，第75页。

着这种生活，亦曾吐露心声："顾所深愿者，旦晚归去，鱼钓其间，则必将遥吟俯唱，与周君相应和于芦漪之畔"(《柳溪竹枝词序》)。在诗作中也能寻觅到其渴求山林生活的痕迹，且出现次数不少："安得吴淞江上去，绿蓑青笠作渔翁"(《四十初度，黄海舟中遇雾一首》)，"养鱼兼种竹，我独慕陶朱"(《泛舟碧浪湖，因游道场山，登绝顶骋望》)，"斯则我愿具偿君亦足，可以长揖归山邱。躬桑力穑老孙子，天台笠泽同千秋"(《梦羽生长乡县，醒而异之，书以代简，寄天台山中》)。究其根本原因，仍然在于传统的儒家思想影响，陈去病是在传统教育的背景下成长起来的，他的价值观中有儒家"达则兼济天下"的情怀，然而文人气质又会使其对远离权力政治、行走于社会生活的边缘地带有着巨大的渴望。这种独属于近代文人的复杂思想，集佛教、儒家、无政府主义、国粹主义、浪漫主义、个性自由、封建荼毒等种种因素于一身，共同着力体现在了以陈去病和苏曼殊为代表的一众人身上。如果说共同的革命志向使二人相识，并成为他们事业和追求上的坚固基石与共同话题，那么这种彼此追慕的高洁志向则更加地私人化，带有更大的性情因素，使二人关系更加融洽与紧密。

不论革命志向亦或高洁品格，苏曼殊在民族大义面前表现出来的总是他积极向上的一面，而在朋友交往，回归文人生活之后，苏曼殊又有着不为人知的一面，敏感纤弱的情感与不加节制地贪食使得这位虽待人极诚挚的文人仍有令人不可接近之感。他的敏感和单纯往往成为朋友摩擦的导火索，陈去病在《苏曼殊轶事记》中也提到过一段他与刘季平的不愉快：

> 一夕人静矣，曼殊忽大哭不止。予又惊起问故，君蹙然曰："刘三骂我。"予曰："君何罪乃遭骂也?"曰："刘三前劝我娶妇，并愿为之媒。今日我专托之，渠曰：'和尚乃能娶妇耶?'好友尚复相绐，吾是以哭也。"予曰："和尚娶妇本无是理，渠既戏汝，何遽相信，其讨骂不亦宜乎？夜深矣，盍睡休，勿扰予清梦也。"君乃啜泣，久之始已。明日刘三来，予诟尤之曰："和尚可相戏耶？阿弥陀佛，君太作孽。"

刘季平开苏曼殊玩笑固然不对，但老友之间，此举本并无恶意，但却不小心触到了这位敏感文人的底线，对于苏曼殊的一系列有所顾忌的问题，陈去病所表现出来的始终是如同兄长般的宽容与开解，这段本近于玩笑的闹剧最终在陈的调停中平息。

苏曼殊另一个最为敏感的话题便是身世。中日混血的身份在当时使他矛盾和尴尬，无数好友在为曼殊遗诗题序写跋，抑或为其作传时都会对他的生平作详尽介绍，其中不免带有好奇成分，但是曼殊在世时，朋友们从未当面问及此事，曼殊本人也仅在几位关系极为密切的朋友面前提及过自己的身世。作为挚友，陈去病了解苏曼殊性格中的敏感自卑极大程度上源于此，他用了一种巧妙的方式为苏建立自信。1907年，二人同住藏书楼期间，陈去病有《曼殊自海东还，以童时摄影见贻，兰芽初茁，婉娈可喜，盖方在其母夫人怀抱中也》：

正朔天南奉盛明，孤忠唯有郑延平。
百年更见田中姬，一样宁馨裹锦绷。

陈去病用时人极力推崇的民族精神为苏曼殊找到了一位代表人物，郑延平同样是中日混血，然而这种单纯的血统问题并不影响他成为汉族正统的英雄和“孤忠”，这让苏曼殊极为感动与振奋，也多了几分对郑延平的敬重，在回日本之后，路过“儿诞石”时，曾专门前往凭吊，并作有《过平户延平诞生处》：

行人遥指郑公石，沙白松青夕照边。
极目神州余子尽，袈裟和泪伏碑前。

在这件事情上，陈去病处理的相当巧妙，将苏最避讳谈及的事情与时代所向作出正面联系，使得苏曼殊更加舒心自在。

然而二人的性格特点及处事方式相距甚远，除却朋友宴乐的诗酒风流，苏曼殊的日常生活中处处充斥着怪诞与癫狂的气息，贪食成为所有朋友笔下的头号轶事。对于此，陈去病更多的是规劝，曼殊不听劝告狂食板栗，致“腹胀欲裂”，陈去病责备他“不听老人言，乃至于是”，继而言“无他，惟按摩而已。”①

近代学者中，有人将苏曼殊的这种暴饮暴食猜测成其自身有意识的自杀行为，对于现实的不满和愤懑无以发泄，只得用这种方式希望尽早离开这个污浊不堪的世界。无论这种推测是否成立，苏曼殊的这种习惯无疑是消极与负面的，陈去病同样将在现实生活中的不如意用醉酒的方式发泄出来，比之苏曼殊，却更加地节制与理性，且陈去病的情绪曲线与孙中山领导的革命力量走势紧密相关。最突出的有两次，一次是1920年底的迷楼宴集，柳亚子与陈去病返回周庄探亲访友，在周庄小住，于是23日柳亚子邀请陈去病、王大觉和夫人凌惠纕、叶楚伧、费公直及柳亚子

① 以上均出自张夷主编：《陈去病全集》，上海古籍出版社2009年版，第581页。

从弟柳抟霄、柳率初等人宴集于周庄迷楼，并于 24 日、28 日、29 日三聚于此，纵酒吟诗，流连忘返，称得上是一场十足的狂欢盛宴。这次迷楼宴集中创作的作品无一例外地有着苍凉、失落、沉郁的感情基调，隐藏着对于世事的莫大哀愁，对于时代大环境的左右彷徨，社团活动陷入瓶颈，新文化运动的冲击与文人自我追寻精神净土却不得的失落共同打击着陈去病等人，客观上促成了这场诗酒狂欢。然而实际上陈去病在四聚迷楼中只参加了前两次就返回了故乡同里，显示着他在情绪控制上的节制，相似的情况也发生在了第二次相聚醉酒时，这次便是 1924 年九月营葬曼殊。褚宗元在《曼殊遗事》中详尽地记录了当时的情况：

> ……葬后，会食于近肆。觉生、佩忍、秋叶皆纵饮，既醉乃命酒不已，历诋时人，洒洒不止。

这是典型的借酒浇愁，实际上辛亥革命袁世凯窃国之后，对于国事的失望与前途的迷茫就不断出现在这群文人笔下："今之政权，属于军人，且阴操于外人之手（指英人某），既无政治可言，何以有党？"（褚宗元《曼殊遗事》）"和议既成，莽操尸位，党人无所发摅，则群集海上，日夕歌呼饮北里"（柳亚子《燕子龛遗事序》）。局势发展到 1924 年，只能用混乱来形容，当时的中国大致分为南北政权，北方自 1922 年四月爆发第一次直奉战争，直系取胜，曹锟在 1923 年通过有争议选举成为中华民国大总统，直至 1924 年上半年，九月第二次直奉战争再度爆发，北方陷入一片混战。南方的孙中山则据守广东，试图为式微的国民党注入新鲜血液，吸收更多有生力量。1924 年一月对三民主义作出全新解释，并提出"联俄、联共、扶助农工"的口号。至陈去病一干人等九月营葬曼殊之际，正值孙中山欲东山再起的前夜，绝望的情绪蔓延开来，使这几位立场笃定的革命者也不由纵酒抒愤，然而陈去病如同迷楼宴集一样，很快调整心态，积极投身于政治工作之中，就在 1924 年九月，陈去病在上海发起组织江苏民治建设会，以便"宣传革命主义，掀起民政运动"①，同年十一月，陈去病奉命北上接收故宫文物，任检查清宫文物委员。比起老友苏曼殊，陈去病更为现实，有着更加强烈的社会责任感，这无疑是二人最大的区别所在。

从 1903 年的相识，陈去病、苏曼殊二人共同参加革命团体，办报撰文。在陈去病的影响下，苏曼殊亦视搜集乡邦文献与遗民文献为一大乐事，虽聚少离多，鲜有书信，却彼此惦念，短暂相逢不免对酒当歌，意尽风流。而在曼殊去世之后，陈去病

---

① 张夷主编：《陈去病全集》，上海古籍出版社 2009 年版，第 320 页。

更与一众好友共尽“后逝之责”，为这位一身挂念遁入空门，却不慕名利、追求本心的挚友的营葬付出了最大的努力。

四、陈去病在南社余绪中介于新旧之间

唐宋诗之争让原本经历了民国建立已经开始出现分流的南社元气大伤，经过了这场门户争论的柳亚子似乎也有些心灰意冷，不复之前的积极状态，南社社务开始无人管理，虽然在柳亚子的建议下，1918 年 10 月 10 日姚光当选为主任，但南社后期更加松散的性质与社员各奔前程的局面赖姚光一人之力实在勉为其难，再加上“已近五四运动的前夜，新文化潮流正在奔腾澎湃的形势中，抱残守缺的南社，就渐渐不为社会所注目，连社友也觉得无甚意味起来了”①。姚光在后期投入了大量的精力财力，虽不见起色，但仍于万分艰难之中将南社拖入了 20 年代，然南社的几大“巨头”却已经开始酝酿成立新的社团，其中陈去病参与或创建的主要有 1923 年柳亚子发起的新南社，同年年底他本人发起的岁寒社和 1924 年傅尃组织的南社湘集，这是三个性质、主张、侧重完全不同甚至相悖的社团，而南社最终在 1923 年的一片混乱局面中寿终正寝。

(一)新南社

1918 年前后，随着陈独秀创办的《新青年》等一系列代表着新思潮的刊物大量涌现，新文化运动也轰轰烈烈地开展起来。中国本土新一代知识分子已经迅速成长起来，中央集权的控制力相对薄弱又给予了言论和出版极大的自由，由此这场触及中国革新核心问题的涉及思想、文化领域的运动声势日益浩大。柳亚子在南社领袖中始终有着最为敏锐的时代风潮的嗅觉，早在南社内讧前后，他已经对新文化运动心向往之：“对于这一个运动，我原是同情的。反对封建礼教，提倡男女平权，以致打倒孔家老店，在我都是很早的主张”②。1923 年 4 月，柳亚子便于家乡创办《新黎里》半月刊，以响应新文化运动，且在《发刊词》中言：“从前种种，譬如昨日死，以后种种，譬如今日生，此日新又新之说也。潮流澎湃，一日千里，吞养吐碳，舍故取新，苟非力自振拔，猛勇精进，欲不为时代之落伍者，乌可得哉？”③这种不失激进的态度颇符合他的一贯风格。《新黎里》像是柳亚子思想转变上的一次预演，时隔一个月之后，新南社组织正式成立。之所以仍用南社的名称只加一“新”字，说明改革的基础仍建立在南社之上，发起人共有柳亚子、叶楚伧、胡朴安、余十眉、邵力子、

---

① 柳无忌编:《南社纪略》，上海人民出版社 1983 年版，第 86 页。

② 柳无忌编:《南社纪略》，上海人民出版社 1983 年版，第 90 页。

③ 转引自杨天石、王学庄编著:《南社史长编》，中国人民大学出版社 1995 年版，第 566 页。

陈望道、曹聚仁、陈德徵八位，同年 10 月 19 日，柳亚子写成《新南社成立布告》，表明“新南社的精神，是鼓吹三民主义，提倡民众文学，而归结到社会主义的实行”，更是明确提出支持白话文。实际上新南社的发起人中也存在的意见上的差异，尤以“整理国学”为代表，新南社的发起宣言是叶楚伧所作，后经柳亚子修改定为宗旨，第一条便是“整理国学”，但是柳亚子本人对于整理国学并没有多大兴趣，甚至带有一些质疑，认为“‘牛粪里寻香水’……怕是徒劳而无所获”[①]，思想主张更趋激进。这种转变的幅度是巨大的，给人感觉仿佛一夜之间，南社便由旧式团体转而成为了最切合时代风潮的社团，不过新南社与南社仍有相似之处，新南社建立之时国民党已进入到改组的筹备阶段，距离正式改组时间很近，因此柳亚子所说“南社的成立，是以中国同盟会为依归的；新南社的成立，则以行将改组的中国国民党为依归”[②]确为事实。新南社也只是举办了三次聚餐会便不复活动，甚至没有一次正式雅集，皆因柳亚子加入国民党后，开始忙于实际工作而无暇顾及，再一次证明新南社不过是为形势所感召，匆忙建设而成，缺乏强有力的地基，因此也不会有强大的生命力，倒是新南社的命运与陈去病早期创办的一系列社团的结局颇为相似。

陈去病在新南社成立不久即加入，虽参加新南社雅集活动，但仍未对新南社所标榜的精神与主义作出明确表态，此时他表现出更多的则是一种摇摆的态度而最终显现出笃旧的情绪。他在加入新南社之后反而开始对于南社表现出一定的关注度，如 1923 年 12 月，久已不过问琐碎事务的陈去病编辑了《南社丛刊》的最后一集，1928 年 11 月 7 日，他又再次联合柳亚子等人发表启事，为纪念南社成立二十周年在苏州虎丘举行雅集，《虎丘雅集小启》仍用从容的笔调回忆了南社初创时的不易与廿年来经历的风雨，然而字里行间仍然难掩来自于岁月的感慨：“创南社于吴门，以文字相感召。迄今追溯集会之初，粤为己酉孟冬之朔，盖忽忽二十年矣。虽桥山弓剑，永绝攀号，而南国诸生，犹怀慷慨。际宗邦之混一，庆海宇之生平，爰结同俦，重寻旧好。香霏瑶席，看冷蕊之先开；日照云岩，续清游于既往”[③]。实际上这次纪念会的发起人只是陈去病和朱梁任，“我（案：柳亚子）和朱少屏，却是被拉进去的”[④]，在实际时间上，1928 年只是虎丘雅集之后的第十九年，在这次纪念会中，柳亚子与朱少屏均未到场，对柳亚子而言，忙于创建新南社及响应新文化运动号召才是当务之急，南社早已经成为了过去时。这次雅集虽然参与人数众多，但往日的

---

① 柳无忌编：《南社纪略》，上海人民出版社 1983 年版，第 102 页。

② 柳无忌编：《南社纪略》，上海人民出版社 1983 年版，第 103 页。

③ 转引自杨天石、王学庄编著：《南社史长编》，中国人民大学出版社 1995 年版，第 614 页。

④ 柳无忌编：《南社纪略》，上海人民出版社 1983 年版，第 111 页。

盛况已不复存在,陈去病所倡议发起的这次纪念会,不过是平复了如他般念旧的社员情绪,同时也表现出他本人向传统偏重的倾向。

(二)岁寒社

岁寒社是陈去病发起的最后一个社团组织,1923 年,革命形势发生逆转,陈炯明在 3 月逃往香港,5 月孙中山开始拟国民党改组计划,这种于我有利的形势使陈去病等人欣喜不已,在 1923 年 12 月,陈去病与张继、汪精卫、于右任、柳亚子、徐自华等人于上海创建岁寒社①,特定于云南起义之日(12 月 25 日)正式成立。由岁寒社发起的原因、成员来看,政治目的极其鲜明,尤其是张继这种标准的政治家身份的加盟,使岁寒社更像一个革命者集中处理政务的落脚点,但同时它又具备文学社团的特征。首先,岁寒社的发起者和参与者全部为南社成员,且其中颇不乏骨干,此时的南社已再无维持之力,岁寒社虽未冠之以南社之名或表明与南社的关系,但已经可以认为是由南社生发出的小团体,同新南社一样,岁寒社也是南社人积极寻找的一条出路。其次,岁寒社完全是以文学社团的形式举行活动,它前后共举办过三次雅集,相距时间很短,规模颇盛,1924 年之后则完全停止了活动,前后不过一周时间。

陈去病在第一次雅集中作有《云南起义日,岁寒社第一集,示溥泉、精卫、右任、安如、忏慧、志伊、陶遗、朴安、楚伧、十眉、心芜、孟芙、漳平、景秋、剑曜诸子》:"共和一十有二载,回首前尘总惘然。桃李有花多竇落,蒹葭无际孰洄沿。居闲只自尊高隐,岁晚何妨结旧缘。比似苍松兼翠柏,任看拔地与参天。"言明心志,砥砺气节。柳亚子在《岁寒社临时雅集通知》中则如此描述:"葭琯灰飞,一阳来复。天地晦蒙否塞,阴霾愁惨之气消,而生生不息之机,将待时而鼓荡,易曰:知几其神乎!当代君子有能识徽知著,鉴往察来,而悟天运之将回复者,其盍归乎来……"②,这则通知使人极易与 1909 年陈去病所作《南社雅集小启》相联系,同为严寒之下萌动的春意,前者喻国民党派争斗中蕴含的机遇,后者则暗示着尚处于晚清文化控制下的盎然生机,两则启事风格极为相近。

1923 年底,汪精卫于总理宅邸欢宴岁寒社全体,人数众多,值得关注的是陈去病所作《十二年除夕,精卫召集香山公私邸,赋成岁寒诸友》:"华镫璀璨玉绳低,入

---

① 关于岁寒社的具体创建时间有不同记载,笔者据郭长海编《柳亚子文集补编》176 页《岁寒社临时雅集通知》,载三次聚会时间分别为 1923 年 12 月 25 日、12 月 30 日、12 月 31 日,且当时此启事所载《民国日报》刊发时间为 1923 年 12 月 20 日,由此知岁寒社创办与活动时间即为 1923 年 12 月的最后一周,且社团定于云南起义之日创建,为公历的 12 月 25 日。张夷主编《陈去病年谱》298 页中对岁寒社发起时间记载有误。

② 郭长海、金菊贞编:《柳亚子文集补编》,社会科学文献出版社 2008 年版,第 176 页。

座浑忘夜色凄。帝魏书凭成祚笔，避秦人似武陵豀。八千子弟今还健，万里烽烟望不迷。我慕能诗玛丽爱，革除歌就法兰西。”在其中能感觉到东山再起的英雄气，但更加突出的特点则是陈去病首次以西方音译词入诗，这种大胆且不符合陈氏诗歌风格作品的出现，说明陈去病同样也在努力适应飞速的时代变化，似乎可以窥见这段时期他在文学形式转型上的用力。此时他已经加入柳亚子的新南社，然而比起新南社中倡导白话文的主张和散文化的语风，陈去病仍然显得有些力不从心，接受旧式教育的根底对形式上的“新”与“俗”有着天然的排斥，这首诗歌的出现也许可以从侧面描摹出陈去病试图转变的决心与巨大阻力下的艰难。

从社团组织的角度看，岁寒社最终走上的仍是一条有头无尾的道路，但它不同于南社，其中消寒的成分的确存在，短时间内人数众多的聚会又与传统的社团有所不同，似乎与文学政治无关，只是属于一群在政治上屡屡失意却又不断点燃希望之火的政治活动家们的狂欢，在一周之内发起又结束，社员们再次各奔东西，而这次结社的盛景也为陈去病的结社生涯画上了一个圆满的句号。

（三）南社湘集

南社湘集起源于长沙南社分社，1912 年中秋节（9 月 25 日），傅尃、刘约真等人在长沙烈士祠举行了首次雅集，陈去病也受邀参加了此次活动，最初南社湘集的活动并未十分引人注目，在各地先后发起的南社分社中，南社湘集不过是其中普通的一员，它的备受关注源于对文化形势的不满。从南社这一群体的角度看，发起人和后期的实际领袖柳亚子早已对于全新的社会思潮心向往之，态度转而激进，认定“青年的思想早已突飞猛进，而南社还是抱残守缺，弄它的调调儿，抓不到青年的心理。”①从社会大背景来看，新文化运动对于传统文化的全盘否定使传统阵地的坚守更为艰难。1923 年 5 月，南社湖南社员在长沙举行雅集，傅尃在《上巳前三日，南社雅集半园分韵得十字》中有“而来风雅谁复继，诗书道丧鬼神泣”及“吾侪社事即衰歇，天意中兴犹足辑”句，对于当时生机蓬勃的新文化形势大感不满，并明确表示要中兴南社。如果说这仅仅是一个不成形的想法，不久新南社的成立则使南社湘集迅速组织了起来。1924 年 1 月 1 日，距离新南社成立不足三月，傅尃发表《〈南社湘集〉导言》，在其中对于新南社的评价十分含蓄，曰“其宗旨盖亦稍异”，然而在谈及当时的新旧文学碰撞的局面时，口气显然不太客气：“抑有进者，文学新旧之界方互相诋諆，甚嚣尘上。同人之意，以为进化自有程途，言论归于适当。自惑者既失精微，而辟者又随时抑扬，违离道本，苟以哗众取宠，皆无当于言学；舍短取长，得

---

① 柳亚子：《南社纪略》，上海人民出版社 1983 年版，第 153 页。

所折衷,其殆庶几!"[①]一时之间南社湘集成为了思想趋于保守的社员的首选,陈去病也在同年加入南社湘集。此时的南社湘集地位已经发生了改变,不再以南社分社的面目示人,与南社相比,其宗旨基本上未加变化,在当时已俨然是南社余绪中的嫡系,所谓"比年以来,时局变迁,友朋星散,社事日就衰歇,其能岁有雅集,流连觞咏,存念故旧者,厥惟长沙一隅"[②]。南社湘集是南社余绪中绵延时间最长的一个社团,直到1937年《南社湘集》最后一期出版才渐趋消亡。柳亚子在《南社纪略》中忆及南社湘集时,认为其主张全以文言文创作,这是与新南社对抗的主因,因为南社是诗的,而新南社已经是散文的了,实际上二者之间的对抗远没有表面形式上的那般简单,这是属于新旧两种文学观念的对撞。

对于南社湘集,后人多评价不高,"抱残守缺"成为了它的标签,再加上后期南社湘集开始与清末遗老发生了关系,社刊中收录了诸如陈衍、陈三立、刘春霖等人的诗,又把王闿运的《湘绮楼未刊稿》收入附录中,由此呈现出与遗老合流的倾向,违背了南社最初的宗旨,在新形势面前未有进步,反倒是在一定程度上倒退了一步。南社湘集中兴南社的愿望本没有错,却发生在了一个错误的时间。南社湘集在面对变化时恪守中庸之道不可取,然而其提倡文化过渡的循序渐进却并非没有道理,对于南社湘集迂腐不知变通的批判过后,我们会发现新南社也并非十全十美,新南社宗旨观念上的急速转变并不能保证参与者在短时期内跳出旧有思想藩篱,创作出符合时代特征的新文学。新南社和南社湘集由于主张上的对立,很容易使人产生错觉,认为分化形势一出,南社社友便自动选择各自阵营,从此泾渭分明,实际上远没有如此简单。从陈去病的身上,我们有理由相信,在新南社的参与者中,与陈去病一样在新旧文化间摇摆、难以取舍者,甚至抱守旧文学观只是应势加入者应该也是存在的,在《新南社社员录》中,傅尃的名字赫然在列,这似乎已经足够说明问题,即使是提倡"日新又新"的柳亚子本人,也曾对于白话文极不习惯,在新南社创办的社刊上所刊作品未免有粗制滥造之弊。

综观南社之后这三个与陈去病有关系的社团组织,岁寒社虽为陈去病发起,但过程极短,更谈不到正规社团所需要具备的纲领、社章,岁寒社本身更倾向于政治属性,在这三个社团中并不具有代表性。新南社和南社湘集则不同,它们都旗帜鲜明地亮出了各自的文学主张和创社宗旨,且在这两方面二者几乎完全对立,陈去病在同时选择参加新南社雅集与加入南社湘集本身便表现出了他在新旧文学冲撞中

---

① 转引自杨天石、王学庄编著:《南社史长编》,中国人民大学出版社1995年版,第588页。

② 转引自杨天石、王学庄编著:《南社史长编》,中国人民大学出版社1995年版,第588页。

的摇摆。更具有悲剧性的是，陈去病突然之间落入了一个在文化上无所归依的尴尬境地，原本众口一词声讨的民族主义突然之间不再成为舆论焦点所在，思想倾向上一成不变的陈去病在文化选择上顿时显得突兀起来。在思想意识转向飞速的柳亚子心里，陈去病是一个彻底的一民主义者，这种观点他曾经多次表示过，言“陈先生鼓吹民族主义是很激烈的，但他对于民权，比较冷淡。他自然也反对帝制，但他只是反清反袁罢了……倘然孙先生肯做朱洪武，他是会奉命不遑的吧”①，其间尚有调侃之意，而在 1940 年《十一日得小进来书，以陈巢南、高天梅二君遗墨索题，并眷一诗，次韵奉和》中有“巢南得一天梅二，道统三民怅存独”句，自注：“时论谓章太炎先生为一民主义者，巢南似之……余又目巢南代表封建社会”②，更鲜明地表达他对于陈去病的看法。换而言之，陈去病在南社后期包括参加新南社雅集等活动所付出的努力并未得到认可，同时，他又与真正的旧派格格不入，如南社湘集收录遗老作品等行为想必他也并不认同，如周作人所评价：“南社的名士，在现在看去，似乎已是老辈，但与清末诗人，却又生气不相通的。譬如陈佩忍、黄晦闻，未必会同王壬秋、樊樊山往来，这虽是推测，大致总不会错吧”③，这种夹缝中的状态更大程度上是急速变化的时代造成的，而既无法跟上时代步伐，又不愿后退与遗老为伍的陈去病最终呈现出的便是文化取舍上无处安放的惶恐与摇摆。

五、南社之于陈去病的意义

南社对于陈去病的意义并非是一成不变的，他对南社仍有革命者的一份特殊目的，希望南社在重现几复风流的基础上承载更多的实际意义。但当民国建立之后，形势一变再变，脚步有些慌乱的陈去病又急需找寻到文化上的归依与个人情感的寄托，此时已成为历史的南社则再次成为了载体。

首先，精神层面上“姿态”的延续。事实上陈去病这种姿态早在南社之前便已表现出来，1903 年东渡日本归来，陈去病便将目光锁定了遗民群体，他开始着手搜集大量的遗民文献，搜寻明末遗迹进而扩大范围，上溯至宋元之交，搜寻工作细致，断瓦残片亦视若珍宝，更加明显的方式则是悼念、祭奠遗民遗迹的行为，这一方面即使在南社同人中也是首屈一指。1905 年 5 月，高燮游杭，访张煌言墓，其后，陈去病、高旭、刘三、黄节等人陆续前来祭扫，这次祭奠也拉开了陈去病凭吊的序幕。1906 年 6 月，陈去病至浙江，泛舟新安江上，访寻东汉严光祠及宋遗民谢翱西台痛

① 柳无忌编：《南社纪略》，上海人民出版社 1983 年版，第 157 页。

② 转引自启功、袁行霈主编：《缀英集：中央文史研究馆馆员诗选》，线装书局 2008 年版，第 308 页。

③ 周作人：《曼殊与百助》，载《世界日报》副刊，1927 年 5 月 10 日。

哭处，作有《严濑谒子陵祠，登钓台西望谢皋羽痛苦处》："子陵祠下暂停舟，料峭来披五月裘。太息先生一高蹈，遂令千载仰风流。临江可惜西台倒，晞发如逢皋羽游。安得当年竹如意，哀吟凭吊汉春秋！"这首诗作尚是中规中矩的凭吊诗。同年10月24日，他为张煌言作226年周忌，言语中逐渐有了更多的做作成分，随后即是1907年4月凭吊张国维祠，也为南社首次雅集地点的选定奠定了基础。1908年迎来了陈去病凭吊的高峰期，4月他在绍兴祭扫宋高宗、孝宗等六个皇帝陵，《戊申三月十九日有事于宋之高、孝、光、宁、理、度六陵》其三云："艰难王业启京关，悲喜才将顶骨还。未信百年遗恨在，阖宫同殉有煤山。"显然这种凭吊是沿明朝余悲上溯而至宋元，5月9日陈去病致书高旭，邀其与柳亚子到杭州张煌言墓一哭，并兼吊秋瑾，在《寄天梅书》中，陈去病如此描述："四月二十五大纪念，为汉族最惨苦、最伤痛之一日……故特告君及安如，务必来西湖向苍水墓上一哭，以泄吾无穷之悲"，必须承认的是，秋瑾的被害与革命力量遭重挫让陈去病情绪低落，内心悲痛。凭吊古人成为了他情感的宣泄方式，然而在不否认陈去病真实的凭吊心理之余，这种行为本身究竟有几分是真情，几分是姿态令人深思。随后，5月24日（夏历四月二十五日），他与刘三再扫张煌言墓，并哭吊南明永历帝，同时作有《永明皇帝殉国实纪》，如果说他的凭吊诗歌《四月二十五日偕刘三谒苍水张公墓并吊永历帝》中尚有真情所及，在《殉国实纪》中，陈去病便已将现实意义和盘托出，让凭吊行为找到了最合理的用途："洎我高祖、列宗、永明诸皇在天之灵，必阴相佑之，以策成功，而我今国民军政府之进攻云南者，当共见有彩幢羽葆，立云中指麾，而益鼓动震奋以杀贼也必矣"，由此，这种姿态的表现进一步升级。同年8月，陈去病为避祸南下汕头，9月22日泛海登别岛，祭奠南明隆武皇帝，11月至广东新会县厓门，凭吊陆秀夫背负宋少帝投海处。

1908年，他还创作有《八月二十七日的大纪念节》和《今日的纪念》两篇短文，前者直将孔子的生日与八月二十的纪念相提并论："盖孔子生日未必是八月二七日。而八月二十日固别有大纪念节……曰苦难之节也……我中国亡国之大纪念也"，语言极为口号化，且话里话外此"亡国之大纪念"远比孔子生日来得真切与重要。而《今日的纪念》几乎难称其为文，纪念的原因是"固我中国之大文豪、大党魁、大志士陈卧子先生子龙流血之纪念日也，亦即我中国先朝末运之纪念日也"，这种落实在纸面的宣传如同他的数次凭吊行为一样，颇有些用力过猛，反而让人产生了一种不真实的感觉，姿态气息扑面而来。甚至由极小之物也可生发出民族感慨，如同年所作《四月初七日立夏》其二："一杯浊酒且相酬，判醉休谈大九州。但得南方佳果足，朱樱胜似伏羌侯。"自注"予生平酷嗜樱桃，因为朱明当令，允宜食朱"，这种联系同样略显牵强。在 1909 年南社成立之前，陈去病至少有过八次正式的凭吊行为，而这种行为在南社建立之后便再也没有出现，这一点并非巧合，而是陈去病带着这种精神上的姿态走入了南社，将南社视为了延续这种精神的宿主。

陈去病对南社的首倡之功不容抹煞，再现几复风流，追慕民族精神也是他的呼声最高，然而从另一个角度看，我们会发现陈去病做得最为出色的工作仍然是精神层面上的振臂高呼，即使他的《南社诗文词选叙》着眼于文学本身，剔除掉古雅的语言与文学抒情性、真实性这类老生常谈，剩下的核心主张仍然是遗民精神及文学响应时代、为革命服务这种自遗民精神中萃取与衍生出的意义。在南社的发展过程中，陈去病从未像柳亚子、姚鹓雏等人明确提出诗文宗向等纯文学的观点，他只是对于江西诗派与同光体表示出强烈的反对之意，一方面是支持柳亚子，另一方面这种反对应该更多地是源于近代政治立场的不同，他并非没有自己的文学主张，只是南社于他而言，更似是一个表现文学功用性的舞台，与纯文学尚有一定距离，而这种在文学观念上只“破”不“立”的表现，仍然更倾向于一种姿态。

其次，后期个人“笃旧”情怀的寄托。在柳亚子感觉到新文化的气息已扑面而来，南社的改革已势在必行时，陈去病应该也感觉到了一种失落，这种失落源于新旧文化碰撞中，占尽天时地利的新文化几乎不费吹灰之力便占了上风。在民国建立之后，尤其是新文化运动开展以后，陈去病对南社已经没有多少兴趣，维持他偶尔参加雅集的动力来源于他的文人本性，有时则是政治需要，实际上陈去病的失落与南社本身并无干系，然而在后期南社显现出旧式文学社团惰性的一面止步不前进而分化解体时，陈去病再次向之投去了关注的目光。1923 年底编辑最后一集《南社丛刊》，1928 年发起南社二十周年纪念，此时南社对于陈去病已经不再具有任何具体的主张、观念等实际意义，它已经抽象而成了一种符号，成为了陈去病对已逝激情年代追忆的一条途径，如同在新南社与南社湘集中摇摆不定一般，陈去病既无法与新文化完全相合，他的不断进取与努力也让其不愿与抱残守缺的南社湘集合拍，“笃旧”情怀急需找到文化上的栖息之地，南社便义不容辞地扮演了这一角色。

其三，革命事业中的有力工具。南社从筹备直到成立，始终高扬着民族主义的大旗，誓要重现几复风流，然而从未有人对于南社社团的性质提出过明确的界定，发起人大都用力于精神上的感召，由他们倡导所追慕的文学精神与采取雅集的形式，创作大量诗文作品而将其定义为文学社团，又因首次雅集到会 17 人中有 14 人是同盟会会员，且地域分布相对集中，由此得出结论，认为南社是带有地域性的革命文学社团，这种定位貌似在南社成员中是心照不宣的，实则不然，南社的性质和侧重在每个社员的理解中都有偏差，对于南社的定位说法各异，仅从南社三位发起人的认识中便可清楚看到。

高旭是三位中文人气最重的一位，1910 年，周祥骏曾与高旭通信，其中谈到“前谒邓君秋枚，探问本社宗旨……弟意既名‘南学社’，须作讲学机关，非同泛泛文会……”①，这封来信从侧面可见南社的宗旨甚至性质在当时并没有一个确切的指向，由此使人易产生误解。高旭在回信中一口否定了讲学机关的提议，他作出如下解释：“讲学之说，鄙意殊不谓然。何以故？此乃‘南社’，非‘南学社’故。因当时发起宗旨，如是文学结合，庶不遭时忌，否则易惹官吏之干涉。公亦思今为何如世，而所讲之学，有不令人干涉者乎？”②这种否定是因其“易惹官吏之干涉”，承认南社的建立是应革命所需，文学只是一个更加安全的借口，如他后期所言：“因以文字革命为旗帜，而意识不在文字间也”，但高旭的这封回信中同时体现着典型的中国传统文人的结社观念，低调行事，创建社团以图强盛，最终形成一种与当权者相持而不被干涉的局面，对于周祥骏热切期盼讲学机关的出现不以为然，似乎更倾向于打造一个“不遭时忌”的文学社团，体现出他对于南社文学性质的看重，这与其 1909 年 10 月 17 日发表的《南社启》中高呼“国魂”，“欲一洗前代结社之积弊，以作海内文学之导师”的想法是一脉相承的，虽最后的落脚点仍是“挽既倒之狂澜，起坠绪于灰烬”，但倒更像是传统文人以文学干预现实。后期在《周实丹烈士遗集序》中，高旭谈及南社又作如此评说：“盖柳、陈二子，深知乎往时人士，入同盟会者，思想有余，而学问不足，故借南社以为沟通工具”，字里行间透出了传统文人的傲气，将南社仅评价为“沟通工具”，将其视为思想与文学之间搭建的一座桥梁，而这种“工具”的定位似乎又与陈去病用之于实际的工具有所不同，不仅如此，高旭言语间对社员亦评价不高，表现着强烈的独属于文人的自负。从高旭前后对待南社的定位来看，他对于南社总有着文学性和工具性之间的摇摆，很大程度上源于他的个人性格。

柳亚子在后期对于南社性质有过明确表态，“我们发起的南社，是想和中国同盟会做犄角的”③，由此着重强调了南社的革命色彩，陈去病在南社初起之时却未表现个人对其性质的理解，在 1928 年纪念南社成立二十周年所刊发的《虎丘雅集小启》中如此描述：“吾曹当胡清季世，与先总理组织同盟会于江户，戮力革命。又虑国内禁网之繁密，同志之未易纠合也，乃更创南社于吴门，以文字相感召”④，这

① 转引自杨天石、王学庄编著：《南社史长编》，中国人民大学出版社 1995 年版，第 178 页。

② 转引自杨天石、王学庄编著：《南社史长编》，中国人民大学出版社 1995 年版，第 178 页。

③ 柳无忌编：《南社纪略》，上海人民出版社 1983 年版，第 100 页。

④ 转引自杨天石、王学庄编著：《南社史长编》，中国人民大学出版社 1995 年版，第 614 页。

种定义与柳亚子的表态相近，然而陈去病理解的南社实际上远不止“文字感召”那般简单，它具有更强的工具性与可操作性。1911年12月19日，陈去病在自己创办的《大汉报》上刊登《南社临时召集广告》，题头为“发表本社夙愿，庆贺革命成功，讨论进行事宜，组织共和政党”，《广告》则言：“启者，自光复以来，本社之目的已达。惟建国伊始，一切事宜正资讨论，亟应组织共和政党，以策进行”①，这则广告不由让人想到在民国建立之后，陈去病在《越铎日报》上发表致匡社和黄社同人的信，同样言“本社之目的已达”，可见陈去病所组织的众多社团在结社目的的功用性方面有着惊人的相似，而由此则广告可以看到陈去病所理解的南社究竟是何性质，它不仅是一个社团，更是一支可以随时代变化而组织成政党的革命后备军，南社的根本目的仍然逃不出“光复”二字。在南社政治性的侧重上，这种看法在发起人中是最为激进的，然而同时这则广告却也暴露出了陈去病文人政治家的天真。不说南社是以文学性质而著称，即使一个政治社团在大形势发生转变之后要转而组织成政党又谈何容易，南社身上有太多旧式社团的痕迹，且在发起时陈去病等人也着力将其从精神到内容形式都打造成“复社第二”，如今却要这样一个承载着旧式社团精神的团体转而改建组织共和政党，这种跨度和质的改变显然是不可能完成的，更何况南社本身便不是铁板一块，随着名气的增大，鱼目混珠之徒亦不在少数，社员组织复杂，心态各异，南社作为民间自发的、松散的社团组织，本身即缺乏凝聚力，在这种情况下，组织政党显然不切实际。在陈去病的理解中，南社最确切的定义也应为革命事业中的有力工具，由此理解出发，再看到1913年，久已与南社本部“脱节”的陈去病在革命力量被打压的情况下，号召众人于北京畿辅先哲祠举行雅集，对遇刺的宋教仁表示悼念，而于袁世凯却讥讽嘲弄，且在短时间内在北京地区发起数次雅集，便会感到顺理成章，这不过是陈去病利用南社这一工具在更接近权力中心的舞台上所做的又一次努力而已。

六、陈去病之于南社的意义

首先，南社发展前期的主盟者。这种身份应该从南社的酝酿时期便体现出来，陈去病1907年发起的神交社因宗旨、具体形式等方面都与南社十分相近，因此被视为南社先声，1908年于上海酒楼再举文社之提议亦由陈去病主张，在此之后他始终处于社团组织的核心位置，包括1908年为避祸远赴广东，次年又因病住院，南社之事一拖再拖，很明显是在迁就陈去病，也由此更能证明陈去病在南社组织中的

① 转引自杨天石、王学庄编著:《南社史长编》,中国人民大学出版社1995年版,第227页。

主线地位。这种现象的出现有其原因，在清末社团不胜枚举的情况下，想要组织出类拔萃的社团，显然需要一位有社会声望和极富感召力的主盟人，陈去病无疑是最佳的人选。作为一个带有革命激进色彩的文学团体，南社需要盟主兼具革命者的信念与文学上的造诣，陈去病是同盟会和光复会的双料会员，在东渡日本期间结识了众多革命志士，许多人在后期成为了推翻帝制的功臣，且在南社之前陈去病已经组织过秋社、匡社这类更似政治社团的团体，在当时已有一定的社会声望与政治地位，在革命派群体中人脉甚广。在文学上陈去病自然当仁不让，《陆沉丛书》、《五石脂》及所辑遗民作品早已先后问世，此类具有煽动性的革命文学刊物与南社所向往的时代文学特征已极为贴合，更何况这类作品在当时产生了巨大的反响，陈去病作为创作者，达到了宣传目的的同时也提高了自身知名度，再加上他的创办、主笔报刊，创建、协办新学等种种经历，足以使他在当时名声在外，具有振臂一呼的资历和地位，这种全才式的人物成为南社盟主亦在情理之中。高旭的发起者身份在这方面与陈去病有着相似之处，在一定程度上，南社是依靠陈去病等人的声望搭起了雏形，同时借助于雅集的形式扩大知名度，由以陈去病为代表的这类兼跨政治与文学的人物将南社广而告之，最终使南社成员呈几何倍数的增长。应该说，为早期南社的发展打开局面，奠定基调，最终使其步入正轨快速发展，作为南社盟主的陈去病立下了汗马功劳，然而兼具政治活动家与文人气质的陈去病同时也存在着这两种身份的弱点，前者令他过于急功近利，导致结社行为往往有头无尾，后者又使其具有疏散、随意的个性，对社务大而化之的处理方式显然不能使社团长期规律地运转下去，由此南社的盟主地位也逐渐为更有韧性与耐心的柳亚子所取代。

其次，打通地域隔断，扩大社团影响力。在南社褪去了结盟时的激情，显现出文学社团规律性的活动时，陈去病将重心转移到了南社各分社的创建与参与中。1912 年旧历中秋，陈去病应邀参加了湖南社员在长沙发起的首次雅集，在茶话会上，发起人傅尃“谓陈君佩忍为首创南社一人”①，陈去病作为长沙分社的客人，亦在会上发言，“起述南社过去之历史及对于南社未来之希望”②，这种主题已经抛开了文学本身，且颇有些勉励之意。时民国已建，陈去病的着眼点已由之前的推翻转而为新建，南社作为与革命派立场一致的社团，也终于拥有了合法的身份，作为南社首倡者的陈去病将宣传思想以此种方式传播，借自身名望提高了南社影响力。1913 年 4 月 27 日，南社在京社员于北京畿辅先哲祠举行雅集，此次雅集是由高旭

① 转引自杨天石、王学庄编著：《南社史长编》，中国人民大学出版社 1995 年版，第 297 页。
② 转引自杨天石、王学庄编著：《南社史长编》，中国人民大学出版社 1995 年版，第 297 页。

发起，陈去病被公推为主席，而此次开会的目的“一为诸同志握手为欢，一为将来之进行”①，这一点与陈去病在长沙分社雅集上的指向保持一致，然在商定具体的“进行之法”时，除设机关部于北京之外，会议讨论决议从诸多方面齐头并进：“重修《明史》；编《南明史》；征求太平天国之遗史；征求光复以前之殉难者；征集民国时人小像；征求宋钝初先生遗墨；编辑《南社》杂志”②。令人遗憾的是，我们从中几乎看不到“将来之进行”有任何随时代同步发展的痕迹，高旭、陈去病等人走的仍然是一条于回顾中找出路的老路，这似乎也成为了南社在民国之后发展的缩影。6 月 5 日南社本部特发表启事，撇清与北京雅集之人所作决议之关系，称仅为北京交通部事务，但南社在京社员在此之后活动频繁，先后于崇效寺修禊，于陶然亭举行雅集，集会悼念社友宋教仁与陈范，陈去病均有参与。北京雅集对于陈去病有着更为重要的意义，长久以来，南社不仅是反对北庭的标识，同时也与北方的权力中心形成对峙的局面，随着帝制的消亡，革命派也势必会由南至北扩大势力范围，南社此举与其步伐相一致，值袁世凯窃国，革命力量被打压，在北京设机关部想必更多地是出于政治方面的考虑，虽然在主张上并无新意，但这一行为本身却将南社的影响力蔓延至全国，作为一个初起之时地域性特征尤为鲜明的团体，打通南北实数难能可贵。1919 年元旦，陈去病于广州南园召集临时雅集，当时南社社员在粤者很多，但到者很少，陈去病多次拟发起第二次雅集，最终未果。这次雅集的萧条有着多方面的原因，国事的起起落落让社员少了文人的雅兴，更重要的是在当时的形势下，南社仍以一成不变的民族气节为号召，注定会逐渐丧失信徒，也使南社凝聚力荡然无存，尽管陈去病奔走于湖湘、北京、广东等地发起参与雅集更多地是为配合政治活动，且对于一个庞大的社团而言，仅凭陈去病一人之力不可能打通南北、东西之间的地域隔断，南社这种百花齐放的局面的形成是一个群体努力的结果，然而在以自身声望提高南社影响力，在全国范围内奔走相号召的一众南社社员中，陈去病是极有代表性的一位。

其三，精神上的一种象征。如同南社在后期于陈去病已抽象为一种符号，陈去病对南社更多地也是一种精神上的象征，在三位发起人中，柳亚子善随时势而动，高旭则始终与南社保持了一定距离，唯有陈去病的经历与南社发展的抛物线完全吻合，这一点在内在精神上表现的尤为明显。南社起于革命运动风起云涌之时，陈去病以民族主义为切入点，最大程度地聚集起反清力量，帝制的推翻是陈去病和南

① 转引自杨天石、王学庄编著：《南社史长编》，中国人民大学出版社 1995 年版，第 323 页。
② 转引自杨天石、王学庄编著：《南社史长编》，中国人民大学出版社 1995 年版，第 323 页。

社共同的胜利，同样也是他们的顶点，进入民国，民族气节已经丧失了一呼百应的现实功能，陈去病的脚步明显地慌乱起来，此时南社也同样失去了最具凝聚力的精髓，社员分化严重，社内矛盾纷现，其后虽经历一致倒袁，但袁世凯死后南社始终未能统一步伐，而陈去病在这段时间虽积极参与“二次革命”，讨袁护法，但给人的感觉仍是盲从多于理智，进入 20 年代之后，新文化形势的浪潮已成大势所趋，作为文学社团，南社文学观念上的守旧使其与大形势格格不入，被历史所淘汰已终成定局，最终这一曾经轰动一时的近代社团在一片近乎默默无闻之中偃旗息鼓，陈去病在 20 年代连遭政治活动的挫败与孙中山的离世之后，也转而对革命事业看淡，仅存一颗忧国之心，面对南社余绪分化出的若干阵营，他也在努力尝试改变，却最终选择了在文化和思想上非新非旧的坚守，于是定格在了一个时代中。这种密切的关系不仅使得南社成为陈去病追忆往昔的途径，也使陈去病成为了南社精神层面上的一种象征。

实际上，陈去病之于南社的这三方面意义是相通的，最初陈去病便着眼于南社精神的打造，凭借个人声望提高社团知名度，在南社拥有合法地位之后，陈去病更是四处联络，推进了南社以江南地区为中心而向外辐射的进程，努力使南社打破地域局限，获得更大的生机，然而时代的变化使南社的内在精神逐渐丧失说服力，带有太多旧式社团性质的南社无法从文学观念上重获新生，同陈去病无法抛却旧式文人观念一般，最终止步不前，成为了特定时代的产物。

第四节　陈去病社团组织的特点及得失评说

社团组织在近代已经成为了一种社会风潮，从这一角度看，陈去病的结社行为不过是这一风潮的组成部分，他在南社之前的社团组织甚至并无过多可圈可点之处，然而由他参与组织发起的南社却成为了近代社团中的佼佼者，前后社团截然不同的命运既显示出陈去病本人渐趋成熟的结社经验及极富感召力的特点，同时又暴露了他始终存在的问题。陈去病的社团组织基本上都发起于民国建立之前，这一点本身也值得思考，特别需要说明的是陈去病 1923 年发起的岁寒社，由于这一社团活动时间极短，且具有消寒的性质，与旧式文人消遣自娱的社团类似，成员均为南社社员，尤以政要为主，在性质上与南社基本相同，在陈去病所创建的社团组织中不具备典型意义，可将其视为南社余绪中的细小分支，在此不单独纳入讨论范围。而作为素有文名的长者，陈去病对于后辈的提携在社团组织中也表现得最为鲜明，在他所发起的一系列社团中，我们同样可以找到独属于近代的特点，同时探寻近代社团组织发展的经验教训。

首先，反清立场的一成不变。陈去病长久以来被人认定为“一民主义者”，在他身上，民族主义的确是最为显著的一方面，而这点同样体现在陈去病的社团组织中。综观在民国建立之前陈去病所发起的社团，性质各有不同，以黄宗羲“民贵君轻”进而“君为天下之大害”的理论所衍生出的黄社显然尚处于摸索期，神交社是文社性质最为显著的社团，而秋社、匡社则是立意继承秋瑾遗志，更似政治社团，南社则革命、文学性质兼备，这一系列社团的共同之处便在于坚定的民族立场。作为社会活动家，陈去病担任着社会动员的角色，这要求他对于当时形势有着清晰的认识，对时人心理有着准确把握，这是具备感召力的关键。在晚清民族矛盾一触即发的时代，民族主义成为了最好的切入点，它可以最大程度地凝聚反清力量，从而将与政治相结合的革命文学推上高潮，这也是南社规模空前的最重要原因之一。

但民族主义和反清立场在后期却成为了陈去病社团组织的瓶颈，民国建立之后，民族矛盾已不再为世人所关注，而在此之前以民族主义相号召的南社因为核心精神的丧失顿时呈现出一盘散沙的状态，反倒是以继承秋瑾志向为宗旨，兼及民族主义的秋社在民国之后焕发出新的生机，与鲜活的共和功臣相比，重现几复精神似乎太过遥远与抽象，于是以南社为代表的一批从晚清走过来的社团不得不面对或解体或改革的命运，这一点也使得以民族立场为根基的陈去病在民国之后再未发起具有影响力的社团。

其次，政治角色的高调介入。政治性在陈去病所组织的社团中全都占有一席之地，甚至神交社也不例外，作为兼跨政治与文学领域的人物，陈去病游刃有余地在二者之间跳转，他以文学为着眼点，保障政治活动的安全，同时借助政治人物的社会影响力，扩大社团声势，从而打造革命文学社团，取得双赢效果，最典型的事例便是南社。陈去病本身便具有一定的社会声望，更多情况下他像南社政治上的一面旗帜，早年的四处奔走使其在政治领域积累了广泛的人脉，众多政坛重量级人物的加盟均与陈去病的宣传有关，这在很大程度上提高了南社的知名度，而与同盟会千丝万缕的联系则更赋予其浓重的革命色彩。民国之后，社员宋教仁、宁调元先后被害甚至同反对袁世凯专权共同促成了南社成员创作的又一高潮，可以说，南社所走的每一步都与局势、政治紧密相连，再加上南社社员中颇不乏绾兵符者，如李根源、黄克强、姚雨平、陈英士等，这些成员的存在本身便给予了南社政治方面一定的保障，同时明确了南社的社会定位，由此南社在一众社团中脱颖而出也属自然。这一点同样是由时代原因所决定的，倘若南社缺少政治上的有力后盾，单凭文字相号召，其影响力势必会打折扣。

然而在社团的组织中，政治的介入同样是一把双刃剑，一方面由于“政治先行，文艺后动”规则的存在，具有政治性的文学社团极易为政治所牵制甚至掌控，在特定情况下甚至沦为政治的传声筒，这一点与社团对政治的依附性程度成正比，而社员政见上的不同也会牵连社团，加速其瓦解，因此这类政治性的社团更多一重风险；另一方面，政治的介入固然有助于提高社团地位，但社团的声名在外却也给一部分寻找捷径的投机取巧之徒以机会，在混乱的社会背景与不甚严苛的入社标准之下，势必会在客观上造成社友的良莠不齐，这对社团的正常发展同样不利，在陈去病所组织的一众社团中，表现最为典型的仍为南社。

再次，提携后辈的不遗余力。陈去病在同盟会、光复会等革命组织中都称得上元老级人物，在社团发起人中往往年龄居长且政治资历较深，曾介绍柳亚子等人加入同盟会。陈去病在提携后辈方面往往与社团活动有密切关系，社团作为交流思想、切磋文学的平台，也集中体现着陈去病对于后辈思想上的影响，文学中的指导以及实际工作中的支持，其中尤以对宋琳的影响最具有典型意义。

宋琳，字克强，号紫佩，浙江绍兴人，他与陈去病最早是师生关系，1908 年，陈去病赴浙江绍兴任教，时就读于绍兴府中学堂的宋琳“得遇陈佩忍先生，介绍入同盟会，先生为同盟会老会员，故革命之先觉也。屡受其熏育陶冶，而予之民族思想遂大炽”①，受到陈去病革命思想的影响，同年，陈去病联络前大通学堂学生，组织自秋瑾牺牲后呈涣散状态的当地革命力量，结成蓄志排满，匡复中华的匡社，宋琳成为匡社的主力。不久，陈去病因为秋瑾营葬及祭奠问题再次触怒当局，为避祸赴沪，后更远赴汕头，匡社由于灵魂人物的退出被迫解散，然而宋琳却在当地始终从事着革命宣传工作，等待时机。1909 年，南社成立之后，宋琳有感于“时革命思潮，贯注于人人之脑海，而吾越为尤甚。予因征集匡社旧同志，另设越社，遥与南社相呼应，社员以数百计”②，越社于 1911 年春夏间正式成立，周树人、范爱农等人先后加入，陈去病欣然为之作序，从社团影响力的角度肯定了越社和南社的关系，并希望“吾南社将由越而闽而粤，以迄乎南海之南，北海之北，则天下事倘有济乎，抑又南社之庆也”③。1911 年 4 月 17 日，宋琳正式填写入社书加入南社，介绍人为陈去病，陈去病对于宋琳的影响是显而易见的，而宋琳对于社团的态度及立场也同陈去病颇为相似，他在回忆早年间社团组织时，仍将南社与越社相提并论，言“武昌起

① 宋紫佩：《二十年来之回首》，载《鲁迅研究资料》10，天津人民出版社 1982 年版，第 139 页。
② 宋紫佩：《二十年来之回首》，载《鲁迅研究资料》10，天津人民出版社 1982 年版，第 140 页。
③ 张夷主编：《陈去病全集》，上海古籍出版社 2009 年版，第 327 页。

义，主动者多南社巨子……全城警队长官，多越社同志，能为我用"[①]时难以掩饰得意心情，显然关注点仍然停留在社团在聚集革命力量时起到的凝合剂作用，这种偏向应该与其师陈去病的影响不无关系。1912 年 1 月，宋琳与周树人在绍兴创办《越铎日报》，意在为越社打造机关报，宋琳请陈去病主持编辑事宜，适逢陈去病与徐自华因秋瑾葬事及秋社事务赴浙，陈去病承诺在绍兴期间担任主编并主笔，徐自华也答应为《越铎日报》撰稿，对于宋琳革命事业的支持不遗余力。陈去病由于身份原因，缺乏稳定的交游圈子，尤其在辛亥革命的前后十年间，他几乎马不停蹄地四处奔走，或结社或任教或宣传或避祸，这使得他对于后辈的提携行为也通常停留在充当会党的介绍人或短时期内的文学创作指导，而其对宋琳的影响之所以具有典型意义便在于连贯性，从思想上的熏陶到结社上的引领，直至独立创办社团、报刊，而这种连贯应该说得益于社团组织，社团成为平台，让陈去病拥有一种相对稳定的方式阐释思想，提携后辈。

最后，结社行为的有始无终。这种有始无终的特点已经成为近代最显著的标志，体现在社会各个方面。从大方面上看，近代的办报、办学、结社等一系列文化活动轰轰烈烈，成果惊人，然而其中具有长久生命力的可谓凤毛麟角，出现这种局面有着多方面的原因，舆论环境的宽松、多元的文化渗透、迫在眉睫的局势、印刷技术的提升等方面均有利于这种蓬勃的文化场面的出现，而政府的打压、人员的变动、资金的短缺、意见的分歧等等均可成为一众文化事业不复存在的原因。从单纯的社团组织方面看，近代结社再掀高潮，且不限于文社，虽数量庞大却多为昙花一现，故在近代的文化事业中，有始无终成为了极具代表性的一种现象。如同结社行为本身一般，陈去病在社团组织上的虎头蛇尾似乎也只是这一潮流中微不足道的组成部分，然而单论陈去病的结社，我们会发现导致这种情况出现的原因相对单一。

综观陈去病所发起的一众社团便不难发现，社团命运的终结与陈去病本人的性格有着莫大的关系，作为社会活动家与革命宣传者，陈去病的"活动"及"宣传"功力无人能及，他发起的数个社团均是要为宣传担任承载之用，而之后便常弃之不顾，过于急功近利，失去了核心人物和利用价值的社团自然会陷入难以为继的境地。陈去病所发起组织的社团中，时间较长的当属秋社与南社，然而秋社的具体事务实际上是多由徐自华一力支撑，陈去病只负责外围的联络和社团的整体宣传，在他忙于创办匡社、筹划南社之时，有徐自华打理秋社社务，最终使其在民国建立之后重获生机，南社成功的原因则更为复杂，应该说陈去病对南社的精神指引，利用

---

① 宋紫佩：《二十年来之回首》，载《鲁迅研究资料》10，天津人民出版社 1982 年版，第 140 页。

政坛声望扩大南社影响力对一个成员混乱、运转复杂的庞大社团而言只是成功的其中一个方面，社务的处理、社刊的编印出版、社员的管理等诸多陈去病不善打理的方面有柳亚子等人共同分担，于是从这一角度不难理解与南社性质相近的神交社缘何一次雅集之后便销声匿迹，陈去病发起的社团必须拥有性格与之互补的合伙人才可能维持和正常运转下去，且要求合伙人具备一定的能力。匡社的解体是由于宋琳等人结社经验不足，在缺少了陈去病之后尚不具备独当一面的能力，而黄社的发起人之一黄宾虹与陈去病的性格极为相似，甚至在具体行为上比陈去病更为激进，在自家后院私铸钱币以援革命即是一例，这两位发起人注定不会使社团长久运转。

由陈去病社团组织的众多事例中也可得出结论，准备充分、分工明确是社团能够长期发展的基础，南社便具有典型意义，而南社的成功更是由增强凝聚力切入点的正确把握、政坛影响力、社团管理者的耐心细致、资金的充足、新鲜血液的不断补充等多方面原因共同促成的，社务管理的掌控者是分工还是独断则各有利弊，前者因书生散漫之性易形成责任不明，而后者权力的过分集中又容易打压社团的不同声音，南社后期柳亚子因文学取向迥异而驱逐成舍我等人出社即是此类弊端的体现，因此社团的正常运行同样有赖于发展过程中顺应时势的不断调整，以建立起动态中的权力制衡。

社团组织的确是陈去病文化活动中的重要组成部分，然而当下研究者却因南社在近代社团中的地位高、影响广泛而将其视为陈去病一生主要的成就所在，这种看法实际上是因果倒置的，未从当事人的角度出发。在经过一系列社团组织、发起的梳理之后，我们会发现陈去病更多时候是在平均用力，南社于他而言与之前的黄社、秋社等社团并无本质上的区别，只是由于南社的运转时间长，规模大，故而貌似南社花费了陈去病更多的心力，其实在辛亥革命之后，陈去病希望南社按照自己的意愿改建为政党，但南社却难逾自身特点，终以自己文学社团的轨迹发展下去的时候，陈去病对南社便已经没有了多少兴趣。从他所从事的整体的文化活动来看，陈去病分配给社团组织的时间与花费于文献整理、办报建学上的时间也基本相同，陈去病本人并未表现出对于某一方面的明显注重，因此，从陈去病的角度而言，南社的发起不过是他若干文化事业中的一项而已。

第四章　陈去病的诗歌理论与诗歌创作

陈去病一生奔走国事，无暇系统梳理诗歌理论，唯一所作《巢南诗话》，又因为以诗存史的目的性过强，政治色彩太过明显，从而丧失了诗话本性，倒是晚年执教东南大学所作讲义《诗学纲要》中可零星看出其诗歌创作主张。

陈去病的诗歌多创作于旅途中，再加上选取标准的严苛，不善保存等多方面原因，导致作品散佚严重。从现存作品看，陈去病诗歌风格多样，事业上的振臂高呼与个人情绪的穷愁之思占据其诗作内容的大半，而剩下的则是描绘在行者眼中各地迥异的风土人情，其中不乏情致之作。从艺术特色上看，陈去病汲取前人精华，以文法、议论入诗，运用多种表现手法，诗作从整体上呈现苍凉沉郁的风格，由其诗论主张结合具体的诗歌创作，从中可以清楚地看到陈去病对于中国诗歌传统精神内核的承袭，同时在整体风貌上又渗透着传统诗歌创作中特有的忧患意识，而在具体手法的运用方面，陈去病却又受韩愈影响颇多，不论从时代背景，文学自身发展还是二人的经历气质分析，都多有相似，然而陈去病本人政治活动家身份的定位以及与之相关的对于诗歌创作的不够重视，最终导致了其作品良莠不齐局面的出现，并从整体上削弱了陈去病诗歌创作的艺术成就，这一点则是他自身造就的无法逾越的鸿沟。

第一节　陈去病的诗歌理论

陈去病并没有专门的诗歌理论著作，他对于诗歌创作、诗歌评论以及诗歌选择辑录的主张、观点多集中于他为友人所题诗歌选集的序跋及晚年作为教材而撰写的《诗学纲要》中。在陈去病的著作中，有由二十一篇短文构成的《巢南诗话》，然而这部题为“诗话”的作品对于所选诗歌鲜有评价，且入选之作全部为明遗民及相关性质的作品，“以诗存史”的目的极其明显，亦可视为其若干年为搜罗遗民文献呕心沥血的见证，其中零星点评因缺乏系统性及条理性且数量太少，仅可为其诗歌理论主张作为佐证。此点在下文将有详述，因此《巢南诗话》并不能算是陈氏的诗论著作。尽管如此，在对陈去病所著《诗学纲要》及《张西庐吴敬夫唐诗〈岭云集〉序》等序跋中，我们仍然可以对陈去病的诗歌理论作出较为系统的归纳，并由此发现陈去病在诗歌创作等方面的主张中既有旗帜鲜明的推崇之处，同时又在某些方面显现出性格中难得一见的中庸主张与适度原则。

一、保持文学的独立品格及文品与人品的统一

在陈去病的《诗学纲要》序中，谈及为学生们创作诗歌所提的诸条建议，其三曰："不可俯徇人意也。文以载道，诗以言志，非以媚悦也，非供人之役使也。"虽然并没有特别地突出此点主张的重要，然而在其后的诗歌缘起与发展的脉络梳理中，保持文学独立品格这一观点却始终渗透其中。文学不可仰人鼻息，诗歌作为其中最为重要的表现形式，拥有独立品格尤显弥足珍贵，由此便涉及到诗歌的创作者，文学或者具体到诗歌是否拥有独立性，其决定权即掌握在作者手中，因此坚持文品与人品的统一也成为陈去病诗论中至关重要的主张。

陈去病的这一主张显然有着极深的儒家渊源，孔子就曾主张"有德者必有言，有言者不必有德"，其中已可清楚地表达作者品行与作品间的微妙关系。至魏晋南北朝迎来诗学的大发展，在诗歌品评标准方面，萧统的《文选》、刘勰的《文心雕龙·风骨》、钟嵘的《诗品》都着重强调了诗歌评论中对于文品与人品相统一这一问题的重视。部分论者则"各个击破"，首先将矛头对准作家的人品与道德修养，其中最为严厉的莫过于颜之推，他在《颜氏家训·文章》中对历代文人的品行不留情面地加以指责：

> 然而自古文人，多陷轻薄：屈原露才扬己，显暴君过；宋玉体貌容冶，见遇俳优；东方曼倩，滑稽不雅；司马长卿，窃赀无操；王褒过章僮约；扬雄德败美新；李陵降辱夷虏；刘歆反复莽世；傅毅党附权门；班固盗窃父史；赵元叔抗竦过度；冯敬通浮华摈压；马季长佞媚获诮；蔡伯喈同恶受诛；吴质诋忤乡里；曹植悖慢犯法；杜笃乞假无厌；路粹隘狭已甚；陈琳实号麤疏；繁钦性无检格；刘桢屈强输作；王粲率躁见嫌；孔融、祢衡，诞傲致殒；杨修、丁廙，扇动取毙；阮籍无礼败俗；嵇康凌物凶终；傅玄忿斗免官；孙楚矜夸凌上；陆机犯顺履险；潘岳干没取危；颜延年负气摧黜；谢灵运空疏乱纪；王元长凶贼自诒；谢玄晖侮慢见及。凡此诸人，皆其翘秀者，不能悉记，大较如此。

这种一概施以否定，甚至不惜冒天下之大不韪在屈原这类后人心目中道德楷模的人物头上“动刀”的态度是否有失公允尚需商榷，然而强调文人品德的重要性及与作品的密切关系却一目了然。陈去病对于这方面主张的论述，在方式上与颜之推有相似之处，即采用的也是举反例，所谓“黄金百斤，陈皇后何尝复幸；素缣千轴，韩昌黎徒付刘叉。难逃谀墓之讥，终有逐贫之赋，是曰诗佣。”虽然没有颜氏的言辞激烈，却也毫不顾忌。

陈去病所强调的保持文学独立品格及文品与人品的统一，除了体现陈氏根深蒂固的儒家思想之外，也有着积极的现实意义。在《巢南诗话》中，陈去病的诗歌选取准则几乎全部是根据作者的身份而定，而作品所呈现的风格又被陈氏与作者画上了等号，在此“文品与人品高度统一”的标准下，以致诗话中所选择的作品几乎成为了明清遗民“遗诗”集。在对诗歌颇为有限的点评中，陈氏也多纠缠于作者与作品间的关系，如在《邢孟贞》篇中，他对于明末“东湖三子”之一的史玄（弱翁）的《题孟贞象赞》一诗赞不绝口，称所刻画之人物“虽郊寒岛瘦，仿佛于须眉颧颊之间，要非开元以下人物也”，而对于作者史玄，陈去病却做出如下评价：“文笔简净超脱，亦可想见其为人”，类似于此处将创作者与作品呈现出的风格紧密相连的地方在《巢南诗话》中并不鲜见，不得不承认的是，儒家思想中对于诗歌的品鉴标准及历经数朝沉淀下的诗论主张为陈去病提供了良好的展示平台，从而也使陈氏诗论有了别样的意义。

二、推崇诗歌的社会功用性与传统诗教

对传统诗教的沿袭与对于诗歌社会功用性的强调成为构成陈去病诗歌理论的又一重要方面，同样是在《诗学纲要》序中，在提出若干条诗歌创作的建议之后，陈去病做出总结：“总之温柔敦厚，乃诗教之大原；兴观群怨，亦作者所具备。”由此，将“兴观群怨”与“温柔敦厚”作为诗歌的根本提出，这一点与之前谈到的文学独立品格及文品与人品的一致有所关联，但角度不同，诗歌的社会功用性与诗教观着重于作品对于接受者的影响，而并非创作者对于作品面貌与品格高下的决定性作用。陈去病对于诗歌社会功用性的强调实际上与他对其他文学样式的态度是保持高度一致的，综观他所有带有文学批评色彩的作品，不论是《论戏剧之有益》，还是可视为南社思想纲领的《南社诗文词选叙》，陈去病无一不在其中强调文学对于接受者的影响，而对于诗歌功用性的强调不过是其中的组成部分。

对于诗歌社会功用性的认识发源甚早，源头可追溯至《尚书·尧典》中“诗言

志”的提出，甚至有研究者认为：“中国古代文论自从产生之日起，便具有强调文学必须为政治教化服务的品格，这一品格在其后的发展中不断地得到强化，从而形成了古代文论中十分显著的政教功用传统”①。而至孔子的“兴观群怨”说的出现，正式确立了传统诗学中对诗歌功用理论的重视地位。“兴观群怨”四方面关系密切，相互作用，如王夫之所言：“于所兴而可观，其兴也深；于所观而可兴，其观也审；以其群者而怨，怨愈不忘；以其怨者而群，群乃益挚”②。其中“怨”则被赋予了更多的内涵，除了诗歌中可以发泄不满情绪之外，“怨”的尺度和表现方式也成为了中国诗歌美学理论中的一条重要准则，并与“温柔敦厚”的诗教观念遥相辉映。如何做到“怨而不怒”，将尺度把握的恰到好处，同时表现出“直诘易尽，婉道无穷”的绵长意味都与诗歌“温柔敦厚”的教化功能息息相关，后者在一定程度上是对前者的规范与制约，而儒家传统的诗教观念同时也是中国诗歌政教传统的深化与延展。另一元素“观”则更直接地体现出诗歌具有的认知世事、体察得失的功用，至唐白居易发起新乐府运动，将诗歌的功用性发挥到极致，“观”在其中起到了极为重要的作用，白居易在《策林六十九》中对于由“观”兴发的诗歌所具备的“救济人病、裨补时阙”的积极的社会作用有着极为详尽的论述：

大凡人之感于事，则必动于情，然后兴于嗟叹，发于吟咏，而形于歌诗矣。故闻《蓼萧》之诗，则知泽及四海也；闻《华黍》之咏，则知时和岁丰也；闻《北风》之言，则知威虐及人也；闻《硕鼠》之刺，则知重敛于下也；闻“广袖高髻”之谣，则知风俗之奢荡也；闻“谁其获者妇与姑”之言，则知征役之废业也。故国风之盛衰，由斯而见也；王政之得失，由斯而闻也；人情之哀乐，由斯而知也。然后君臣亲览而斟酌焉；政之废者修之，阙者补之；人之忧者乐之，劳者逸之……③

不仅如此，白居易甚至直言新乐府诗是“为君、为臣、为民、为物、为事而作，不为文而作也”(《新乐府序》)，将诗歌的艺术性与功用性完全剥离，走到了一个极致，同时期以韩愈、柳宗元为代表倡导的古文运动与之有着相似的问题，这与处于中唐的时代背景大有关系，安史之乱被视为唐朝乃至整个中国封建王朝由盛而衰的分水岭，白居易等人渴求回到“开元盛世”、“贞观之治”的美好时代，他们甚至将衰败的原因归结于中唐之前思想崇尚过于自由与多元化，由此力倡儒学正统地位的回

① 吴建民：《政教作用文学观的理论传统》，载《忻州师范学院学报》，2003年第一期。

② (清)王夫之：《姜斋诗话笺注》，人民文学出版社1981年版，第4页。

③ 郭绍虞：《中国历代文论选》第二册，上海古籍出版社2001年版，第110页。

归，期待盛世的再次来临，如研究者所言，“他们从儒家的民本思想出发，以唐虞三代的开明政治为最高理想，儒家思想的复兴，便是顺应这种时代的潮流而出现的”①。顾炎武也曾在《日知录》卷十九说：“文之不可绝于天地间者，曰明道也，纪政事也，察民隐也，乐道人之善也。若此者有益于天下，有益于将来，多一篇多一篇之益也”，从中极力强调文学所承担的社会责任，提倡发挥诗歌的社会功用性。

陈去病所处的时代与中唐人的背景有着相似之处，最主要的一点在于都是身处在一个缺乏主流信仰、思想多元化的时代，但陈去病比起白居易直言诗歌“非为文而作”实际上是退了一步，并未走到极端，虽然他也利用儒家理论来试图引领诗歌最大程度地发挥社会影响力，并借助儒家思想的光彩外衣尽力填充全新时代元素，但他仍然同时会顾及到诗歌“温柔敦厚”的教化之功，并将其称为“诗教之大原”。至于落实到实际创作中，陈去病却又充分利用诗歌所产生的影响力和宣传性，众多对于遗民情怀的抒发与对当权者的大肆鞭挞的诗作应运而生，与自己推崇的诗教理论中“诗贵温柔”、“怨而不怒”的宗旨似又有所背离，其间既有社会原因，又不乏个人因素，自是另当别论了。

三、“诗以异为体”与创新精神的倡导

如果说陈去病的前两点诗论主张不过是秉承儒家的诗学观点，撷取符合近代的部分加以整合重新运用，那么“诗以异为体”则是陈去病对于诗本质特征的独到概括。在《张西庐吴敬夫唐诗〈岭云集〉序》一文中，陈去病详尽且有条理地围绕“诗以异为体”展开论述。前面所提及的不论作品与作者的关系，还是诗歌的社会功用，均着眼于诗歌的外围关系及接受影响等方面，此点则将目光投向于诗歌本身。在陈去病看来，诗歌之所以拥有魅力，所谓“诗之情”所在，不外乎“异”，在提出此论点后，陈去病按照诗歌发展的顺序先后列出了四种“不能不异”的情况。

首先，诗至相合而不能不异。这种情况多出现于先秦时期，在《诗经》中表现的尤为突出，其“重迭复沓，循环往复”的结构往往给人吟咏时音律整齐、优美之感。陈去病特别举出《芣苢》为例，全诗只有几字的变动，然而这其中仅存的几字的区别却因“异”而“兴味迥殊”。其次，诗至相拟而不能不异。进入魏晋南北朝时期，名家并出，三曹七子、二陆、二潘、大小谢。文学活动开始兴盛，同时期人在诗歌创作上不免相互借鉴，同时期间经历前后传承，难免产生影响。至唐代，诗歌蔚为大观，初、盛、中、晚名家辈出，并称现象更是屡见不鲜，然而诸人诗歌却风貌各异，各有所

① 张少康：《中国文学理论批评史》(上)，北京大学出版社2005年版，第305页。

长，在借鉴与影响下仍能独具个性，成为这一诗歌鼎盛期的魅力所在。再次，诗出于己而不能不异。这点则集中于讨论同一作者不同时期的创作风格问题，诗人同样有多方面性格，且由于时代的变化，自身境遇的改变，所作诗歌也会有大不同之处，所谓“一人之身，而初终异格；一时之作，而忧乐异感，不自知也”。即使如之前举例时提到的新乐府诗的缔造者白居易，也同时作有大量闲适诗，“绿蚁新醅酒，红泥小火炉”的感觉又与刻画社会底层民众艰难求生的反差何其之大，皆因白居易深受“达则兼济天下，穷则独善其身”的儒家思想影响，而晚年仕途的平顺，心态的调整使他不复当年“为民请命，上达天听”的豪情与抱负，转而崇尚“独善其身”，类似的事例几乎会发生在每位创作者的身上，而一人所作，风情万种又恰是“诗之情”所在。最后，诗不出于己，可以己概之，犹不能不异。这一点则是针对后人选取辑录前朝诗歌方面有感而发，因为这毕竟是为一部唐诗选集作序，因此在选取标准的把握方面也有所涉及，而陈去病所归纳的方法则与前三者没有多大区别，也是“异”。由于同一作者不同时期、不同心态下所作诗歌均有不同，因此对选取者而言，区区几首诗歌远不能代表一位作者的生平创作，如果细致说来，作者的每一首诗作都是绝无仅有的，正因为这种“独”才造就了诗歌的“异”，选取者又该如何取舍？陈去病随即给出了颇有辩证意味的建议：选之者用兼，亦用独，独则不自欺，兼则不欺古人。兼而独，则不为古人所欺，独而兼，则亦不欺今人。由此作为他对诗歌本质特征“异”的最后阐释。

综合以上观点不难看出，陈去病无论谈及诗歌本身的发展历程，还是创作者及选取者的独一无二，在求“异”的背后是对于诗歌创新精神的呼唤，如苏轼所言：“地之美者，同于生物，不同于所生。惟荒瘠斥卤之地，弥望皆黄茅白苇”[①]，诗歌的创新求变才是历经数朝经久不衰的原因所在，这对于近代诗坛的复古摹拟风气也有着极好的警示作用。实际上对于创新的肯定在近代文人的诗论中并不鲜见，同为南社发起人之一的高旭就曾有过如此言论：

> 惟三十年来，则千奇万变，为汉唐后未有之局。世风顿异，人才飙发，用夷变夏，推陈出新。故诗选之作，以三十年为断，亦可见文字之鼓吹，足以旋转世界，发扬国光，其力之大为未有也。窃常谓：诗之奇，莫奇于此三十年；诗之正，莫正于此三十年。[②]

---

① （宋）苏轼：《苏轼集》，山西古籍出版社2007年版，第241页。

② 转引自黄霖：《中国文学批评通史》（近代卷），上海古籍出版社1996年版，第472页。

其间甚至不惜夸大其词，所谓“足以旋转世界，发扬国光”，字里行间所传达出的对于创新之作的肯定更胜于陈去病。而求“异”与创新的观点也鲜明地表现出陈去病对于诗歌艺术表现本质特征的把握，颇具总结意味。

四、诗歌创作主张中的适度原则

陈去病本身也可称之为诗人，因其一生所作颇丰，深厚的儒学功底与大量的创作实践使他对于诗歌的创作颇有心得，然而在他晚年撰写《诗学纲要》，结合实际经历归纳出若干条主张时，我们却发现其中两对主张表现出的是他性格中难得一见的中庸与适度，而极为凑巧的是，这两对主张恰恰对应的便是纷扰百年的唐宋诗之争中最为核心的问题。

第一，诗歌创作与学养。陈去病对这一问题有着极明确的态度，即把握适度原则，而诗歌创作中要避免的两个问题，一为过度挦撦，二为“堕入恶道”，浅白无质。言及前者，陈去病用戏谑口吻：“《渊鉴类函》、《佩文韵府》、《子史精华》、《太平御览》罗列案头，任情渔猎，籍博才子之名，无裨比兴之义。”而后者则将矛头直指诗歌浅白无质的白居易，言“白香山老妪皆解……无非下里之巴音，只堪击瓮而扣缶。空疏者恃为护符，博雅者见而齿冷，徒成调笑之词，不数优俳之作”。换而言之，诗歌创作中所体现出的学养功底应自然熨帖，不着痕迹，同时必须指出的一点是，随处用典，仅为彰显学识与诗歌创作所需的音韵、训诂学等小学知识的了然于胸有着本质的区别，陈去病特别指出作诗“不可昧于小学”，并毫不留情地批评“廉颇、相如，完全平韵；云梦、岁除，须辨仄声。孟襄阳未免粗疏，苏子瞻又嫌孟浪，是曰诗盲”。而就作诗是否需要广为涉猎，汲取前人精髓，陈去病也给予了肯定的答案，他在《诗学纲要》序开篇便对近代世风浇漓、诗学不兴的局面大为不满：

> 口不读三百篇，耳不闻十九首，目不觏两汉、三国、六朝之五七言。源流之不明，嬗变之不悉，师承派别之不了解，而辄嚣嚣然自诩斯文，谬矜风雅。呜呼！以是而言斯文，则斯文安得不扫地；以是而言风雅，则风雅安得不陵替哉！

对于近代社会风气的日益沦丧，表现出担忧与不满的并不止陈去病一人，同为南社成员的胡朴安也曾言：“近年以来，中人以上，不斗牌者十无一人，不阅通俗小说者，百无一人。作诗填词者，千无一人，习经读史者，万无一人，躬行实践，为身心性命之学者，旷世无一人也。”[①]同时对于作诗需要有广博见识，方能胸有权衡这一点，陈去病也是得益于其师诸杏庐。早在丙申年(1896)所作《读竹书纪年》中，陈去病就已经表达过此类观点：“吾闻拘墟者，不可以说诗。能以意逆志，阙义乃可窥”，只有眼界开阔方能“以己意迎受诗人之志而加以钩考”(朱自清《诗言志辨·比兴》)，按照这种理解，唯有见识广博才能理解古人诗作精华，同时成为具备独立见解的前提条件。由此可见，在创作与学养这一问题上，陈去病除了主张二者结合有度，同时也肯定对古典诗歌中精粹部分的学习及诗歌发展源流与师承派别的把握对诗歌创作大有裨益。

第二，诗歌与才情。诗歌是否完全依靠情感驱动，诗中蕴情是否成为最能打动人心的原因？陈去病仍然给出两种极端的事例，既不能为吟咏而吟咏，诗中毫无真情，千人一面，终成“恶诗”，使作者仅沦为“诗匠”，又不能滥情，惟以香艳示人，沦为“诗淫”，诗歌既要表现出温柔敦厚的整体风貌，其中又需有创作者的真挚情感流露。需要指出的是，南社内部唐宋诗之争风波愈演愈烈时，陈去病曾作《寄安如》三章，明确立场，支持倡唐音的柳亚子，粗看上去似乎观点坚决，我们不妨从其诗序中一探究竟：

> 明七子教人不读唐以后书，虽甚激切，然余颇亮其悫直焉。自后世拨西江之死灰而复燃之，由是唐音于以失坠。闽士晚出，其声益噍杀而厉，至于今蜩螗沸羹莫可救止，而国且不国矣！

从中传达出几个信息：第一，明七子“诗必盛唐”在陈去病看来也不免“激切”，他对七子表示肯定的原因在其“悫直”，并未对其比较极端的观点表示完全接受，最重要的一点，近代同光体诗作“其声益噍杀而厉”，直接导致“国且不国”，在此对于崇宋诗派别的批判已经与政治主张相关联，指斥其“文学误国”，在具体诗作中也丝毫未涉及诗歌艺术表现力等方面的主张，反而更似是对政敌的谩骂，如《寄安如》其一“冠履一倒置，中原无是非。豺狼当大道，狐鼠任横飞”。出现这种情况不可一概而论，认定陈去病力倡唐音，诗主重情，《寄安如》三章本身掺杂有过多政治因素的考虑以及社团内部微妙关系的处理，因此更类似于政治立场的选择，而在此之后，陈去病也再未明确表示过他本人的诗歌宗向问题，晚年《诗学纲要》中对才情也持冷静公允态度，由此这次类似于插曲的表态本身已不应划入陈去病的诗歌理论范

---

① 郑逸梅：《南社丛谈》，上海人民出版社 1981 年版，第 225 页。

畴中，特此说明。

唐宋诗风格的最大区别在于唐诗重情，宋诗尚理，后世学者的推崇乃至模拟早已令诗歌本身的风味尽失，“画虎不成反类犬”的作品也越来越多地充斥着诗坛。进入晚清近代时期，唐宋诗的宗向问题又因推崇者政治身份的对立而被赋予过多额外的含义，回归到诗歌创作的本来之路更加艰难。陈去病在诗歌、学养、才情三者关系上的中庸态度体现出的反而是一种相对纯粹的主观意图，这一点是难能可贵的，本身与这部作品创作于陈去病晚年有关，经历数番政治风雨的洗礼，已入暮年的陈去病已在一定程度上褪去了激情，政治观点左右文学取向的现象也大大减少。另外，强调适度原则一个很重要的原因在于《诗学纲要》本身是作教材之用，这要求撰写者必须最大程度地持公允态度。但我们也可以从中发现陈去病身上所发生的改变以及由此体现在作品中的些许不同，如他自己所言：“一人之身，而初终异格……不自知也”(《张西庐吴敬夫唐诗〈岭云集〉序》)。

从以上谈到的陈去病的诗歌理论观点中，我们也可以发现若干特点，其中既有时代原因，也有个人因素，有的同样可以在与陈去病志同道合的时人身上找到，有的却在主张纷繁的时代独树一帜，现从以下几点分析：

首先，在对待诗歌的态度上，内容高于形式。陈去病对于诗歌创作、评论、选取等众多方面的评判标准都体现出这一特点，他几乎未对诗歌的具体表现形式方面有所涉及，受到时代因素的干预，加上他本身便是一位立场鲜明的理论宣传者，对于诗歌功用性的重视以及对诗人与诗作“气节”的推崇自然成为了他诗论中的主旋律。其次，越过门户之见，呼吁传统精神的回归。从陈去病的言论中，可以清楚地感受到他对于儒家诗学传统的向往，不论是重提“兴观群怨”“温柔敦厚”，还是强调文学独立性的保持，都已越过了数千年的门派、师承而直达源头，如此似与其力求“异”与创新精神相悖，实则不然，陈去病是从儒家诗学的传统出发，呼唤的是一种精神的回归，这并不是“复古”，恰是填充全新时代内涵的一条新路。进入 20 世纪以后，以王国维为代表的文学理论家将目光投向西方，借助于西方美学理论来重新审视和架构中国传统诗学，受到王国维的影响，金天翮有《文学上之美术观》，提出“第二美术性”，并强调“文学者之心”，其间所传达出的对于文学本性的认识已经带有了自觉的审美理论性质，南社成员胡怀琛甚至作有《海天诗话》，“可以说是中国第一部眼睛专注海外的诗话”①。另一部分人则将目光回归传统，试图从中挖掘新意，与陈去病观点类似的高旭曾说：

---

① 黄霖：《中国文学批评通史》(近代卷)，上海古籍出版社 1996 年版，第 471 页。

> 诗文贵乎复古，此固不刊之论也。然所谓复古者在乎神似，不在乎形似……今之作者有二弊：其一病在背古，其一病在泥古，要之二者均无当也。苟能深得古人之意境、神髓，虽以至新之词采点缀之亦不为背古，谓之真能复古可也，故诗界革命者乃复古之美称。①

这一理论似也与“创新”矛盾，实际上他也是在着重推崇传统诗学中的精神。相比之下，另一位南社的先锋人物汪精卫便将己意表达的更为明白：

> 诗无所谓新旧，惟其善而已。而所善者，先意境而后其它。意境既善，则进而玩味其格律声色。善者欣赏之，不善者纠绳之。意境不善，则直摈之可也。（《浩歌堂诗钞·序》）

此处的“意境”无非是合于时，有着个人情致与时代气息的体现，它既是“善”的前提和主要标准，同时又远胜于形式，这一段理论与陈去病的主张可谓殊途同归。实际上，不论是金天翮、胡怀琛的“它山之石可以攻玉”，还是高旭、汪精卫的“旧瓶装新酒”，众人的目的皆在于找到一条更符合时代的文学之路。第三，带有总结性质和旁观者视角。这一特点在同时期的许多理论家的观点中都有所体现，走到时代的分岔路口，西方理论的涌入，传统诗学的坚守，这也给了陈去病这些政治风浪中的弄潮儿以全新视角审视、总结中国传统文学，这是他可以跳出门户藩篱，提出具有个人特色主张的另一重要原因，同时在其中陈去病更多地是运用了旁观者的视角，避免观点的偏颇，这一点从他对待诗歌与学养、才情关系的态度中可见一斑。除去上述三方面极为鲜明的特点之外，陈去病的诗论尚存零散、缺乏体系的弊端，从之前论述中不难看出，虽然在部分文章中陈去病可以清楚地表明观点，但囿于作品性质或时代原因，许多观点浅尝辄止，缺乏深入的分析阐释，又不免引为憾事。

第二节　陈去病的诗歌创作

陈去病目前可见的诗歌总数在一千二百首左右，但他的实际创作数量远不止这些，徐蕴华在为陈去病《浩歌堂诗钞》作序时曾言：“通计生平所作，略得三千余

---

① 转引自黄霖：《中国文学批评通史》（近代卷），上海古籍出版社 1996 年版，第 472 页。

首”,但陈去病本人对于琐碎的整理工作显然并不在行,故所作多有散佚,再加上他一生足迹遍布各地,常处于颠沛之中,作品亦多不存,除此之外,陈去病本人对诗作的筛选也极为严苛,“印成后,先生殊弗喜也……汰其繁芜,约数十首”(徐蕴华《浩歌堂诗钞·序》),由此导致其《浩歌堂诗钞》卷一《东江集》创作自1892年至1901年,十年间仅选诗19首,侯鸿鑑曾回忆陈去病1903年东渡日本时,“执卷咿唔,吟写海景,舟行五日,得诗成帙”(《浩歌堂诗钞·序》),如此高产之人,早年作品却多不存,足见其删减力度之大。在陈去病的朋友姚鹓鶵、徐自华、徐蕴华等人的帮助下,方成《浩歌堂诗钞》十卷,创作时间截止至民国十二年癸亥(1923),自1924年至1933年的诗作则由柳亚子旁搜博采,悉心整理成《浩歌堂诗续钞》,共计295首,陈去病的后人则在各类刊物中广为寻觅,复成《浩歌堂诗补钞》,然而据徐蕴华的说法,现存诗歌仍不及其创作总量的半数。尽管如此,从陈去病现存的作品中,已经可以比较完整地总结出其诗歌创作的大致类型与艺术特色,其中既有时代留于其中的痕迹,更多的却是陈去病的独特性格在文学中的折射。

一、陈去病诗歌的分类解析

陈去病的诗歌内容驳杂,由于时代的特殊,中国传统诗歌分类并不足以概括其诗歌创作的大流,相对应的,陈去病的作品似乎也与传统的分类标准有着很大的出入,由此只能按照其作品集中表现的几个方面加以分类解析:

(一)民族主义旗帜下的振臂高呼

这一类型的诗歌在陈去病作品中占有很大比重,综观其一生的政治、文化活动,这类诗作似乎可以视为其主流创作,对于外族入侵、汉种沦亡的大声疾呼成为了最为典型的表现内容,这类内容也成为最能代表陈去病精神追求的部分,如同柳亚子对他的评价:“其奋斗之精神,恢弘之气宇,皆有不可磨灭者在”(《浩歌堂诗钞·序》)。陈去病是自民族主义起家的,他的诗作中相关内容的出现也很早,可以追溯至成于乙未年(1895)的《谒师杏庐谭讌竟日,谨呈两律》其二:

北海血千里,腥风吼石鲸。伤心惟一士,无力事长征。
必有英雄出,全将胡虏平。闭关绝蹄迹,才得罢兵争。

陈去病当时只有二十一岁,血气方刚,对于民族英雄的渴慕与推翻外族的雄心已初见端倪。其后,对于这类思想的表达成为了其诗歌中最为多见的方面,几乎成为了一种常态:“几个江湖健男子,何时投袂振金戈。胡儿可却直须却,莫使机缘空错过”(《癸卯除夕别上海,甲辰元旦宿青浦,越日过澱湖归于家》其三),“辫发胡妆三百载,几曾重睹汉官仪”(《癸卯除夕别上海,甲辰元旦宿青浦,越日过澱湖归于家》其六),“兴亡自古寻常事,只为中原种族悲。辛苦驱除阿骨打,即今依旧混华夷”(《为诸生讲史》其二),“春秋不作小雅废,四夷交侵国凌替。女真遗孽主中华,汉族沦亡至堪涕”(《江上哀》)“冠履一倒置,中原百事非。”(《初夏越中杂诗》其一),“时穷壮士见,世乱腐儒鋭。达识有高怀,无从形迹泥。况当厄运年,胡汉一衰替”(《岁暮杂感》其二),即使是从西方文学作品中也能生发出汉民族独立精神:

专制心雄压万夫,自由平等理全无。依将黄种前途事,岂独伤心在黑奴。

——《题〈黑奴吁天录〉后》

不仅如此,陈去病在若干作品中表明心迹之余,同时加入了勉励时人奋起推翻满清统治的因素:“大义日消亡,斯道益凌轹。所幸此史存,衿缨得窥测。藉明夷夏防,而嗤姚许惑。黾勉励前修,一振云霄翼”(《读郑所南〈心史〉》)。《心史》是南宋末年郑思肖的诗文集,其中满载对于南宋爱国志士的讴歌及对元军暴行、奸臣误国的痛斥,相传其书置一铁匣内,放于井中多年,直至崇祯十一年(1638)方被发现,陈去病将此书的发现视为天意,用宋元遗民的精神鼓舞时人,角度把握精准。再如《为诸生讲史》其四:“而今休痛无家国,不见稽山励胆薪。匹夫匹妇咸与责,楚虽三户可亡秦。”其中心迹更是表露无疑,热血沸腾的文字极具煽动意味。帝制推翻之后,陈去病依旧用这种振臂高呼的方式表达着为数不多的胜利之后的心情:

濡忍三百载,决绝终无由。人心忽思汉,天运复来周。荆楚一振臂,天下皆同仇。遽翻往古局,一洗群伦愁。因缘得来止,豁焉开心眸。青天亦何问,金尊且暂休。芳兰况满前,春意岂清秋。浩歌一采撷,安用哀高邱。

——《偕梦遽醉厂游岳麓,有悼陈天华烈士,还饮赋示同座诸子》

虽然在标题中言明为哭悼诗,然而这首创作于辛亥革命之后的诗歌却毫不掩饰地表现出喜悦和豪迈之情,荆楚之士振臂一呼,天下仁人志士同仇敌忾,朝思暮想的胜利虽然姗姗来迟,却丝毫不能减弱诗人的激情,这无疑是在陈去病的一众诗作中极难见到的昂扬之风,与之类似的只有《凯歌一章叠前韵》:

整尔干戈砺尔矛,挥毫齐赋凯旋歌。长驱铁骑丹心皎,直捣黄龙雪面酡。

一扫纷纷牛马走，奚来滚滚鲫鱼过。青天白日重开朗，汉帜高扬快若何！

在这首创作于1920年的作品中，对于第二次护法战争取得的阶段性胜利，陈去病屡受挫败的压抑情绪得到了极大程度的释放，然而他所感到快慰的依旧是“汉帜高扬”，虽然民族主义已经不再是时代主旋律，陈去病却始终立足于此，因此，将这两首难得一见的凯歌放于民族主义旗帜下并无不妥。

在这一主题的创作中，陈去病运用了多种角度与形式加以表现，如《〈促织吟〉四首寄意》与《络纬吟》，诗作仿照的是《诗经》的四言结构，含蓄有致，意味深长，陈去病不忘在每首作品之后注明作者寓意，如：

促织，促织。管制丝床，一齐着力。秋凉夜长，毋徒将息。织成文章，姿容生色。（作者自注：此言爱国志士当同心戮力，以赴国家之难也。）

——《〈促织吟〉四首寄意》其一

络纬络纬，炎蒸可畏。心忧宗邦，宁嫌词费。赤云烧城，甘霖谁溉。归来归来，相期毋讳。（作者自注：此蕲迷途者之猛醒而速返也。）

——《络纬吟》其三

表现形式比较特别，寓意隐晦，但在特殊时代，如此含蓄的表达显然与摇旗呐喊极不相称，反而易于流通、传播的形式更能满足诗歌社会功用性的表现，对这一点陈去病有着清醒的认识，他在《与竹庄、宪鬯论女学》中言：“女学萌芽魄量低，要须俚俗导其迷。梁园词采邹枚笔，一例推崇待异时。”很显然对于怎样才能最大程度地发挥文学作品的力量，启迪民众，“俚俗”最为重要，不仅对女学，对于宣传类诗歌的有效传播，陈去病亦秉承此原则，于是在他的作品中，乐歌形式不断涌现。

出于启迪民众的主观需要，再加上客观上近代语言的空前解放与外国诗歌风貌的影响，重视俚俗成为资产阶级革命派创作的重要主张之一，同为南社成员的周实便认为“守宗派，讲格律，重声调，日役役于揣摩盗窃之中，乃文章诗歌之奴隶，而少陵所谓小技者也。”(《无尽庵诗话序》)而此时，诗歌在形式方面表现出与音乐结合的趋势，龚喜平首次提出“歌体诗”的名称，这类诗歌的创作者多为革命文学团体成员且具留学背景，以报刊为宣传阵地，诗歌“为鼓吹新学思潮，标榜爱国主义”(《马君武诗稿自序》)而创作，且常与音乐结合，易于演唱与传播。他认为歌体诗“滥觞于维新变法时期，随民主革命的高涨而蔚为大国，其余波波及于‘五四’前后的白话新诗”，是资产阶级民主革命时期诗体解放的最高成就，对于这一部分承上启下的作品地位给予了充分的肯定。①

近代是歌体诗兴起的高峰期，最具有代表性的莫过于李叔同的学堂乐歌，一曲《送别》几乎成为了民国校园文化的代表，然而即便是李叔同，最初的创作也是带有政治色彩的。自鸦片战争之后，国内的尚武思潮便郁郁勃兴，诗人们崇尚铁血精神并将其蕴含于作品之中，李叔同亦为其中代表。他1901年入南洋公学，开始创作《祖国歌》，这不仅是他个人乐歌创作的起点，同时这首作品也带有鲜明的爱国色彩，在1912到1918年任教杭州期间，李叔同的学堂乐歌创作迎来了顶峰期，作品中亦有不少是借助于传统诗词表达忧国情怀，极具悲壮色彩。② 而李叔同本人填词、注有"民国肇造，填此志感"的一首《满江红》更是让我们领略了一代诗僧早年的热血与激情：

皎皎昆仑山顶月，有人长啸，看囊底，宝刀如雪，恩仇多少。双手裂开鼷鼠胆，寸金铸出民权脑。算此生，不负是男儿，头颅好。

荆轲墓，咸阳道，聂政死，尸骸暴。尽大江东去，余情还绕。魂魄化成精卫鸟，血花溅作红心草。看从今，一担好山河，英雄造。

乐歌是将音乐与诗作结合，更有利于传唱与流通，在数种俚俗形式的表达中最富有中国传统特色，而乐歌的创作者通常更注重歌词的创作或选择，音乐在一定程度上成为了传播思想的载体，因此借助于已有曲谱、加以全新歌词的搭配形式在近代屡见不鲜，《送别》就是一例。③

相比于李叔同，陈去病没有相关的音乐造诣，不能选曲配词，但他对于易传唱的乐歌形式极感兴趣，刊于《二十世纪大舞台》第二期的《一望》即可视为代表：

一望龙旗涕泪多，谓他人母奈卿何。国亡屈指无多日，谁唱思陵纪念歌。
一望龙旗涕泪多，国权丧失奈如何。顺民插遍燕都市，庚子前尘骇乍过。
一望龙旗涕泪多，江湖满地振风波。惠州三色今催倒，何处重吟光复歌。
一望龙旗涕泪多，凄凉身世太蹉跎。猛狮独醒曾何补，拼向炉边买醉过。

---

① 本段观点及引用皆出于龚喜平：《近代"歌体诗"初探》，载《西北师院学报》，1985年第三期。

② 这一时期李叔同的乐歌中表达忧国情怀的作品主要有《满江红》、《涉江》、《阮郎归》、《送出师西征》、《秋夕》、《夜归鹿门歌》、《利洲南渡》等数首，详见陈净野：《论李叔同任教杭州时的学堂乐歌创作》，载《嘉兴学院学报》，2006年11月，第130页。

③ 此曲原为美国作曲家John・Pond・Ordway(1824—1880)作词作曲的一首通俗歌曲《Dreaming of Home and Mother》，后由日本明治时期作曲家犬童球溪依曲重新填词为《旅愁》，李叔同即根据《旅愁》再次重新填词成《送别》，流传甚广。

首句相同，语言通俗直白，表意清楚，借助《二十世纪大舞台》作平台，用意更加明确，之后的《吴三桂借清兵歌》则更具典型性：

正月里梅花开来心里呀呜喝喝香，那大明朝气数忽消亡。崇祯皇帝吊杀勒煤山上，个李自成便要坐朝堂。

……

十二月里天气吹来阵阵呀呜喝喝寒，那大明朝从此不相干。满洲鞑子称皇帝，只把我中国的人民当马看。

不需要配乐，仅从文字上便可看出，此诗是借用了典型的民歌小调形式，叙事脉络清楚，将明亡清兴的历史与自身观点融入其中，借助于传唱扩大影响力，构思极为巧妙，但乐歌之俚俗与口号诗之恶俗，距离往往只有一步之遥，片面地追求文字表意的一目了然，也极有可能炮制出粗制滥造的口号诗：

警警警：白祸燃眉鹿走铤。醒醒醒：庞然巨狮匆高枕。奋奋奋：伟大国民莫长病。兴兴兴：舍身救国为牺牲。

虽然这种真正意义上的大声疾呼极富有近代特色，但这种作品只能说是陈去病作为政治家的得力工具，作为诗人的十足败笔。

（二）行者过客笔下的风土人情

作为一名出色的社会活动家，陈去病的足迹丈量了大半个中国，在作品中有相当一部分是创作于旅途之中，陈去病或逃亡，或避祸，或旅行，或慕名，心情的不同也使这类诗作情感各异，然而他作为行者过客的视角始终未曾改变，陈去病在捕捉这类画面时始终有着强烈的猎奇心理，由此在他的笔下也就出现了韵味各有不同的风俗人情画卷。

1903年东渡日本，对于汽车这种新生事物，陈去病便表现出了极大的兴致：

山泉盘屈怒生华，峡洞重重走汽车。不是长房能缩地，竟从幽壑驭龙蛇。

——《自梅田驿乘汽车赴江户道中作》其二

而对于一路所见的日本民居，陈去病在诗歌中对其特色的描绘也把握精准：

纸窗竹屋矮篱笼，朴野浑如太古风。差比江南好风景，鸡栖豚栅乳牛宫。

——《自梅田驿乘汽车赴江户道中作》其三

异域之旅匆匆结束，陈去病于 1906 年赴安徽任教，这一期间是陈去病风景诗创作的集中期，他在香火鼎盛之地频繁礼佛，不忘描绘黄山的自然风貌与自己的亲身经历：

鸡头溢温水，鲁阳涌神泉。吾昔擘洛都，魂梦频缠绵。未既泛沧海，一櫂求神仙。神仙不可遇，圣水时流连。芳香育灵气，温暖犹挟绵。痂疮纵千百，洗濯能立痊。

——《将礼天都，特诣汤池洗祓，还宿紫云庵斋宫二十八韵》

惊涛万壑走鸣雷，一白混茫黯八垓。风雨满山云满麓，孤筇三尺独归来。

——《大风雨自黄山绝顶降至汤泉，浴罢礼佛两首》其一

在他的笔下，温泉带给人身心上的愉悦感受以及沉浸其中的奇思妙想生动而又令人神往，大风雨忽至带给人的却又是十足震撼，场面描绘开阔、壮观，泼墨满纸，别有一番感受。至于遇到当地赛会，便是另一番景象了：

都卢幻术善缘橦，魔舞巴歈乱羽幢。何处好风吹送到，笛声徐撅弋阳腔。

——《十月初四在屯溪，遇豫章人赛会》

这种十足的人间烟火气有时会因静止而呈现出一种别样的美，如陈去病在途经浙江淳安附近的一处茶园时所捕捉到的画面：

茶园地塏爽，烟火足千家。小市疏还密，民风朴未华。
流亡方翕集，博簺竞喧哗。去去朝歌道，吾师墨子车。

——《晚经茶园》

1908 年为避祸，陈去病远赴广东，在洋面上观景别有韵味：

雁荡余支到海横，曙光暄染赭痕清。朝云突兀添秋爽，丽旭曈昽照海明。

白鸟舞风随翅迅，碧波如镜识潮平。回眸更得江郎趣，三两渔舟打浆行。

——《温洲洋》

末联为全诗点缀情致的同时，却也隐隐显露出陈去病对于故乡的不舍。同是以水面为视角进行观察，潮州却是另一番景象：

层台巃嵸立江上，望若鳌背浮东山。方舟绝流一登眺，江山萦回作玉环。榕荔阴中铺画堞，蔚兰天外排烟鬟。长桥横截白银浪，古塔倒浸苍龙湾……

——《中秋旅行纪潮州》

辛亥革命之后，陈去病开始担任越来越多的政治职务，北上的情况时常出现，由此北方的景致也开始出现在陈去病的诗篇中：

天门詄荡荡，海甸莽苍苍。石栈千寻迥，汶流一线长。
风多松愈劲，云拥壑难藏。雷雨中霄发，雄心动八荒。

——《泰山绝顶登封处题壁》

“会当凌绝顶，一览众山小”的感觉呼之欲出，行程匆忙，趵突泉给陈去病留下的印象更似惊鸿一瞥：“白洑旋旋起，明珠颗颗圆。”(《趵突泉一首》)因为心情甚好，有些荒凉的景致也变得饶有趣味：

从容一骑蹴平沙，蔚岃群山夹道遮。岁晚晴云烘笠屐，西风黄叶露槎枒。
漫矜驴背饶诗思，直欲龙堆卜住家。多少刍尼频报喜，防秋应莫动悲笳。

——《北出居庸关》

其中颇多诗人形象的参与，而在明妃冢前，陈去病表达更多的则是对塞外宁静生活的关注，民风淳朴的农家在他的描绘中生动起来：

朔方久归附，版图入中原。穹庐变城郭，寒谷回晴暄。登高一旷望，四野罗乡村。乘兴觅田家，春意阑柴门。呼童拜床下，呼妇洁酒樽。殷勤相劝侑，礼数何其敦。饱饭别君去，残月烘余醺。

——《谒明妃冢》其二

在陈去病看来，这部分作品也许只是行走过程中随口而出的小诗，我们也有理由相信他所删减的作品中此类“无意义之作”占有相当比重，侯鸿鑑言其仅在赴日途中便“得诗成帙”，现存的作品中能看出是在日本期间创作的不过仅剩十余首，然而正是在这种风土人情的描摹作品中，我们能够看出陈去病的诗人本心，或灵动或壮观的自然景致，或喧哗或静谧的人间万象跃然纸上，而从镜头中却也看到了作者的另一面剪影。

(三)时代风雨里的穷愁之思

姚锡钧在对陈去病的诗作特点进行总结时曾言：“君抱尝胆卧薪之志，饱剑炊矛淅之艰，贫无长物，惟看花鸟之亲人；病过春风，恒虑日月之逝我。未免长谣適志，短詠写忧。乃贞松既劲于岁寒，良金益精于大冶……此其诗之以穷胜者。”(《浩歌堂诗钞·序》)“诗穷后工，言愁易好”很早便为前人所推崇，韩愈曾说：“夫和平之音淡薄，而愁思之声要妙；欢愉之词难工，而穷苦之言易好也。是故文章之作，恒发于羁旅草野。”[①]欧阳修则在此观点的基础上进一步生发，从创作者本人的经历着手，探究其与作品风貌、水平之间的关系，指出“世所传诗者，多出于古穷人之辞也。凡士之蕴其所有，而不得施于世者，多喜自放于山巅水涯之外，见虫鱼草木，风云鸟兽之状类，往往探其奇怪，内有忧思感愤之郁积，其兴于怨刺，以道羁臣寡妇之所叹，而写人情之难言，盖愈穷而愈工”[②]，最终得出“非诗之能穷人，殆穷者而后工”的结论。

陈去病身上凝集了太多的负面情感，在诗作中他将其一一呈现，其中有身世之痛：“堕地不见爷，孕腹先已孤。所赖慈母恩，翼卵使之鶵……反哺未及计，哀哉丧其乌”(《脑病复发，百感交集，书示贞壮即送其行》)，“少年何事起悲歌，矫首苍茫泪似梭。身世风前飘弱絮，美人天末隐微波”(《三纪初度，书寄同志，时疡病渐瘳，由沪回居蚬水》其二)；无子之憾：“门衰余骨肉，世乱各飘零。就传怜娇女，亢宗乏壮丁”(《问雁》)；逃亡之恨：“梨花村里叩重门，握手相看泪满痕。故国崎岖多碧血，美人幽抑碎芳魂”(《访安如》)，“匈奴未灭岂为家，菽水乖违计亦差。却曲迷阳歌未已，天涯何处聘朝华”(《初度将及，杂成六截》其五)；多病之身：“难遣近来怀抱恶，病魔纷似乱丝多”(《昼寝杂感》其一)，“盲不忘视跛想步，孰便甘心老此身。我是溺人今已矣，愿他人做自由神”(《昼寝杂感》其五)，“才遣愁魔与病魔，又从沧海策蛟

① 郭绍虞：《中国历代文论选》第二册，上海古籍出版社 2001 年版，第 129 页。

② 欧阳修：《梅圣俞诗集序》，清华大学出版社 2007 年版，第 22 页。

鼍”(《自潮海赴厦门,道中风雨交作》),“相思千里别,悲涕不成歌。日薄鱼鸿少,深秋病渴多”(《七月十四夜,对月有怀》),更多的则是民国未兴之前的屈辱与志向未伸:

中宵忧患未全忘,独对残灯泪两行。书罢罪言三万字,一轮清峭白如霜。

——《冬夜不寐,杂书数万言,仰见月色皎然,辄题两绝》其一

这种由于外族不除,内患不断造成的心焦与情绪低沉之作在陈去病的作品中并不鲜见:“冠履一倒置,宁分华与胡”(《脑病复发,百感交集,书示贞壮即送其行》),“依违徒跼蹐,悲苦总沈冥。为问南来雁,何时返北庭”(《问雁》),“泬寥天气又新秋,弧矢重悬我独愁。多病不堪人事废,壮怀空负海天游。茫茫家国千秋恨,落落浮生几辈休。强起自将明镜照,鬓丝曾否白盈头”(《三纪初度,书寄同志,时疡病渐瘳,由沪回居蚬水》其一)。如果说民国建立之前,陈去病一系列愁苦情绪的作品中更多的是带着对民族重振的渴求与推翻外族的决心,那之后面对共和旗帜下的各自为政、满目疮痍,陈去病在作品中表现更多的是无奈的感喟:“岁尽一杯酒,忧深话更长。鸱鸮憎牖户,家国感沧桑”(《民国四年除夕饮訒公家》)。再如《秋感》:

居闲长自拂吴钩,十载谈兵志未酬。事有难言惟纵酒,身无可托独含愁。

隆中讵令纶巾老,彭泽何堪斗米求。准拟乘云破空去,大风腾啸海天秋。

这首作品创作于1918年,时距离民国建立已有七年之久,现实情况却依旧是国体不兴,政体不明,政客们如跳梁小丑轮番登场,专制、复辟、护法周而复始,这种始料未及的场面让陈去病不免有些意外与失望,然而在末联中透露出的仍然是坚定的斗志,但之后国家的形势进一步失控,再加上陈去病最为认可的精神领袖孙中山的离世,使陈去病对于局势的发展更多的是一片茫然:

群龙无首欲如何,赢得书生两鬓皤。只向空山发长啸,满天苍翠任婆娑。

——《己巳开国纪念,与慧子小淑及寄女林隐游黄龙洞摄影》

对于无休无止的政权、欲望的纷争除了表达满腔悲愤似乎别无他法:

倦抬星眼睇神州，戏逐成连海上游。已分精魂来入梦，恰闻遗事话从头。
苞桑大计曾何及，蛮触纷争可暂休。悲愤满腔谁与写，只将诗思压高秋。

——《卢青海招饮，话总理及伯先英士诸公遗事感赋》

进入晚年，陈去病的相关作品中开始出现消极情绪，其间更多抒发的是老无所用的感慨：

家食甘粗粝，秋来兴若何？举杯绝朋旧，张目见兵戈。
风雨连天阔，饥荒入梦多。老怀长恶劣，空赋五噫歌。

——《家食》

进而索性对二十年来的政局变化、权力纷争只作描绘，不作评价：

辛亥一革命，瞬息踰廿载。南北屡纷纷，几度市朝改。金陵鼎虽定，□林国还在。东隅尽沦丧，赤眉称焕采。大官既附庸，小官并驽骀。

——《失题》

刊于1914年《浙江兵事杂志》上的《新年辞》颇似陈去病为自己作出的一番总结性陈词：

人道新年喜，我以新年悲。志业百无成，老大忙相随。临风怅江梅，揽镜惭须眉。对客强欢谑，逢场聊酣嬉。四顾谁与娱，笑中哭自知。惊心应鸟友，溅泪酬花儿。宵深独坐处，早起无言时。狂歌不可遏，怒啸欲何之。一去二十载，家乡竟如遗。朋徒数百辈，生死忽分离。枯棋剩残局，欲以空拳支。哓哓舌三寸，皇皇笔一枝。经论贮满腹，乃仅糊口资。颀颀七尺躯，匏击将奚为。孟浪悔平生，雕虫矜俗词。潮流浩无际，株守将安宜。誓乘新日月，力抉旧藩篱。诚至剖金石，气作宁虑衰。茫茫精卫海，沙填会有期。视彼愚山公，终须自我移。体魄脱有变，精神永弗隳。愿我同舟人，诵此新年辞。

其中传达出的消极情绪与自我否定可以说在陈去病的一众作品中达到了峰值。实际上陈去病所遭遇到的家世之痛，身体多病，国势衰微等种种经历都促成了陈去病此类作品风格的形成，再加上他敏感的诗人情怀，共同构成了陈去病诗歌清冷、苍凉、沉郁的整体风貌。在诗作中，陈去病也常常营造出一种无所归依、天涯飘零的氛围：

抽刀断愁愁不断，岁莫崎岖且放歌。琴剑飘蕭千里别，江湖涕泪一身多。
风波险恶应如此，交际沦亡奈尔何。毕竟吾侪当厄运，山林朝市总蹉跎。

——《归家杂感》其一

由于这部分穷愁之思的作品更多地表达着个人情怀，有更加鲜明的独属性，因此也是陈去病的友人们在提及其诗作风格时最为关注的一类，汪精卫言："其所为诗，志趣贞洁，而情感浓挚，沉着痛快处，往往突过古人"(《浩歌堂诗钞·序》)。这一评价并非言过其实，陈去病诗作很鲜明的特点之一便在于情感真挚、浓烈，然而过分的抒写愁思情怀会出现颓丧之气，这一点也无须讳言，对此，陈去病本人也有着清楚的认识，评价自己诗歌时非常中肯："诗本极颓丧，兼滑稽太甚，大类优俳"(《与周迦陵书》)。他有部分诗作也的确呈现出颓废气息，如《晚步河西桥》其一：

日落孤亭冷石桥，白杨风动景萧条。寒泉咽石流还涩，独鸟穿云意未消。
荒冢荆榛枯衲杳，秋山黄叶女郎樵。惊心岁晚人将老，几度思归望客桡。

前三联写景，所有意象的选择与组合都充溢着萧条、孤冷气息，末句中人的参与只是为诗作再着一笔冷色，全诗读罢太过消极，类似这种负面情绪过剩的作品在陈去病的诗歌中时常可见，除去自身的原因，促成陈去病此类作品出现的最重要因素依然是时代，如同陈去病在《东江集》旧跋中说到的："顾近十年来，遭逢轗轲，心志恻伤。虽有所作，大抵欢愉之词寡，而穷愁之思切"，可以说是时代决定了陈去病的诗歌风貌，这一点是毋庸置疑的。另外，个人看问题的角度不同直接导致了诗风的差异，陈去病作品中鲜见斗志高昂之作，由此也可看出陈去病的个人性格。

特别值得一提的是，有研究者指出陈去病受到白居易诗歌理论的影响，将其直面社会、奋发进取之作划为"讽喻诗"，有消极情绪之作则归为"闲适诗"，此说法值得商榷。我们不否认陈去病的作品，尤其是晚年所作作品中的确有一些片面表现消极情绪，但这是陈去病个人性格使然，实际上他很少可以真正"看得开"、"放得下"，之前对于陈去病晚年，因有范烟桥言其"想皈依佛子，写信给我，意称'衲子'

了”①，便有陈去病晚年皈依佛门一说，而张夷《陈去病年谱》中就此事却给出了截然不同的解释，言陈去病实际上是舍不得家中儿女，尤其是两个幼子，因此在苏州报恩寺听经不满两月就匆匆返回了同里。陈去病在对待事业和生活中所遭遇的坎坷时所表现出的韧性与坚持使我们更易于理解后者的说法，而在诗作中，与消极情绪相伴生的却往往也是一颗忧国忧民的赤诚之心：

> 吞声弗能已，起舞空徘徊。秉钧者谁子？觍颜犹登台。
> 脂膏日以尽，民命日以摧。草野何萧条？豆麦穷根荄。
>
> ——《雷雨不寐，枕上有作》其二

因此陈去病的诗作中即使有消极颓丧因素存在，他也从未“独善其身”，而将这类诗作划入“闲适诗”之列也似有不妥。

二、陈去病诗歌的艺术特色

前文在论及诗歌理论时已谈到，陈去病在诗歌宗向上并没有过明确表示，然而在他的诗作中我们仍然不难发现其对于前人作品艺术手法的有益借鉴，其中尤以韩愈最为突出，陈去病在《与宗素、济扶两女士论文》其三中曾言：“文从字顺词由己，兹语吾师韩退之”，表达过自己的文学观，而他对于韩愈的推崇不仅停留于作品的“文从字顺”，在他的诗作，尤其是古体诗中，以散文笔法入诗的情况大量存在，另外，意象的组合与大胆运用，想象的新奇险怪等诸多方面也能从中看到韩愈的影响。与此同时，陈去病更为推崇的却是诗歌创作的自由态度与气节精髓，所谓“未成格调岂成章，刻意规橅意便伤。上九天而入九地，都应荡气与回肠。”（《与宗素、济扶两女士论文》其二）因此他的诗歌风格多样，但其中又绝少“无意义之作”，暗指的运用也成为了陈去病诗歌的特色之一，现从几方面加以论述：

（一）以文为诗与说理成分的增加

在陈去病的古体诗中，运用散文手法进行创作的现象大量存在，这种创作手法自是借鉴于前人，“以文为诗”的杰出代表自然首推韩愈，他开创性地以先秦两汉古文笔法和形式进行诗歌创作，在形式上，将散文的句法章法引入诗歌创作，并运用散文行文的布局谋篇，有意打破诗歌音韵和谐、句式整齐等既定规范，独创一格，在这其中固然是由于需要配合“古文运动”的宗旨，但以文为诗的创作方法对于后世，

---

① 转引自张夷主编：《陈去病全集》，上海古籍出版社 2009 年版，第 383 页。

尤其是宋诗风格派别多样化起到了至关重要的作用。实际上对于韩愈的这种创新,后世始终存在争议,江西诗派主将陈师道就曾在《后山居士诗话》中言:"退之以文为诗,子瞻以诗为词……虽极天下之工,要非本色。"但近代学者陈寅恪观点却正好与之相反,认为"退之以文为诗,诚是确论,然此为退之文学上之成功"①,原因在于韩愈诗歌"词旨声韵,无不谐当,既有诗之优美,复具文之流畅,韵散同体,诗文合一,不仅空前,恐亦绝后"②。陈去病的古体诗中以散文笔法创作的诗篇不在少数,与前人有所不同的是,其中有相当一部分语言更为浅近,绝少雕琢,柳亚子对其诗歌做出如此评价:"先生之诗,去华反朴,屏绝雕镵"(《浩歌堂诗钞·序》)。如《题明孝陵图》的前半部分:

> 燕云一夕悲笳多,匹夫濠上挥金戈。怒捉胡儿大声唾,咄尔胡兮久居汉土将云何。尔胡自有尔腥膻之旧俗,尔胡自有氈毳之行窝。尔独舍此而南下,久居汉土将云何。尔何不闻我汉自有轩羲之种族,蔓延纠结如藤萝。尔胡不闻我彊我理自有完全之制度,秩如棋布如星罗。以我汉兮治汉土,其成团体如盘涡。初非劳尔为我而操柯,初非赖尔为我而梳爬。尔独舍尔之沙漠,久居汉土将云何。

其中完全是散文式的行文手法,不局限于诗歌的字数、叶韵等硬式要求,打破既定格式,使诗歌结构更为松散,打造全新效果,这首作品最大的特点在于下笔角度的新颖和叙述人称的转变,其中创造性地加入第二人称称谓,在表现手法上属于不太常见的"呼告",即在行文中直呼文中的人或物的一种修辞手法,对不在眼前的人或物直接呼唤并与之讲话,此处是呼人。呼告手法的运用对于外族入侵者形成指斥的效果,语言浅白有质,增强了断喝式的力度感,运用排比的句式层层递进,运用反复手法增强语气,形成语言上的强大气势,为全诗增色不少,而这一部分采用的完全是文章写作时的表现手法和句式特点,成为陈去病以文为诗,同时具备陈氏语言浅近特点的典型代表。

陈去病以文为诗的另一方面表现则在于铺叙手法的大量运用,铺叙作为一种表现手法,因囿于诗歌的篇幅和音律,因此较少出现,而多应用于赋和散文创作中,陈去病的古体诗中却大量存在运用铺叙手法的现象,甚至通篇铺叙,如对于明末抗

---

① 陈寅恪:《金明馆丛稿初编》,上海古籍出版社 1980 年版,第 294 页。
② 陈寅恪:《金明馆丛稿初编》,上海古籍出版社 1980 年版,第 295 页。

清义军首领金声生平的描写：

> 中朝昔丧乱，胡运方披猖。八闽建行在，真主坐明堂。爰有沈毅士，拜表进箩筐。帝心见其诚，下敕亟褒扬。超擢授虎符，俾之守巖疆。公也激主知，受命勤励勷。任事不逾月，望风皆来王。进收旁郡县，威风益飞扬。指日奏大捷，破竹出荆襄。公有齐年生，故御史氏黄。值此抢攘际，突然归故乡。道以援师来，衣冠殊煌煌。相见复何疑，开门奉壶浆。天道已反覆，人心都变常。嗟嗟故黄生，不若一江郎。竟卖其友去，纳土逆豺狼。可怜烈烈士，骈首见巫阳。
>
> ——《还古书院有怀金文毅公》

这完全是用诗歌形式创作的人物传记，将明末国势衰微，主人公金声抗击清军，势如破竹，直至为奸细出卖的过程做了忠实记录，而这种铺叙手法的运用也出现在景色描写中：

> 放舟新安江，揽尽好山水。三百六十滩，滩滩历险巇。有时泻长流，如将达千里。忽焉突一滩，奔流遽停滞。转舵复回航，将行辄中止。偶或触暗礁，岌岌不可恃。众夫尽喧豗，长年共惊悸。跳身投江心，齐声力撑曳。譬如分水犀，驮舟下江澨。最险梅花滩，巨石猝然起。或卧如伏牛，或逞如狂兕。或森如槎枒，或平如周砥。一一各殊形，累累互蹲峙。是为歙之门，其水益加驶。过此为严州，江括水平矣。
>
> ——《放舟新安江，夜泊濑水有作》

将放眼江面，尽收眼底的奇险景象以铺叙手法娓娓道来，其中有人物的参与，有广角描写，有对于梅花滩的重点描绘，完全是行文笔法，详略得当，条理清晰，画面感强。

除了以文为诗，在陈去病的诗歌中，说理成分也占了相当比重。以理入诗的传统可谓源远流长，在《诗经》中便可见到议论说理成分的出现，而如何才能将“理”巧妙地融入诗歌，使之成为诗作富有情致的一部分，而不是沦为教条说理的简单工具令人生厌，前人也多有论及。刘熙载就曾就《诗经》中说理成分的出现有过见解：

“诗或寓义于情而义愈至，或寓情于景而情愈深，此亦《三百五篇》之遗意也”[①]，这一观点对于《诗经》中以理入诗的作品持肯定态度，而沈德潜对于诗作中议论说理成分的添加也专门有过评点：“人谓诗主性情，不主议论，似也，而亦不尽然。试思二雅中，何处无议论？老杜古诗中，《奉先》、《咏怀》、《北征》、《八哀》诸作，近体中《蜀相》、《咏怀》、《诸葛》诸作，纯乎议论。但议论须带情韵以行……”[②]二人共同的主张在于说理成分的加入并不会使诗歌丧失韵味，相反，议论中带有情致反而会有利于诗歌情感的表达与深化。这一传统在杜甫、韩愈等一众唐代大家作品中都得到了很好的继承与发展，进入北宋，欧阳修与苏轼的作品中依然有说理成分的存在且比重有所提升，尽管如此，他们的作品仍能保持富有情致且寓含深意，其后尚理作为一种传统与习惯进入文人的创作视野，并与学养的强调相结合，诗作的天平开始无原则地向说理一方倾斜，最终导致了“理胜于辞”这一学究式创作现象的出现，诗歌作为一种审美性质的文学样式，最终情韵全无，陷入枯燥说教的尴尬境地，这种极端情况的出现也使后人对于“以理入诗”保持着谨慎的态度。

陈去病诗歌中的说理与上述谈到的若干种情况略有不同，在此类作品中，我们既看不到说教的目的，同时也并非为深化诗歌的表“情”功能，而是更具备现实目的性，这自然也是决定于近代特殊的社会环境，而作品中说理的成分所占比例也并不相同。比如在曲阜一行中所作《陋巷》，陈去病在追忆前贤之后发出感慨：

> 所嗟末俗敝，淫葩允城闉。昔也弦歌地，今藏莺花春。东鲁尚如此，奚况天下民。（作者自注：逆旅主人酷嗜雅片，故及之。）

昔日圣贤路，而今已成此状，作为道德表率的齐鲁之地也已沦丧至此，陈去病的感慨不由更加沉痛，而在日本期间创作的《东京雨后寓楼倚望》则将自己的观点表达得更为完整与透彻：

> 大凡物腐败，则必多弃遗。譬如室朽坏，必拆而更治。何者当改革，何者须迁移。钜者或锯之，细者或厘之。其尤无用之，拉杂摧烧之。循是一变置，辉煌乃合宜。弗然此窳陋，得不贻人嗤。人嗤亦尤可，自解将何词。顾当更动始，论诸或我非。谓勿如旧贯，何好纷纷为。彼其怯弱者，中道常乖离。而维

① （清）刘熙载：《艺概》卷二《诗概》，上海古籍出版社1978年版。
② （清）沈德潜：《原诗·一瓢诗话·说诗晬语》，人民文学出版社1979年版。

沉毅士，往往深图维。天人消息间，默察微乎微。苟其当而已，断然奚畏讥。亦如此垢壤，黄沙纷康馗。行者苦足污，观者憎目迷。假令日扰扰，胡可长居兹。必也此扫荡，皇路乃清夷。跫然听屐声，不憾知音稀。

在经历了一场天崩地裂，夹杂狂风骤雨的地震之后，陈去病在看到“世界恍新沐，光明如琉璃，众绿既沾润，葱翠多风姿。哦哦金碧楼，明净尤增奇。仰视青天上，白云横空飞”的景象之后，联想到清末国事窳败，由眼前情景生发开去，感慨“破旧立新”的必要性，将奄奄一息的政权喻为朽坏的房屋，必拆之方能有全新的改变，并围绕“大凡物腐败，则必多弃遗”为中心论点，完整且层层深入地进行论证，最终将目的和盘托出：扫除外族，富强国家。在这两首作品中，除说理之外，尚有描写对象的存在，而《出塞望蒙古》其二则干脆通篇说理：

平生有奇策，悉开诸边屯。繁盛为郡县，旷土移流民。耕农兼畜牧，富庶期先臻。间乃列横舍，文化推无垠。非徒鹜觐译，将使明彝伦。庶知天汉威，努力倾葵忱。誓词戴中国，弗复私强邻。谋忠地位微，耿耿谁与陈。发箧仍自缄，抚髀徒悲呻。

这首作品的创作时间距离民国建立不久，此时陈去病正以主人翁的态度为新国家献计献策，全诗读罢极似他所创作的一系列关注边疆治理、开发、移民等内容的政论文，作品中也提到了边疆采用农耕与畜牧业相结合的农业方式，大力推广文化传播事业，开发地方资源等种种问题，这类作品不过是套用了诗歌的形式，除去崭新的时代内容，在形式上也借鉴了传统政治诗中“以诗为谏”的言说方式，使整首诗表现出强烈的谏言性质，虽然不是说教，却也已经谈不上有何诗歌韵味的存在了。

实际按照严格意义上来说，以理入诗包含在以文为诗的范畴之中，因为以散文笔法创作诗歌，在广义上意味着可以如同行文般在诗歌中抒写情怀，发表议论，所以在陈去病的作品中，也常可发现二者相伴而生的情况，如《自歙州入山中投止下洽，三十韵》：

山行百变幻，阴晴良难期。自初过西溪，微雨来丝丝。忽焉风飘扬，黑云纷迷离。阵雨遽翕集，滂沱复淋漓。呼御力疾趋，道路多逶迤。方恨天嫉人，阻我名山迟。颇思返南辕，一室甘囚羁。何图雨迅止，白云满山陂。潺潺瀑布声，宛转穿林涯。径过潜村口，光景真神奇。高峰暗四周，烂焉耀阳曦。乘隙一漏光，阴云随蔽之。行行历阳干，略彴殊平夷。云是黄山口，万峰益参差。卅里达下治，晚云纷低垂。前程尚修阻，仆夫良勤疲。停舆急投止，卑躬入茅茨。户牖虽不完，地位差相宜。既瞻山色好，复听鸣泉驰。入夜蛙黾喧，无分畛与畦。悬知夏令新，耰锄将频施。山农苦田少，陂陀皆垦治。陡上若梯级，劳瘁良嗟唏。非如吾吴民，醉饱徒酣嬉。膏腴任废弃，良莠凭荣滋。卒令官裹去，脊背供鞭笞。当时亦懊侬，转瞬终猖披。安得挈之来，俾识胼与胝。庶革顽惰风，努力还皇羲。我当返乡国，长与山中辞。

作品前半部分花费大量笔墨铺排描绘景色，且观察角度随作者的足迹而不断变化，与游记的创作视角相类似，以文为诗的痕迹十分明显，而自“山农苦田少”至诗尾则全是议论成分，对于当地底层百姓艰难求生的同情，对于吴地风气的反思以及二者间的对比均呈现其中，此类将议论说理成分与散文创作手法融合的作品在陈去病的诗歌中数量不少，而以文为诗与说理成分的添加也成为陈去病诗作的一大艺术特色。

（二）风格多样与暗指的大量运用

陈去病诗歌呈现出的主体风格是苍凉沉郁，这种诗歌面貌的出现与诗人所处的时代大背景及本人性格都息息相关，这种风格在之前解析其内容时，反映“穷愁之思”的部分大都具备此种特点，如《寒夜山中读史弱翁遗诗及徐腘庵哀悼之作》：

乱离贫病兼无子，自古才人感慨多。生奈故交俱殉节，死非速朽待如何。
京华梦醒空怀旧，沧海波深枉榷鹾。惭愧后生披剩集，悽其风雨满山河。

对于遗民志士的哀叹与感慨一起涌上心头，面对满目疮痍，不由感情愈发深切真挚。再如《喜得海外书却寄》：

故人南海寄书来，血泪模糊着手哀。卷地风沙连朔漠，滔天洪水汩芦灰。
神州已绝挥戈望，圆峤空思复楚才。那得相逢叙悲愤，吹笳齐上帝轩台。

当时陈去病因结社一事触怒朝廷，为避祸不得已奔赴安徽，低落的情绪与漂泊在外无所归依的感觉注入诗作，意境亦显得尤为苍凉，即使主观人物情绪的参与较少，陈去病的笔下也常出现此类风格的作品：

孤城斗大亚山腰，入暮鱼更荡丽谯。草薙欲完峰种种，月明无语影萧萧。
琴樽冷落风流尽，湖海苍茫感慨遥。闻道西江方战伐，极天烽火映山椒。

——《晚步河西桥》其二

时代风云在陈去病这样一位政治活动家的生命中留下了太多痕迹，几乎每首作品背后都有政治事件的发生，甚至是由政事推动诗歌的创作，而陈去疾的情绪也完全跟随政治信仰的走向时起时落，因此即使如同《晚步河西桥》这类以写景为主的作品中，也不可能完全杜绝作者主观情感的渗透，可以说在陈去病的笔下从未出现过“无我之境”，相反，由“我”的情绪带动诗歌情感走向的作品比比皆是，此即是一例，陈去病当时身在安徽，但闻听萍乡有革命军起事，所在地歙城也加强了防守，故有“闻道西江方战伐，极天烽火映山椒”的出现。

为国事奔走之余，陈去病也有着文人对于闲适生活的向往与描绘，这使得他的作品中有一部分小诗呈现出散淡有情致的特点，别有一番韵味。如《欲上香炉峰不果》：

昨日方夸腰脚健，黄山白岳两登高。如何眼对孤岑秀，若被风吹隔海遥。
差喜天梯强半陟，未妨腊屐待重遭。临崕不忍空归去，长啸松林气倍豪。

全诗以通俗见长，却形象地勾勒出作者胸怀壮志，豪情满腹，夸下海口孰料登山却颇为艰难的一幅图景，略带尴尬又充满喜感，颇有情趣。再如《唐庄》：

六桥烟柳烂如霞，绿螘春浓买酒家。正是难逢三月节，怎生迟汝七香车。
行行陌上今休缓，去去湖边日欲斜。为报唐庄好消息，碧桃犹有未开花。

满纸难掩一派春意盎然，意象选用温馨饱满，顿感恬淡美好。心情愉悦时即使送别也未见得有几分伤感：

谁家水杨柳，秋末尚青青。倒影自娟媚，临风亦娉婷。
离人怀远道，小饮过旗亭。向晚扬舲去，萦情入杳冥。

——《梨花里留别亚子》

将杨柳写的妖娆又富于人情，老友的相送显得尤为平静与动人，与柳亚子小聚往往是陈去病情绪最为放松的时候，而此类作品也常出现于此时：

> 皓月晃中流，妖雾四野收。江村连树远，湖水极天浮。
> 星淡犹横汉，梁低不礙舟。故人知近在，一宿许相投。
>
> ——《过柳弃疾家夜话》

对于夜色的描绘大气开阔，全诗读来富有情韵。在陈去病的绝句中，此类散淡之风时常显现：

> 小桥流水送孤蓬，负手闲看理钓筒。晴日散空天正午，一弯残柳独摇风。
>
> ——《胥江即目》

读罢不由让人感慨一日闲情的珍贵与难得。而进入晚年，对于国事的兴致日减，也让陈去病多了一份平和的心态和恬静的心情，创作于1929年秋的《绿杨村小憩》即是代表：

> 绿杨城郭绿杨村，一水回环绿到门。渺渺蒹葭秋未半，疏疏梧竹暑无痕。
> 庭闲只觉幽兰秀，山静何来鸟雀喧。一笑莫嫌西子瘦，扁舟重与细温存。

诗歌描写入秋不久的村郭景致，语言灵巧温和，宛如淡妆浓抹的风景令人神往，更得江南风韵，颇具陈去病家乡之风。

在一众散淡之风的作品之中，有一类值得单独一提，陈去病虽然有着明确的政治信仰，但佛教对于他有着极大的影响，他在旅行甚至逃亡途中亦不忘礼佛，礼佛与凭吊遗迹是他身处异地最常做的两件事，他似乎试图从礼佛中找到平静心灵的方式，在生命的最后时光中仍然选择去苏州报恩寺听经两月即是明证。参佛悟道对于陈去病胆汁质、易于冲动的性格有着调节与缓解的作用，对他极为有益，而在礼佛过程中，陈去病也留有不少相关诗作，展示着其散淡诗风的另一面，如《再游如意寺》：

> 林峦翠欲滴，孤云白仍封。喜逢时序暄，赤日悬当中。散炎入幽麓，襟怀澹空蒙。时闻鸟雀喧，杂之以流潨。快意不觉晚，登顿常从容。焚修本吾愿，

奈何随征蓬。终然祝玄发，皈依梵王宫。

在淡然空寂的意境之外别有玄思，再如《大风雨自黄山绝顶降至汤泉，浴罢礼佛两首》其二：

径入灵泉重祓除，明心见性入玄虚。休云道力通三昧，若问尘襟便已无。

《古城巌下观鱼》：

鱼乐非鱼那得知，知鱼真觉解人颐。静观物化通神契，妙澈玄微息妄思。
一角楼台澄止水，无弦琴韵隐灵机。香温茶熟何言说，咀嚼纯阳壁上诗。

其中别有深意，清淡而充满韵致。

陈去病的诗作风格多样，除此之外，极重要的一点特色在于暗指的大量运用，"暗指"作为一种表现手法，从严格意义上讲是象征的一种，二者同是以具体的客观描绘现实比它自身更为丰富的内涵，力求使潜在意义远远丰富过字面意义。但在陈去病的作品中，二者有所区别，陈去病在作品中采用暗指往往只在诗末，占整个篇幅的一小部分，形式基本相同，且基于时代因素和政治立场，暗指的意象与含义基本确定，暗指的隐晦程度并不高，而同时使用暗指的作品数量庞大，一方面基于陈去病本人的政治角色，更重要的则在于他对于自己诗歌的筛选标准，大量删除所谓"无意义之作"，使此类作品更加地抢眼与突出。与此同时，陈去病又专门地作有象征诗，通篇使用象征手法，表现含蓄隐晦，与单纯的暗指风貌上有极大的不同，为将二者进行区分细化，特将暗指单独提出放入风格特色部分，而在下文表现手法运用的分析时，着重探究陈去病的政治象征诗，特在此说明。实际上，暗指的运用与陈去病诗歌的风格也有关系，几组暗指意象通常会出现在与之风格相符的作品中，如"南、北"意象常出现于颇具情致的绘景小诗中，而"胡、汉"意象的出现则常与沉重苍凉的诗境相伴，在之后的分类解读中，这一规律清晰可见。

陈去病在年轻时便将关注的目光投向国事，在二十五岁时作有《冒雪渡庞山湖至同里》，最后有"对景若有失，北望且扣舷"一句，作者自注："时有建储之议，中外忧危特甚"，这是陈去病的作品中首次出现"北望"的暗指意象，在此指的是清廷以及国事的纷扰，此时的这一暗指并未固定，象征性也不明显，但却开启了诗作中"南"、"北"暗指意象的先河。在其后陈去病明确了民族主义的政治方向之后，这一意象开始广泛出现在作品中："遥知南国多春意，芳草青青映绿苔"（《别旌德县城，喜大雪初晴》），"惟有天南余晚霁，故应街北隐旄头"（《富春》其一），"北极腥风动，南天热血多"（《十月二十七日，自潮海赴香港，中夜望海有作》其二），"遥知南国多幽恨，不尽相思树几丫"（《秋海棠》）。在这一系列的暗指中，无不突出南国的春意盎然、一派生机与北方的血雨腥风、残暴严酷，北方政权的打压与南方革命势力的星火燎原也在意象的暗指下鲜明地呈现出来，二者的强烈对比在增强了诗歌意味之余，也让人联想到陈去病对于"南"这一意象的一贯钟情，他将字改为"巢南"，即取自"胡马依北风，越鸟巢南枝"之句，明确志向，与北方外族统治势成水火，之后创建南社，民国建成以后更是明确"南社"立意："南者，对北而言，寓不向满清之意。"[①]换而言之，"南北"意象不仅仅出现在他的作品中，更出现在他政治、文学主张包括自身的方方面面。

另一组暗指意象则是"汉"与"胡"。如："投鞭非易事，还与涤腥膻。"（《焦山中流遇急湍》）"白日销沈骥足老，何时登眺汉山川。"（《歙州城上望黄山作》）"若问此中言外意，阳秋微谊汉衣冠。"（《江行杂感二首》其二）"我亦频年忧汉室，栖迟江上待谁谋。"（《潮江骋望》）"胡"、"汉"相对，对于外族称之为"胡"本身是一种蔑视，在陈去病甚至不乏激进的民族主义思想下此种称谓并不奇怪，而"汉"意象的出现则值得探讨。一方面，"汉"作为炎黄子孙正统血脉的标志已经成为了一种固定意象，如"汉语"、"汉族"一般成为固定称谓，另一方面，作品中大量"汉"意象的运用却体现着作者更深层面上无意识的心理暗示。这种以"汉"为象征、比喻意象的情况早在唐代诗人笔下便已大量出现，杜甫便是一个典型事例。"汉"在诗人的情感记忆中被神化，成为"驱除异族、无往不胜、国富民强"的代名词，生活在唐代由盛而衰的时代，在以汉喻唐的过程中，诗人所表现出的除了对外族入侵的忧虑愤恨，对正统的维护，还有着期待开元盛世、贞观之治再度来临，重振国威的自信与美好愿望。同"以汉喻唐"一样，生逢乱世是陈去病与杜甫及之后的中晚唐诗人所面临的相同处境，在诗作中反复呼唤着"汉山川"的光复，"汉衣冠"的重现，陈去病同样也对时代并未丧失信心，他期待着汉唐盛世般的民族复兴，国家富庶，由此表现出过度的自信乃至自负情绪也不足为奇，这实际上已经成为了诗人的一种不自觉的心理暗示。

不论是"南北"意象，还是"胡汉"意象，二者有共同之处，即出现时期集中于辛亥革命之前，也就是民族矛盾最为激烈的时期，进入民国之后，陈去病的诗作中仍

---

① 《南社长沙雅集纪事》，载《太平洋报》，1912 年 10 月 10 日。

用暗指，但意象与意义开始不固定，暗指事件背景亦各有不同。如《大雹后有感》：

春雷一震黯然昏，闾巷惊呼妇孺喧。何似栖霞山馆里，盲风横雨打柴门。

“盲风横雨”为暗指意象，诗歌创作于1917年，当时陈去病听闻有人扬言要对秋社不利，故有此语。再如《自沙汕头泛海赴香港一首》：

西风吹老菊花秋，又策灵鳌赋远游。万里沧波浮一粟，满天星斗落遐陬。
鲸鲵未戮余腥秽，虎豹当关识壮猷。莫问荒荒群带路，只今蜃气总成楼。

颈联为暗指，作品成于1918年，陈去病为此时的诗集取名为《护宪集》，可见共和之路走来颇多不易，这一时期的作品反映的大都是维护共和果实的艰难，“鲸鲵”与“虎豹”则分别暗指复辟势力与把持政权的无良政客，陈去病也借此大发小人当道的感慨。国内形势稍加平稳也能从陈去病的暗指中读出：

分明煨烬痕犹在，约略疮痍恨未平。叵耐万方多难日，一番涌现已吞声。

——《纪梦》其二

作品创作于第二次护法战争期间，陈去病奔赴广东担任要职，对于国家前景的乐观也使他一路心情甚好，往事如烟，多难之邦或许复兴就在眼前，然而两年之后陈去病再度用暗指的手法表达着对宵小之徒的无奈与愤怒：“狐狸眇小不足责，豺狼当道宁无尤”（《梦羽生长乡县，醒而异之，书以代简，寄天台山中》）。到了晚年，陈去病虽然卸去若干政治职务，想起当年犹感慨沉痛：“只是烽烟消不尽，中原遥望一凄然”（《总理奉安周年，恭谒陵寝，晋谒梓宫，礼成感赋》）。此时遥望中原，渴望烽烟散尽的背后是一位老人的有心无力，直到1932年除夕，陈去病作《壬申除夕》，尾联云：“北望天涯暗惆怅，胸中奇气亘如龙”。其中再一次出现了久违的“北望”意象，此时心中仍有隐隐涌动的情感，以“北望”始，以“北望”终，这既是一位诗人朴素的政治诉求，也是一位政治家充满悲情的最终宿命。

综观陈去病的暗指手法，民国建立之前意象群相对集中、固定，象征意鲜明，矛头直指民族主义，而进入民国之后，开始出现含义更为复杂的暗指，而且较之前期暗指的大量、集中出现，后期暗指的意义显得更为隐晦，尽管如此，从暗指这一角度也能透析陈去病一生的思想情感走向。

(三)手法繁多与联想丰富

陈去病的诗歌除了暗指的广泛运用之外,也运用了多种表现手法,比如比喻:"胡天一夜雪,四望尽无垠。万树枝凝蜡,千家瓦匿鳞"(《丰镇见雪》)。雪在枝头堆积,晶莹而有质感,落在瓦片上则出现了整齐的层次感,轻巧的比喻令诗歌增色不少。再如他笔下的狂风急雨:"千摇万兀屋如舟,决荡洪波欲上楼"(《九月二十晚,飓风骤作,入夜更烈,暴雨乘之潮涨踰丈,举室内外一片汪洋,四壁震撼若将颓焉,余方愁病,不觉心悸,宵深无寐,记以此诗》)。风雨大作的感觉由风浪中一叶小舟的作比而顿显生动可感。拟人手法的出现则会使诗歌增添情致:

冉冉霜林叶染丹,为看秋色滞征鞍。长虹寂寞横蓝渡,黟水潺湲下急滩。
云气沈沈山欲睡,星河耿耿晚生寒。黎明准拟朝真去,端坐沉吟夜向阑。

——《夜宿蓝渡》

颈联中暮色将沉,如同群山即将入梦,富于人情之外倍感亲切,将山拟人化的处理在陈去病的作品中不止一处:

冬山浑欲睡,骋望总微茫。杂树零秋色,停云是故乡。
有风摇叶响,如雾接天长。独立增悲思,佳人渐老苍。

——《冬望》

此处的意象仍是昏沉的群山,却与整首诗作清冷孤独的情绪极为协调,在《吴门游后半月,因事重过昌亭,遂觅前舟,作竟日游,即示天梅诸子》中的拟人运用却又是另一番情景:

陶陶盟夏日当天,落落襟怀澹欲仙。憨雨娇云浑散尽,未妨重坐沈家船。

"憨雨娇云"的比拟极为有趣,赋予云、雨以人的情感,可见陈去病此次游览心情甚好。在一众表现手法中,特别应该提及的是陈去病诗歌中象征手法的运用,如同之前提到的暗指这一局部象征手法,陈去病还有专门的象征诗,虽然数量不大,却值得关注。

所谓象征,是"以有限的形式对无限的内容的直观显示,主体意识占据重要地位，其包孕的观念带有极大的超越性”，①同时有着暗示、多义、不确定等多种特性。这种定义更加地侧重西方美学，实际上，中国的象征诗源头亦可自《诗经》追溯，在大量运用比兴手法的诗篇中，《蒹葭》、《鹤鸣》等篇已经可看作整体象征性作品，至屈原作《离骚》，象征作为一种表现手法和传统的表现体系已经完全固定下来并得到了很好的继承。阮籍八十二首《咏怀诗》的出现可以说对象征诗的发展意义非凡，虽然对于《咏怀诗》的表达主旨仍有争议，但整体性象征手法的运用却是不争的事实。钟嵘《诗品》评价阮籍《咏怀诗》："言在耳目之内，情寄八荒之表"，王夫之则言"阮籍诗以浅求之，若一无所怀，而字后言前，眉端吻外，有无尽藏之怀，令人循声测影而得之。"（《古诗评选》卷四）其后，象征诗开始更加关注创作者的内心情感表达，这一改变使诗歌的主旨表达更为隐晦与难解，代表人物是晚唐诗人李商隐。

陈去病的几首象征诗带有明显的政治色彩，与他一贯的社会角色相符，如果说与前人的象征诗比较的话，其中不乏阮籍《咏怀诗》中因现实黑暗、战乱频仍、生命得不到尊重而产生的压抑情绪与消极颓丧，之所以采用曲折委婉的象征手法，必然由于现实社会无法直抒胸臆，尽管所处时代不同，在这一点上象征诗都是相似的。李善在《文选·注》中分析阮籍所处的创作时代时言："嗣宗身仕乱朝，常恐罹谤遇祸，因发兹咏，故每有忧生之嗟，虽志在讥刺，而文多隐蔽，百代之下，难以情测"，实际上，这种社会环境与陈去病所遭遇的并无太大区别。所不同的是，阮籍选用的是这样一种消极的方式表达并逃避着，而陈去病则往往在低谷时选择韬光养晦，对待时代更为正面与主动，表现在诗歌中，便是所寓之意主旨更加鲜明，但在象征诗中，得不到释放的情绪仍然以一种灰色暗沉的基调呈现出来，如《下山遇猎人》：

> 山禽栖幽篁，自谓得所托。宛转一弄音，悠悠良不恶。宁知有猎人，到处善抄掠。登顿历山椒，不惜穿芒屩。锵然突作声，弹丸纷错落。双翅虽欲飞，寸心遽惊愕。仓促生安逃，斯须羽竟铩。可怜躯命轻，指顾烹鬻镬。回头看猎人，市酒正欢乐。

这首作品创作于1905年，当时陈去病自日本回国不久，便积极投身革命事业，然而屡屡受挫，创作《下山遇猎人》时正值陈去病与汪笑侬联手所创《二十世纪大舞台》被查遭禁，诗歌中有两个象征意象分别为"山禽"和"猎人"，将自己及革命活动的参与者喻为"山禽"，"猎人"则是打压者一方，全是以山禽的角度观察叙述，其中

① 陈敢、翟大炳：《诗歌审美心理导引》，广西民族出版社2008年版，第187页。

尚有心理活动的描绘,“双翅虽欲飞,寸心遽惊愕”,这种被压抑的、难于言明的情绪顿时凸显出来,值得注意的是,诗作的最后一句加入了对猎人的描写:“回头看猎人,市酒正欢乐”,肆意打压践踏生命之后的得意与山禽的愤懑形成了鲜明对比,增强了诗歌的感染力,且将“小人得志”的情绪更加明显地表达出来。再如《苦雨》:

鹰犬狐狸遍旧京,北司东厂任横行。韩彭自合栖钟室,种蠡都应付鼎烹。
岂有雄鸡工断尾,枉教白马屡刑牲。天心亦复瞢如睡,六月曾无一日晴。

作品成于1931年,此时孙中山早已去世,打着“共和民主”旗号的各地军阀为各自利益患得患失,中国再度陷入一片混乱之中。与《下山遇猎人》不同,《苦雨》中并没有明确的贯穿始终的象征意象,但所暗示的国内形势的不见天日却尤为突出,不论是“鹰犬狐狸”,还是“北司东厂”,都成为民不聊生局面形成的罪魁祸首,而尾联更是明确暗示着国无宁日,政局黑暗的现实。虽然此类象征诗创作数量不多,但我们仍能从中感受到近代这一特殊时期带给陈去病的负面情感与压抑情绪。

如果说表现手法的运用可以使诗作变得更加形象可感,那么联想能力对于诗人更是显得尤为重要,情理之中、意料之外的联想会使诗作产生独特的效果,在陈去病的作品中,常常出现丰富的联想,如《自望仙亭循桃花磵,登天门山观罗汉洞,上云梯谒玄天太素宫有感》:

磵水桃花付劫灰,天门詄荡仰崔嵬。仙人蹮跹今何在,太守刘郎去不回。
厌世低徊寻洞府,奇观约略认楼台。蓬莱宫阙浑非昨,厄闰黄杨信可哀。

作品写于游览黄山期间,在描写登山的过程中,陈去病在其中插入了大量的传说,颔联用明江西人刘铎典故,刘任扬州太守时,曾经于此地桃源洞寻访张三丰,且留有题诗,而在颈联作者则自注:“乐史《寰宇记》:白岳山峰独耸其东,石壁五彩状,楼台在室中,势欲飞动,又如神仙五、六人凭栏观望,久视之,乃知非耳。予来山中证之殊信。”普通的一次登山访谒道观之旅在若干传说的描绘中增添了不少玄幻色彩。陈去病的联想时而怪诞、出人意料,遇到大雨倾盆,于是他言:“只恐洧龙方剧战,要将灾异播神州”(《九月二十晚,飓风骤作,入夜更烈,暴雨乘之潮涨踰丈,举室内外一片汪洋,四壁震撼若将颓焉,余方愁病,不觉心悸,宵深无寐,记以此诗》)。天色暗沉,昏昏欲雨时他又认为“分明天帝醉,贻我下民哀”(《苦雨》)。有时联想中却又有着几多柔情,如《落叶》:

转绿回黄几度秋，洞庭波起不胜愁。青娥若解题红字，侭许传情出御沟。

由一片落叶联想到红叶题诗，让作品更富于感情。再如《白秋海棠》：

淡淡冤华惨惨情，梨花贴地未分明。可堪素女空房怨，夜夜银灯泪暗并。

此处既可解为对比，又可认为是比拟，由素色的海棠花联想的是空房怨女，单纯的描绘中更多了几分伤感。虽然陈去病的诗作并非皆是上品，然而其中多样的表现手法的交替运用与其丰富的联想能力仍然为作品增色不少。

（四）对诗歌传统的承袭与韩愈的巨大影响

陈去病面临的是一个全新的时代，他的诗歌内容中已经有太多崭新的意象与内涵，尽管如此，中国的诗歌传统在他的诗歌创作中仍处处可见，可以说，陈去病的诗歌承袭的是中国诗歌传统的精神内核，最为突出的当属对诗歌政教功能的延续与发展，如此说是缘于在陈去病的作品中，不论是整体的政治象征诗，还是有局部暗指的咏景、抒情诗，再或者是大量应民族主义斗争而生的摇旗呐喊之作，其中都有着传统诗歌中政事诗的浓重痕迹。从客观方面上看，由诗歌传统的传承脉络向上追溯，政事诗的出现正是由于儒家传统诗教观念发展的必然结果，而诗教观念在某种程度上正是早期诗歌政教功能传统的延伸与变体，源头追溯至此便一目了然，之所以后世政治性诗歌作为一种门类得到蓬勃发展，正是由于诗歌创作理论在最初产生时便对于政治教化功能的特别强调，这种观念对诗歌产生了重大影响，也是政事诗得以产生、发展的肥沃土壤。从主观创作者角度而言，中国传统文人与政治之间欲说还休的纠葛与情结在陈去病身上也得到了极好的体现，这一点对于政事诗的创作尤为重要，如研究者所言："政事诗的产生，源于传统诗教观念及诗人强烈的参政意识，同时也是诗人这一群体独特的性格特质决定的，诗人这一群体，除了传统所赋予他强烈的社会责任感和历史使命感之外，还有着敏感尖锐、狂狷的性格共性。"[①]也就是说，由诗歌的政教功用传统开始，发展到儒家诗教观念，再到政事诗的成型、完善、发展，陈去病的作品呈现出的简单的政事诗痕迹实际上关联着一整条连贯性的脉络传承，陈去病本人也对诗歌功用性与传统诗教观念极为看重，这一点在他的诗歌理论主张部分亦有详细论及，再加上他本人耿直狷介的文人气质

① 兰翠：《论唐代政事诗及诗人群体性格》，载《烟台大学学报》，2004 年第二期，第 201 页。

与政事诗创作者的主流性格相符，致使他所着力打造的带有目的性的作品呈现出鲜明的政事诗特点。

对于诗歌传统承袭的另一方面则表现在诗作中所渗透出的浓重的忧患意识。忧患意识的产生往往有现实背景的参与，当社会秩序动乱不安，生命得不到最基本的保障和应有的尊重时，忧患意识往往会呈现在文学作品中，实际上忧患意识仍然是创作者的一种主观心理情感，是一种精神现象，是残酷的社会生活投射到创作者的内心深处，从而使其在创作时不自觉地抒写入作品的一种情感升华的产物。忧患意识是中国诗歌创作的独特现象，不论是儒家中的“生于忧患”，还是道家所谓的“贵大患若身”，对于忧患的看重与悲剧性审美在中国诗歌传统中根深蒂固，忧患意识成为了中国诗歌传统的一条情感脉络。陈去病所处的时代同样动荡不安，他同样有着诗人敏于感受、勤于表达的性格特质，尽管由于政治立场的不同及时代思潮内涵的多元化发展，陈去病的作品中蕴含有全新的视角与解读，并非一味地展现忧患意识并以此作为诗歌的美学基础，然而他大量展现穷愁之思甚至部分带有颓丧之气的作品中仍然渗透出难掩的忧患意识，可以说忧患意识的影响不自觉地在其作品中得到了展现，固然会因为过量的负面情感宣泄而为人诟病，但陈去病诗歌创作中对于忧患意识的承袭确是不争的事实。

如果说陈去病诗歌创作的精神内核传承自中国诗歌传统，那么具体的表现手法与整体面貌则很大程度上受到了韩愈的影响。韩愈因为“古文运动”的发起，诗歌反而被文章风头盖过，实际上他的诗歌创作宗旨与古文有相互呼应之处，为难以为继的唐诗发展之路打开新局面功不可没，同时对后世也产生了巨大影响。具有韩愈代表性风格的诗作大致有三方面特点：首先是以文为诗的创作方法，其次是诗中往往蕴含丰富联想，诗歌气势雄伟，最后是在形式上有意求险，具体表现在选用生僻字词，压险韵等方面，而这三方面特点中，前两项对于陈去病的创作影响最大，尤其体现在他的古体诗中，但这种相似并不能证明陈去病是有意追求甚至刻意模仿，如果将二人细细比较，会发现颇多相似之处，二人诗歌风貌的接近似乎也并非偶然。

首先，文学发展之路的节点。之前在论及诗歌社会功用性时，曾就“观”引用过白居易的阐释，进而分析陈去病所处时代与中唐的相似之处，作为同处于中唐时代的韩愈，或者从诗歌流派的角度而言，以韩愈、孟郊为代表的韩孟诗派与白居易、元稹的元白诗派虽然诗歌追求的美学风貌大相径庭甚至是背道而驰，然而他们的最终目的不过是为已发展到极盛而难觅突破的唐诗找到一条新路，在这一点上确是殊途同归。韩愈所作的一系列努力目的无非在求新求变，不论他的主张对于后世的负面影响有多严重，在这一点上的确值得肯定。韩愈所面临的文学发展中的节点局面为清人顾嗣立精准地概括了出来。他在《昌黎诗集注·序》中说："夫诗自李、杜博兴而格律大变，后人祖述，各得其性之所近以自名家，独先生能尽启秘钥，优入其域，非余子可及。顾其笔力放恣横纵，神奇变幻，读者不能窥其所从来，此异论所以繁兴而不自知其非也。"可以看出其对于韩愈诗歌风格的把握也颇为准确。文学发展至近代同样遇到节点，但陈去病所面临的局面显然比韩愈更为棘手，传统诗歌作为一个体系，从整体上受到了西方文学及外来文化的冲击，面对狂热追捧西学，打压传统，明显走向矫枉过正的文学之路，陈去病不再单纯局限于形式上的突变，他开始广泛汲取前人精华，跳出师承、流派的旧有观念，惟以顺畅表达为首要目的，他的若干以散文笔法入诗的作品的产生从这个角度上理解便顺理成章，配合他的一系列政治主张，最终形成了自己的诗歌风貌，这就是在他的作品中既不乏奇险意象，同时又有着紧随时代潮流的通俗俚曲、乐歌与口号诗的原因，"求变创新"成为二人面对文学之路的节点局面时作出的相同选择。

其次，社会因素。安史之乱之后，唐诗的风格开始萎弱，作为已经完全成熟的文学样式，诗歌在表现出创作技术上炉火纯青的同时却开始丧失纵横捭阖的王者之风，着实令人惋惜，在这场动乱中成长起来的大历诗人作品中娴熟的创作技巧、圆熟的风格背后却隐藏着卑弱与谨慎，时代的收缩让同时期的诗人同样产生了严重的心理压力，诗人们开始丧失个性，创作则习惯于陈陈相因，如何打破由时代造成的文学坚冰成为韩愈等中唐诗人亟待解决的问题。此时结合儒家正统思想的回归，提出"文以载道"、"不平则鸣"的文学主张，高扬古文运动的旗帜，这一系列举动顺理成章，而诗歌力求风格上的突破，跳出旧有藩篱也是势在必行，这似乎已经成为了一种时代使命。这副担子压在陈去病等人肩头时也颇为沉重，传统文学因为一个时代的终结而变得岌岌可危，社会丧失主流信仰，文化的多元化发展局面变得一发而不可收拾，如果说韩愈的时代只力求文学创新观念上的改弦更张，那么陈去病的时代需要的是改天换地，这种来势更为凶猛的时代剧变让诗歌创作之路变得愈发艰难，于是陈去病不再纠结于宗唐抑或宗宋的问题，而是直取源头，从中国传统诗学的根源中攫取养分，试图以传统诗歌精神结合全新时代内容给近代诗歌创作寻觅到一条新路，结合民族主义这一具有鲜明时代特征的价值取向，陈去病追求的是文学精神上的回归与诗歌气节的高扬，如他自己所言："六朝风格不堪看，欲论文章当世难。唯有船山数遗老，浩然正气碧天盘"(《与竹庄、宪鬯论女学》其一)。与韩愈相同的是，陈去病也将文学作为了干预社会生活的工具，然而不同之处在于，韩愈对于文学这一工具充满着期待与依赖，甚至成为他干预社会生活、发表一己之见的唯一渠道，而陈去病则仅将此作为其中一项利器，多管齐下地实施着自身的政治理想，也正是因为这点不同，导致二人在对社会现状不满或表达己见时多有相似，在抒发个人情怀时却多有不同，这是两人所处时代性质完全不同，导致身份、地位没有可比性造成的。

最后，身世遭遇与文人性格。如果说以上两个因素是两个时代中所有诗人所共同面临的局面，那这一点则只与韩愈、陈去病二人有关。虽然时代性质不同，但两人的身世遭遇却多有相似，韩愈幼年即失去双亲，随兄嫂南北迁徙，兄死之后，韩愈走上仕途之路却颇多坎坷，他曾四试于礼部，三黜于吏部，耿直的性格使他饱尝宦海沉浮之痛，“一封朝奏九重天，夕贬潮州路八千”(《左迁至蓝关示侄孙湘》)的经历在他的人生中不止一次地上演。而陈去病为遗腹子，母亲也在其年轻时便去世，一生奔走呼喊，事业上却屡受挫折，饱受逃亡、避祸、通缉、病痛的折磨。年幼失怙、贫病交加、一生坎坷、有志难伸成为了二人身世遭遇的相同标签，这种多难的人生直接影响到了二人性格的养成，新旧《唐书》本传均谓韩愈“发言直率，无所畏避”，在政治上颇不得意多源于此，而陈去病易冲动，直率坦诚，社团组织的有始无终同样与此有关，同时韩愈又有着文人愤世嫉俗的性格与苦闷愁思的气质，陈去病与之极为相似，作品中所渗透出的苍凉气息即是明证，陈去病对自己的性格也有过生动描绘：“酒残灯炧，悲愤中来，听壁上弓砰然与刀鞘击响，辄瞿然徘徊起舞，泪簌簌下，承睫掩襟袖，若雨霰焉”(《垂虹亭长传》)，心底深处的悲观情绪同样对诗歌风貌有着重要的影响，个人气质的相似很大程度上决定着诗歌意境上的相近，二人颇多的相似经历与异曲同工的现实价值取向也在诗歌风貌的相近上产生了至关重要的作用。

在逐一比较了韩愈与陈去病的时代背景与个人因素之后，不妨在诗歌中寻找韩愈对于陈去病诗歌创作的影响。同是描绘景致，韩愈的《贞女峡》写江水奇景：

> 江盘峡束春湍豪，雷风战斗鱼龙逃。悬流轰轰射水府，
> 一泻百里翻云涛。漂船摆石万瓦裂，咫尺性命轻鸿毛。

诗作成于贞元二十年(804)，韩愈被谪阳山途经贞女峡，诗中所出现的雄豪气魄与大气开阔的景色描绘却丝毫不带作者的消极情绪。蒋抱玄评价曰：“起语恢奇，收语雄而直率。”[①]陈去病《登天都，观云铺海作》写的是云海奇观：

① 转引自卞孝萱、张清华编选：《韩愈集》，凤凰出版社2006年版，第105页。

长松寥寥萧复森，天风琅琅吹我襟。兴酣直上千丈岑，回头一顾迷山林。烟云怒卷深复深，乌乎大地真陆沉。天步高高峥嶙峋，天门荡荡虬龙蹲。平生秉持洁白心，到此一息通神灵。风雨何来天气阴，鸣涛万壑轰雷音。九天九地扫混沌，长终古兮云冥冥。

作品写于 1906 年，在黄山游览的陈去病当时的政治之路并不顺畅，所创社团连遭打压与查封让他的安徽之行更多的是无奈，然而诗中同样不乏豪情的意象运用与作者毫不气馁的主观情感的参与仍令作品呈现深沉开阔之感，陈去病所总结的自己年轻时的高远志向，所谓“年少好事，任侠慷慨，有策马中原，上嵩高，登泰岱，观日出入，浮于黄河，探源积石之志”(《垂虹亭长传》)也能从中看出一二。同是以文为诗，韩愈创造性地以赋法加以表现，极尽铺排之能事，浓烈夸张，力尽而后止，尤以《南山诗》为代表，其中的一段描写极具代表性：

或连若相从，或蹙若相斗。或妥若弭伏，或竦若惊雊。或散若瓦解，或赴若辐凑。或翩若船游，或决若马骤。或背若相恶，或向若相佑。或乱若抽笋，或嵲若注灸。或错若绘画，或缭若篆籀。或罗若星离，或蓊若云逗。或浮若波涛，或碎若锄耨。或如贲育伦，赌胜勇前购。先强势已出，后钝嗔𧤴譳。或如帝王尊，丛集朝贱幼。虽亲不亵狎，虽远不悖谬。或如临食案，肴核纷饤饾。又如游九原，坟墓包椁柩。或累若盆甖，或揭若瓦豆。或覆若曝鳖，或颓若寝兽。或蜿若藏龙，或翼若搏鹫。或齐若友朋，或随若先后。或迸若流落，或顾若宿留。或戾若仇雠，或密若婚媾。或俨若峨冠，或翻若舞袖。或屹若战阵，或围若蒐狩。或靡然东注，或偃然北首。或如火熹焰，或若气饙馏。或行而不辍，或遗而不收。或斜而不倚，或弛而不彀。或赤若秃鬝，或熏若柴槱。或如龟拆兆，或若卦分繇。或前横若剥，或后断若姤。

这只是描绘南山高峻，四季变换的其中一部分，全诗用了五十一个带有“或”字的短句进行铺排，可谓做到了极致。而陈去病作于 1925 年的《乙丑元旦诣云冈礼佛》中同样有以相同形式描绘佛像的片段：

或垂璎珞冠，或示菩提相。或散天女花，或坐云母帐。或矫如天龙，或猛若虎将。或同狮象伏，或类优昙傍。

虽然没有韩愈《南山诗》铺排规模大，描绘也不及其夸张，但相似之处仍十分明显。韩愈还有一部分作品呈现奇险生涩风格的原因不在其字句，而在其表达主旨的模糊迷离，其中寓意令人难以揣测，如《纪梦》：

夜梦神官与我言，罗缕道妙角与根。挈携陬维口澜翻，百二十刻须臾间。我听其言未云足，舍我先度横山腹。我徒三人共追之，一人前度安不危。我亦平行蹋乔亢虚亢，神完骨蹻脚不掉。侧身上视溪谷盲，杖撞玉版声彭甝。神官见我开颜笑，前对一人壮非少。石坛坡陀可坐卧，我手承颏肘拄座。隆楼杰阁磊嵬高，天风飘飘吹我过。壮非少者哦七言，六字常语一字难。我以指撮白玉丹，行且咀噍行诘盘。口前截断第二句，绰虐顾我颜不欢。乃知仙人未贤圣，护短凭愚邀我敬。我能屈曲自世间，安能从汝巢神山。

作品的内在含义引来后世争议不断，而以生硬的笔力描绘玄幻的梦境的形式的确也颇为抢眼，其间包孕的无穷想象如同韩愈描绘自身时夸张大胆的语句："我愿生两翅，捕逐出八荒。精诚忽交通，百怪入我肠。刺手拔鲸牙，举瓢酌天浆。腾身跨汗漫，不着织女襄"（《调张籍》）。陈去病也作有描绘梦境的作品：

宵来忽作天姥游，梦魂直上群峰头。石梁华顶颇兀突，赤城霞起风飕飕。其中有人大自在，清臞兀傲山之幽。何缘捧檄长乡县，居然富贵如可求。发奸摘伏逞英武，牛刀小试何其优。飞牋邀我为上客，令我遐思言子游。武城弦歌声悠悠，得一贤人径不由。两蛟夹舟何所忧，挥剑截之適安流。君今视我殆其俦，我宜佐君策弘猷。狐狸眇小不足责，豺狼当道宁无尤。抚循休息足自固，加以训练弥绸缪。一朝风云大际会，鼓行而出歌同仇。誓清妖孽息纷纠，一团和气延鸿庥。斯则我愿具偿君亦足，可以长揖归山邱。躬桑力穑老孙子，天台笠泽同千秋。

其中同样寓有含义，当然，在描绘梦境之后的部分陈去病已将寓意以象征意象的方式言明，没有韩愈诗中如此惝恍含糊，然而对于梦境的描摹和当事人强硬的政治态度且又何其相似。

在看到韩愈对陈去病诗歌创作的积极影响之余，负面作用同样也不容回避，最为突出的问题便是诗歌中议论成分的喧宾夺主，作为抒发作者情感、表达心声、阐明观点的议论成分，与诗歌情致融为一体取得整体效果上的协调并非易事，这不仅关乎创作者对于诗歌整体布局的把握权衡，而且与作者个人功力有关，然而在韩愈的部分作品中则使用了全篇议论，使诗歌毫无韵味与美感可言，完全沦为了作者一厢情愿的政治说教。无独有偶，陈去病作品中也不乏此类，之前列举过的《出塞望蒙古》即是一例，虽不同于韩愈正统观念的强硬灌输，但酷似政论文的内容也着实令人无奈，工具性的过分开掘成为导致此种现象出现的罪魁祸首。

在对陈去病的诗歌创作进行了内容上的分类解析与艺术特色的逐条梳理之后，我们看到了其中留有鲜明的时代痕迹，也从中探究到陈去病作为诗人时独有的气质性格，作品因为陈去病本人独特的、由意义层面上进行筛选的标准，而在艺术成就上呈现出良莠不齐的面貌，这是由时代所决定的，无可避免，也无需指责。然而陈去病之所以不能称之为一流诗人，很大程度上则是由于自身的原因，他在《垂虹亭长传》中曾坦言："尤嗜文章，于诗歌叙记迄碑铭论著，咸有述作而未暇工也，故其名不显艺苑间"，在《与宋紫佩书》中又说："诗文尤属末技，扬子谓之雕虫，壮夫所弃。惟历年搜集乡先生诗文词曲日益繁复，又考订纪述等类，亦动盈几案"。虽然这两种说法中对于"文"的态度有些前后矛盾，但对于诗歌，陈去病却有着明显的不够重视的主观态度，《与宋紫佩书》这一段更是将他心目中的文化事业排了座次，头把交椅自然并非诗歌。"未暇工"导致了陈去病作品中出现了一系列问题，创作不够细致严谨，缺乏打磨锤炼，主观态度不认真，这些极大地影响了其诗作的质量，有独特个性固然是好事，但冲口而出、不事雕琢的篇章又令作品整体的艺术风貌大打折扣，这种情形的出现自然也是由于陈去病首先把自己定位成了政治活动家，而这一定位同样在其友人心目中达成了共识，侯鸿鑑在为其作序时也说："盖昔者陈君奔走国事，凡感慨抑郁之时，或击节高歌，或狂呼纵酒，人莫知其底蕴。自南社成立，陈君诗文，时时发露"（《浩歌堂诗钞·序》）。这种创作态度上的硬伤无疑极大地影响了诗作质量，这也是在分析陈去病诗歌成就时应该特别关注的。

第五章　陈去病的新旧体文章及其他

陈去病所处的时代正值新旧文化碰撞磨合，具体到文体中亦是此种情况，以改良派倡导的文体革命及梁启超的“新文体”为代表，借助报纸为平台，报章体文章迅速占领文坛高地。同时，传统文体，包括桐城派古文，骈文等类型，其领军人物又处于内外交困的境地中，面对从内容到形式直至传播方式全盘颠覆的新文体，如何改革、调整传统文体，使之与时代相适应从而得以生存，同时保存其精髓成为迫在眉睫的问题，在对立的局面下，新旧文体却又不自觉地彼此影响与渗透。在这种文化背景下，陈去病的文章创作也可分为新文体与传统骈散文两大部分，前者在当时具有重要的时代意义，同时在呼吁民众宣传革命方面担当重任，也为陈去病赢得了良好的声誉，后者则更能体现他的传统文人本色，在笔记中零星记录的对于传统文体文章的阐释却又显示陈去病已跳出门户藩篱，观点带有总结性质。除去文章创作，陈去病尚有小说《莽男儿》，实际并不完全具备小说的创作要素，更似一篇改编过的人物传记，然而其中却与中国传统的侠文化有着千丝万缕的联系，1904 年更是为《二十世纪大舞台》创作京剧剧本《金谷香》，虽然只有一出，亦可看出其蕴含时代元素的有益尝试。

第一节　近代文坛概观：新旧文体的对立与渗透

近代是一个巨变的时代，这种变化也同样体现在文体观念的现代转型中，随着文章受众群体的改变与报纸等平面媒体的大发展，以讲求文风的平实畅达，启蒙目的鲜明的新文体成为文坛的新生力量，而与之相对应的被统一划归至“旧文体”阵营的则同时包括主盟文坛若干年的桐城派古文、骈文与八股文等数种，此时自古势不两立的旧式散文骈文竟并驾齐驱，在晚清文坛上有着回光返照式的发展与表现。不仅如此，面对前所未有的不利局面，桐城派的领军人物也在试图改变，从而使桐城古文走下神坛，贴合时代，甚至不惜以引介西学为手段，期待其重新焕发生命力，另一方面，新文体虽然明确表示对于旧式文体无甚兴趣，但其特点表现仍有旧式文体痕迹，因而在近代文坛，处于转型期且并存的新旧文体呈现出的是一种对立而又互相渗透的矛盾状态。

一、新文体

新文体的出现与报纸等平面媒体的发展息息相关，如梁启超所言："自报章兴，吾国之文体为之一变，汪洋恣肆，畅所欲言，所谓宗派家法，无复问者"[①]，平面媒体的大发展也使文章的受众群体发生了改变，读者阶层的群体下移使传统的只担当思想载体和展现艺术技巧的骈散文无法适应阅读需求，因此以报纸为媒体，同样召唤着更富于时代气息、为底层民众所喜闻乐见的文体样式的出现，由此新文体正式登上近代文坛。

"新文体"有着广义与狭义之分，狭义上的"新文体"概念是由梁启超在《清代学术概论》中首先提及的："至是自解放，务为平易畅达，时杂以俚语、韵语及外国语法，纵笔所至，不自检束，学者竞效之，号'新文体'。老辈则痛恨，诋为'野狐'，然其文条理明晰，笔锋常带感情，对于读者，别有一种魔力焉。"[②]言语之间毫不掩饰自得之意，而狭义的新文体也主要指的是梁启超在《时务报》、《湘报》、《湘学报》、《清议报》、《新民丛报》、《新小说》等数种报纸上发表的文章所呈现的文体形式，尤以《新民丛报》为新文体的载体，而新文体也是梁启超所倡导的"文界革命"中一个重要的方面。他所总结的新文体特点虽然是在黄遵宪、裘廷梁等人的理论基础上发展起来的，但大力倡导与亲力亲为的实践创作之功仍然属于梁启超，有人甚至认为"梁启超在晚清以报章体为代表的文言发展中的地位，如同胡适在现代白话文倡导中占有的地位"[③]，纵观梁启超在新文体倡导中的贡献，这一评价并不为过。

而广义的新文体则容纳量更大，追溯时间更早，具备新文体特征的文章几乎与报刊同时出现，是与桐城派古文等文坛正宗迥异的更为通俗浅近的文体。早在1872年4月30日，《申报》便在创刊号的《本馆告白》中提出其报所刊文章"务求其真实无妄，使观者明白易晓，不为浮夸之词，不述荒唐之语，庶几留心时务者于此可以得其概，而出谋生理者于此亦不至受其欺，此新闻之作固大有益于天下也"，这种有别于传统文体理论讲求声韵气格，而目的性鲜明的文体便可视为广义新文体的

---

① 转引自王景科、颜水生：《略谈散文观念的近代嬗变》，载《理论学刊》，2010年8月，第120页。

② 梁启超：《梁启超全集》，北京出版社1999年版，第3100页。

③ 邓伟：《论晚清报章体与文言发展》，载《山西师大学报》，2007年2月，第119页。

滥觞。随后，王韬等精英报人的出现与努力不仅对于传播媒介的现代变革作出了重大贡献，也让以报纸为媒体的新文体广为人知。而广义的新文体旗下最为鲜明的两种文章类型是报章体政论文和演说体白话文，尤以前者为主，梁启超的新文体也主要是此类文章形式，而演说体白话文也仍然多以报纸刊载的形式出现，且在文字形式的选择上与之后的白话文运动更为接近，与语言的关系也更为密切。实际上演说体白话文的追溯时间几乎与报章体政论文同时，早在 1887 年黄遵宪便在《日本国志·文学志》提出："盖语言与文字离，则通文者少；语言与文合，则通文者多"①，1896 年梁启超刊文发表自己对语言与文字关系之见解时认为"抑今之文字，沿自数千年以前，未尝一变……而今之语言，则自数千年以来，不啻万百千变，而不可以数计。以多变者与不变者相遇，此文言相离之所由起也。"② 1898 年裘廷梁刊于《无锡白话报》上的《论白话为维新之本》则提出"文言兴而后实学废，白话兴而后实学兴，实学不兴，是谓无民"，成为近代白话文运动的纲领。之后，陈独秀《安徽俗话报》及大批白话报纸的出现成为演说体白话文大行其道的客观保障，虽说与报章体政论文在形式上有所不同，但同可划归于应时代需求而产生的新文体阵营之中，而由此也可以总结出新文体所具备的主要特征：

首先，以报纸为依托，与传播关系密切。不论是狭义的新文体文章，还是广义上包括报章体政论文和演说体白话文等种种样式的文章，都需要借助于报纸等媒介为载体，这种传播上的需求在一定程度上决定着新文体的风貌，与市场运作的联系同样成为新文体创作者下笔的首要考虑因素，可以说，纸媒与传播成为了新文体存在的基础。其次，目的性明确。新文体虽然不属于应用文范畴，但是很明显其"应用性"极强，作为报纸刊文，新文体文章是指向市场并作为社会喉舌而作，从客观上要求它必须针对社会问题之症结所在一针见血，这也决定了它永远不可能具备传统庙堂文学尊古高远的格调与严苛对仗的辞章，从市场运作和纸媒特点的角度出发，从受众群体的文学修养与文化接受角度考虑，新文体文章在传统的"格调"面前显然不能同旧文体阵营中的文坛正宗相提并论，但实际上它却更加务实与实用。再次，文风平实畅达，语辞以顺畅实用为先。"平易畅达"在新文体创作者的总结中一再被提及，事实上，这一特点也是报纸刊文的一贯要求，而新文体文章在语辞运用方面并未有统一的标准出现，实用性仍然成为最先考虑的因素。如梁启超虽然倡导白话文，也提出"文学之进化有一大关键，即由古语之文学变为俗文学是

---

① 王用舟等：《清末文字改革文集》，文字改革出版社 1958 年版，第 38 页。

② 转引自陈冬冬：《"但开风气不为师"——试论近代演说体白话文的兴起》，载《上海大学学报》，2003 年 3 月，第 130 页。

也，各国文学史之开展，靡不循此轨道”①的观点，但由于新文体最主要的动机仍然是启迪民智，白话文只是作为更有利于与受众群体拉近距离的工具应时出现，而并非文学近代转型的主动诉求，使得以梁启超为代表的一批新文体创作者在使用白话文方面颇有些勉为其难，因此绝大多数新文体文章仍以白文半白的浅近文言写成，务求顺畅实用，同时也可视为文章创作方面文言文向白话文过渡的阶段。最后，强烈的个人情感的介入。这一特征独属于近代新文体文章，在这类文章中，煽情与煽动往往占据着大段篇幅，口号式情感的宣泄与创作者个人情感好恶的介入通常是狂风骤雨式的，这一特点的出现同样源于创作者唤醒国民、启迪民智的良好愿望，但在同时也使新文体文章暴露出了其固有的缺陷。

新文体的积极意义为研究者所津津乐道，这种褒扬同时体现在对创作者与作品两方面。对于创作者影响的肯定是值得探讨的，文人与市场相结合的模式一贯为正统所不容，李渔等卖文为生的文人在后世往往批评之声淹没赞誉，但近代一批专业的报人和新文体创作者所得到的评价大多是正面的，究其原因，主要是创作者的心态与时代环境两方面所决定的，与卖文为生、优游卒岁的市场化文人不同，近代报人除了将创作视为职业之外，同时有着心系国家的责任感与启蒙思想的使命感，这种严肃的、关乎国家民族的创作态度主观上使新文体文章传达着近代的思想主流意识，同时时代环境的改变也在客观上呼唤这类专职创作者的出现，由于二者结合，反映的是一种时代文化的趋势，也成为研究者对于新文体文章创作者评价甚高的重要原因。而对于新文体本身的赞誉之声更是不绝于耳，“比诗歌转型更具有革命意义的是，‘新文体’最大限度地挣破了古旧的形式，既有感情与理智，现实与历史的和谐统一，更有着思想和文体的双重自由”②，作为对中国文学的近现代文体演变产生深远影响的新文体，有人如此评价它在文学史上的价值与贡献：“这种‘新文体’从旧的文体中解放出来，打破了散文家的‘义法’的束缚，尽量地采用新字和新语；而所用的句法，又不拘一格，俯拾即是，使文章的实质变得更为有用，更能适合于时代的需要，这确实是一个重要的进步：从拘束的文言文，解放为放纵的文言文，仅是文体转变的初步，但是却更进一步变而为另一体裁的文章了。所以这种文体的解放，正是‘文体改革’的第一步，是文体演变史上必经的途径，必须有了这条桥梁，然后才能有语体文的出现”③，这段评价虽是针对狭义的新文体而发，但对

---

① 转引自夏晓虹：《20世纪中国小说理论资料》，北京大学出版社1989年版，第65页。

② 肖向明、杨林夕：《审美的偏至——梁启超“文体革命”的文学反思》，载《韩山师范学院学报》，2007年2月，第17页。

③ 蒋伯潜：《骈文与散文》，世界书局1941年版，第119页。

于文体转型时期所起到重要过渡作用的肯定也同样适用于广义的新文体文章。

然而在铺天盖地的一片赞誉之中，我们也有必要强调新文体所存在的缺陷：一方面，理性精神的缺失。梁启超的新文体理论同时受到了西方文学理论与日本明治文学的影响，而他对于西方文论的接受实际上是通过日本学者的介绍间接了解的，在日本流亡的数十年使其对日本文学理论了熟于心，其中对他影响较大的是日本维新作家德富苏峰，梁启超曾说："德富氏为日本三大新闻主笔之一，其文雄放隽快，善以欧西文思入日本文，实为文界别开一生面者，余甚爱之。中国若有文界革命，当亦不可不起点于是也"①。由此可见，"欧西文思"颇为梁氏所青睐，实际上是对西方理性精神的一种钟情，然而在新文体作品中，这种理性精神却往往难觅其踪，梁启超等人创作时惯于大声疾呼，煽情几乎成为了行文的标志性习惯，即使其中蕴含有理性精神，却被光芒过盛的情感藏匿其中，这种文章的感染力是不容置疑的，然而在极具打动性的感情宣泄之后，读者几乎不会察觉理性精神的存在，更谈不上领悟其真谛，这种情感上喧宾夺主的情况也是新文体创作者所必须面对的"副作用"。另一方面则是创作者启蒙心态的定位。近代文人尚未在启蒙与亲民之间找到合适的定位，在新文体文章的创作中，他们常常有意无意地充当了先知的角色，这几乎成为了中国近代知识分子的集体无意识，这一点尤其表现在演说体白话文中，作者出于实际需要，一方面故意拉近与读者、听众之间的距离，另一方面却又下意识地将自己排除在对象之外，在他们启迪民众、开启民智的想法中，自己是不在"民"的范围中的。创作者的这种高高在上的启蒙心态或许不该算新文体的缺陷，只能当成是处于过渡阶段，在文化角色定位上的一种不断找寻。

二、旧文体

此处的"旧文体"不似新文体一般有明确的定义与形式，只是为对应新文体而名之。实际上，近代旧文体阵营中所包含派别甚多，包括桐城派古文、骈文、八股文等，八股文作为特定环境下的产物，随着帝国的衰败而渐趋衰落已成定局，所谓的旧文体主要力量即是桐城派古文与骈文两派。自古此消彼长、势不两立的骈文散文在特殊环境下，面对文体转型带来的从内容到形式都极具颠覆的新文体，不得不站在了一面旗下，共同迎接时代对于旧式文体的质疑与改革，同样反常的则在于双方竟然在这种史无前例的不利局面下均有了显著的发展，蒋伯潜便谈到，晚清"骈散文不但在质的方面有惊人的进步，量的方面更有巨大的收获。而且骈文和散文

---

① 梁启超：《梁启超全集》，北京出版社 1999 年版，第 1220 页。

相互争胜，一时辉映，便造成了千载未有的盛况，正是文体变化‘回光返照’的情形了。”①

但二者之间的争斗从未衰歇，自清中期之后，汉宋之争延伸到文学领域，骈文古文再起硝烟，“自乾隆中叶以后，通儒上材，咸修贾郑之学，束韩柳诸家之文不观”②。嘉道以来，阮元等人力倡骈文，反对古文，重拾六朝“文笔”之说，阮元所作《文言说》，即将骈文传统上溯至孔子，称骈文为“千古之文”：“则千古之文，莫大于孔子之言《易》。孔子以用韵比偶之法，错综其言而自名曰‘文’。何后人之必欲反孔子之道，而自命曰‘文’，且尊之曰‘古’也？”③至近代，国粹学派代表人物刘师培发文支持阮元之说并认为文学衰落的罪魁祸首便是桐城古文：“其墨守桐城派者，亦囿于义法，未能申明变化。故文学之衰，至近岁而极”④，李详也专门作《论桐城派》反对古文，提倡骈文：“古文无义法，多读古书，则文自寓法，古文无派，于古有承者，期无负于古人斯已矣，于桐城何尊焉，于桐城又何病焉”⑤，可见近代骈散文之争始终存在且有愈演愈烈之势。

此时的桐城派已经陷入了内外夹击的地步，外部的争斗之余，桐城派古文自身则面对着更为艰难的局面。其一，桐城派古文理论经曾国藩发展之后，与政治贴合得更近，很大程度上已经成为了“道统”和“义理”的附庸。维新思潮的求变直接导致程朱“义理”的动摇，桐城派陷入“无道可载”的尴尬境地；其二，新文体的出现与风靡对于桐城派而言打击是致命的，桐城古文开始逐渐丧失巨大的召唤力，吴汝纶弟子贺涛曾经描述当时桐城派所处的窘境：“文章本天下之公器，自今观之，已为吾师家事”⑥。面对后继乏人的情况，同时之前与政权相结合而拥有至高地位的桐城派，到近代仅赖吴汝纶等人苦苦支撑，且昔日的政治优势早已不复存在，由此，要在维新思潮与新文体的冲击下获得生存机遇，桐城派改革成为当务之急。“曾门四子”中仅存的吴汝纶作为桐城派的领军人物，开始了大刀阔斧的内部改革，其举措主要体现在几方面：第一，淡化桐城派的政治色彩，避免其受到洋务运动失败的牵连，从而从正面避开维新思潮的锋芒。曾国藩对于桐城派的中兴与政治主张紧密相连，而在一段时间中，桐城派也成为了曾国藩宣传洋务运动、承载“经济之学”的

① 蒋伯潜：《骈文与散文》，世界书局 1941 年版，第 115 页。

② 孙原湘：《赠冯伟人序》，《天真阁集》卷四五，《续修四库全书》第 1588 册，第 357 页。

③ 转引自王景科、颜水生：《略谈散文观念的近代嬗变》，载《理论学刊》，2010 年 8 月，第 119 页。

④ 《中国近代文学大系・文学理论》第一卷，上海书店 1994 年版，第 298 页。

⑤ 《中国近代文学大系・文学理论》第一卷，上海书店 1994 年版，第 526—527 页。

⑥ 转引自张振明：《略论吴汝纶晚年中西文化观》，载《阜阳师范学院学报》，2010 年 6 月，第 119 页。

工具，桐城古文依曾国藩的政治优势与洋务运动的盛况迅速恢复了地位，然成也萧何败也萧何，洋务运动的失败以及接踵兴起的维新思潮又使桐城派在这场政治主张更迭的风暴中摇摇欲坠，由此，吴汝纶开始着重于强调桐城派的文法传承，对于曾国藩及所代表的洋务派有意疏远。第二，将“义理”与“文章”剥离。维新思潮所动摇的正是程朱“义理”，作为一贯秉承“文以载道”、“学行继程朱之后，文章在韩欧之间”等观点的桐城派，“义理”是其文章的依托所在，“文”在很大程度上成为了“理”的附庸和载体，面对此种局面，吴汝纶提出正确区别“义理”与“文章”，他在写给弟子姚永概的信中详细阐释了这一观点：

> 通白（指马其昶）与执事皆讲宋儒之学，此皆吾县前辈家法，我岂敢不心折气夺？但必欲以义理之法施之文章，则其事至难，不善为文，但堕理障。程朱之文尚不能尽餍人心，况余人乎？方侍郎学行程朱，文章韩欧，此两事也，欲并入文章之一途，志虽高而力不易赴。此不佞所亲闻之达人者，今以贡之左右，俾定为文之归趣，冀不入歧途也。①

从而使文章最大程度地解放出来，恢复其作为艺术样式所应有的独立性。应该说，这一点是桐城派要必须改变的，在当时的环境下，唯有“义理”与“文章”的分离才能给桐城古文一线发展的生机。第三，引介西学之“道”以宏“文”。这也是吴汝纶作为近代桐城领袖作出的最重要贡献，吴汝纶晚年的主要精力是放在教育事业上，他曾于保定莲池书院讲学十二年，在此期间，西学译著引起了他的兴趣，尽管他并不通西文，然而他却用桐城古文为超过六十种西方译著作序，②对于启蒙读物所发挥的作用持积极的肯定态度：“使读者怵焉知变，于国论殆有助乎”。（《天演论·序》）不可否认，吴汝纶对于西方著作的肯定顺应时潮且表现出一种个人倾向上的追随，但作为桐城派的当家人，推介西学仍有私心，此举可谓一石二鸟。一方面，“文以载道”在经历了“义理”的抽离之后大伤元气，想要在短时间内恢复桐城古文的风貌谈何容易，由此吴汝纶希望以桐城古文推介西学并率先垂范，希望借西方的强势文化振兴桐城古文，此举将传统“文”“道”关系颠倒，更似以西学之“道”宏“文”；另一方面的目的则是扩大桐城派古文的影响力，使桐城派摆脱后继乏人的不利局面，与时代主流相合，借此为古老派别增添时代气息，这也是吴汝纶被迫作出

---

① 吴汝纶：《吴汝纶全集》（三），黄山书社 2002 年版，第 138—139 页。

② 西方译著书目详见黄伟：《“有所变而后大”——吴汝纶社会变革思想研究》，华中师范大学硕士学位论文，第 26 页。

的一种迎合态度。

尽管新文体以后来居上，风头盖过包括桐城派在内的旧文体，但吴汝纶的改革仍然使桐城派风貌为之一变，也引起了研究者的注意，周作人曾评价说："到吴汝纶、严复、林纾诸人起来，一方面介绍西洋文学，一方面介绍科学思想，于是经曾国藩放大范围的桐城派，慢慢便与新要兴起的文学接近起来了。后来参加新文学运动的，如胡适、陈独秀、梁任公诸人，都受过他们的影响很大。所以我们可以说，今次文学运动的开端，实际还是被桐城派中人物引起来的。"①对于吴汝纶所做出的努力给予了极高的评价。

三、新旧文体的对立与渗透

新文体的代表人物梁启超曾十分坦率地表示"启超夙不喜桐城派古文"②，对八股文更是不惜大肆口诛笔伐："宋明以来，士大夫放言高论，空疏无真，拘虚执拗，叫嚣乖张，酿成国家社会种种弊害，大半由八股策论制造出来"③。国粹派刘师培等人正面还击，直指新文体缺乏内涵："文学既衰，故日本文体，因之输入于中国……夫东籍之文，冗芜空衍，无文法之可言，乃时势所趋，相习成风，而前贤之文派，无复识其源流，谓非中国文学之厄欤？"④吴汝纶则一方面对于传统之学仍信心满满，"中国之学，有益于世者绝少，就其精要者，仍以究心文词为最切"⑤，甚至认为"今诸国贤俊，竞趋哲学，若敝国文字，岂非宇内哲学之至大者乎？若哲学大兴，即弊国文字必有远行于欧美之一日"⑥，同时指斥"梁启超等欲改经史为白话，是谓化雅为俗，中文何由通哉！"⑦旧文体代表人物在反击新文体时虽目的不同，但立场却是保持一致的，如此，新旧文体两派呈现出的是鲜明的对立倾向。

然而传统文化的积淀与西学的传播又使新旧文体相互渗透，对于两个阵营的代表人物而言，这种渗透与相互影响是不自觉的，但却可以鲜明地呈现出来，最为显著的代表便是梁启超，他虽然提倡白话文，但在行文中仍难脱文言痕迹，这是一种应用上的习惯。即使是他所倡导的新文体，有研究者也将其"平易畅达"、"笔锋常带感情"、"条理明晰"的特点分别与宋代文风、"发愤著书"及古代诸子文、论辩文

---

① 周作人：《中国新文学的源流》，华东师范大学 1995 年版，第 48 页。

② 梁启超：《梁启超全集》，北京出版社 1999 年版，第 3100 页。

③ 转引自梁景时：《梁启超文章学思想及其"新民体"》，载《学术交流》，2007 年 3 月。

④ 《中国近代文学大系·文学理论》第一卷，上海书店 1994 年版，第 298 页。

⑤ 吴汝纶：《吴汝纶全集》(三)，黄山书社 2002 年版，第 142 页。

⑥ 吴汝纶：《吴汝纶全集》(三)，黄山书社 2002 年版，第 416 页。

⑦ 转引自曾光光：《变法维新思潮中的吴汝纶与桐城派》，载《江淮论坛》，2001 年第三期，第 96 页。

相联系，从而追溯新文体文章的传统渊源①，有人对于梁启超的文章做出综合评价则言："他的文章实际上是融合了传统的古文、桐城派甚至金圣叹的评点派而又推陈出新的"②，这种追溯与评论暂不去论，以梁启超为代表的新文体创作者本身接受的便是传统教育，在接受西学理论之后背负双重文化身份，这种身份决定着这部分创作者不可能与传统完全划清界限。同理，旧文体也定然会沾染时代气息，以高举"保存国粹"大旗闻名的刘师培也在力倡骈文的同时接纳俗语，为启迪民智，将其与"存国学"共同归拢于"爱国之业"的名下，在一定程度上达到了兼容；而吴汝纶的介绍西学，以桐城文作西学序的中西合璧本身便足以说明问题，不论吴汝纶等人的主观愿望是中兴桐城派还是扩大影响力，但在客观上仍然表现出了一种对于时代文化走向的认同与追随。在中国近代文体转型的过渡过程中，新旧文体同时获得发展，并呈现出对立却彼此影响、渗透的矛盾的存在状态。

第二节　陈去病的新文体散文创作

陈去病早在《新民丛报》创刊仅两个月时便于家中代售，对于《新民丛报》及相关的报刊了解甚多，同时也必然受到梁启超等人"新文体"的影响，从实际作品来看，陈去病的新文体散文也几乎具备梁氏散文的全部特点，既有文风平实、语言浅近、观点鲜明、目的明确、情绪饱满等优长之处，同时也有煽动口号式语句的泛滥，甚至有"姿态"之嫌，缺乏理性思考等问题也一并呈现出来。陈去病的新文体散文创作类型中，既有最具代表性的报章体政论文，又有演说体白话文，后者数量较少，陈去病的报章体政论文刊登于数种报刊，就目前可见，总数约有百种左右，其中大多数集中创作于1906—1915年间，即辛亥革命前后十年间，共有七十余篇，占据这类散文数量的大半，这段时间也正是陈去病结社、辑录遗民文献等文化活动的高潮期，客观上又是废旧立新的时代转型期，作为与时政紧密贴合的报章体政论文，这段时期的创作尤其值得关注。

一、报章体政论文

政论文是陈去病新文体散文中最重要的一部分，选取自1906—1915年为时间段，这期间的报章体政论文最具有典型意义，在经历了颠覆性的革命之后，陈去病

① 详见宁俊红、王丽萍：《梁启超"新文体"散文的近代转型意义——兼及"新文体"散文的传统渊源》，载《甘肃社会科学》，2010年1月，第58页。

② 《古典文学三百题》，上海古籍出版社1991年版，第91页。

的政论文作品中仍然有始终关注的内容，在抨击对象、创作心态方面却又发生了微妙的变化，这种特点主要体现在以下几个方面：

首先，选取内容的一脉相承。陈去病始终对于政治区划，特别是边疆治理等问题极为关注，这也成为他政论文选取的题材中最一成不变的部分，早在 1904 年，刚过而立之年的陈去病便有《漠南北建置行省议》一文，文中详细阐述了漠南漠北地理位置的重要性，指出现存的行政区划存在的严重不合理之处，沙俄也正是抓住这一漏洞才有机可趁，尤为可贵的是，陈氏并未一味提出问题，而是谈到了自己的想法，包括官吏设置、大量移民等多种举措来应对，在文末更有一张《漠南北新建置总表》，可见他在相关问题上所费时间甚久，绝非一日之功。

至 1908 年，此类选题的政论文开始大量出现，仅当年便有《升上海为直隶州议》、《南粤分疆设治议》、《论筹防天山南路》等三篇文章出现，且依然按照"关注核心区域"和"边疆治理"的原则筛选论述对象，尤其是建议将上海升为直隶州一文，可谓极具前瞻性，陈氏已经看到了上海存在的得天独厚的地理优势，然而租界的存在使上海管理混乱，陈氏遂建议将周边地区划归上海并升为直隶州，语言中肯，论证资料详实，理由充分。后两篇则分别针对两广海南地区及新疆地区提出一己之见，尤其在《南粤分疆设治议》一文的后记中，陈氏特别表示民国之后，自己的这一建议与孙中山的提议不谋而合，这种肯定使他相当兴奋，"爰重为删润，备当局者参考"①，同时也进一步坚定了他关注此类问题的信心。

经历了辛亥革命之后，陈去病始终没有放松对这一系列问题的关注，于 1912—1914 年间又先后作有《西藏改建行省议》、《淮北增置行省议》和《说边关三省》等作品，由此，陈氏的创作内容范围已经囊括了中国绝大部分地区，边疆地区更是全部包括在内，此时陈去病已经抱着为国家献计献策的态度，积极投入到建设新国家的浪潮之中。在《说边关三省》一文中，陈氏详细地考察了热河、察哈尔和绥远三省的历史沿革、出产矿产及农产品等，在文末不由感叹早年即作文认为漠南北宜改行省，却未能引起当局的足够重视，使得如今北方地区面临唇亡齿寒的命运，而行文至此，更多的只是一份无奈。

作为一位有着政治理想的文人，陈去病的关注对象庞杂，除去他对于领土治理的看法，当局的一举一动、陈旧的社会陋习、相似的历史情景都可以为他所用，选取恰当的角度成文，陈氏敏锐的观察力可见一斑。然而在他的观点中，也常出现知识分子的天真，以作于 1911 年的《借外债与购德械》为例，陈去病意识到德国向清廷

① 张夷主编：《陈去病全集》，上海古籍出版社 2009 年版，第 456 页。

兜售枪械是欲瓜分中国之阴谋，因此汉族同胞要粉碎此计划，以子之矛攻子之盾，向德国购买枪械杀清廷，可谓一石二鸟，至于费用如何解决，陈去病提出了一个令人哭笑不得的解决方法：借外债，使清廷无钱可借而失去翻身的机会。在这一系列问题上，陈氏的想法显然太简单了。清廷是以附带不平等的政治条件为代价举外债的，各国岂会在看不到任何利益的情况下盲目借贷呢？陈去病的提议显然不具备可行性。尽管如此，他极强的责任心和敏锐的政治嗅觉仍然值得肯定。

其次，民族情绪的日益高涨。陈去病是以民族主义为利器，激发国民斗志，推翻满清统治，以求实现民主共和，陈氏的民族立场异常坚定，将“三民主义”中的民族主义贯彻到底，甚至因此被人称为“一民主义者”。事实上，在近代，民族主义对于革命先行者显然有着重要的意义，唯有具备民族与民主两重性质的革命才能取得成功，而“民族革命乃是有着共同的情感传统的一群人争取解放与自治的运动，因之，革命的结果必须是该民族的全体（至少绝大多数）人民普遍地获得更大的自由与幸福”①。在特殊时期，倡导民族主义无疑能加强国民凝聚力，同仇敌忾，陈去病正是抓住这一心理，以民族主义为工具，煽动民族情绪，犀利的语言与无所顾忌的指斥在他的政论文中比比皆是，且在这十年间呈现日益高涨的趋势。

早在1904年，陈去病在《论中国不与俄战之危险》一文中就曾表达过对清廷充当看客的强烈不满，虽然当时他提出的解决方案尚不完善，但利用民族情绪则已然可见端倪。辛亥革命之前，陈氏政论文中多是拒绝与清廷颁布的旨令合作，如创作于1908年的《论满汉通婚之难订》，针对清政府下令允许满汉通婚，陈去病却表示：“国家之所由立，民族之所有存，皆人伦为之基也。人伦一丧，则民族之主义消而国家之基础亦因以不固”，不合作态度鲜明，且对清廷以其人之道还治其人之身，有意将民族主义化为不可逾越的鸿沟。

这种不合作的态度在1908年8月陈去病赴汕头主《中华新报》后进一步升级，陈氏借助媒体为平台，报章体这种“短平快”的形式，对清廷大肆口诛笔伐，讥讽嘲笑。作于1908年的短文《开国之摄政王耶》对载沣封摄政王一事大加嘲讽，据此认为清廷不过是末日黄花，而“对大阿哥及摄政事的批评指斥，颇为当朝所忌”②。陈氏并未因此对大胆的言论稍加约束，相反，《若要俏须带三分孝》语言更加辛辣，针对慈禧与光绪帝去世一事，陈氏认为国民须改变孝服颜色使之更加美观，字里行间不免调侃，表现出自己对此事的极度不关心。

---

① 余英时：《民主制度与近代文明》，广西师范大学出版社2006年版，第285页。
② 张夷主编：《陈去病全集》，上海古籍出版社2009年版，第117页。

另一方面，陈去病却不时创作怀念性文章来祭奠民族精神。如在1908年先后创作的两篇短文《八月二十七日的大纪念节》和《今日的纪念》，分别纪念南明小朝廷在东南失守及陈子龙殉国之日，语气沉重，形式正式，一改往日多变的风格，在后一篇中，陈氏言："盖今日者，固我中国之大文豪、大党魁、大志士陈卧子先生子龙流血之纪念日也，亦即我中国先朝末运之纪念日也。"极大地抬高民族主义者的历史地位，虽然由于措辞近乎夸张，以致这种情感的真实程度颇为现代研究者所质疑，其中所存在的故作姿态也不可否认，但同时必须承认的是这在当时是陈去病宣扬民族精神的一种有效方法。

尽管清廷已呈苟延残喘之势，但对于社会舆论仍然存在一定的控制力，因此陈去病在辛亥革命之前的创作中也仅限于嘲讽与不合作的态度，真正的民族情绪大爆发始于1911年，在《〈江苏大汉报〉发刊词》中，陈氏不由破口大骂，从清兵入关到溥仪登基，语言一气呵成，酣畅淋漓，末段更有"报亡明之宿耻，还大汉之山河，洗胡虏之腥膻，复中华之民国。革命哉!"大声疾呼式的内容使其变成了一篇名副其实的战斗檄文。同年，他又创作了《满虏今昔之比较》，从天道循环、定数等方面论及清初及清末，涉及到一系列宫廷丑闻、传闻，语气慷慨，语言辛辣，揭示清廷种种窃国、杀戮等罪恶行径，用宿命论解释清廷的必然灭亡，做了声势浩大的舆论准备工作，具有民族情绪煽动性的政论文创作也在当年达到了顶峰。

陈去病显然是以民族主义为实现政治理想的工具，这一点集中体现于这十年间的政论文创作中，在辛亥革命之前，以民族主义相号召的作品层出不穷，且程度呈现愈演愈烈之势，而清廷被推翻后，此类作品数量锐减，足以说明问题。

第三，抨击对象的逐渐转变。这一点紧承其上，更加充分地证明陈去病是以政治理想为第一要务，辛亥革命之前，实现民主共和的路上最大的障碍便是几千年的封建帝制，推翻清廷是当务之急，陈氏于是寻找到了极好的突破口和理论武器：民族主义，它可以激发国民斗志。陈氏在创作中，不时以明末志士精神鼓励民众，以清初屠戮暴行刺激民众，从而收到更好的效果，因此在推翻帝制之前，异族统治和当朝昏聩是陈氏政论文创作中一成不变的抨击对象，且随着清廷的舆论压制能力越来越弱而愈发地大胆、犀利。

辛亥革命之后，这一现象却发生了转变，一方面，帝制已经推翻，从这个意义上讲，陈去病及一众革命先行者的政治目的已经达到，此时再对已毫无还手之力的清朝统治者口诛笔伐、大肆声讨失去了意义，另一方面，也是抨击对象逐渐转变的最根本原因，便是实现共和之路上出现了新的障碍——袁氏专政。辛亥革命落在身上的硝烟还未散去，孙中山就任总统短短三个月之后，革命党人抛头颅洒热血换来的胜利果实便拱手让人，更让人气愤的是，袁世凯上台之后毫不关注民意，却对自己的利益患得患失，在引发了国民一致漫骂的同时，又掀起了新一轮声势浩大的舆论讨伐，而这一过程也忠实地反映在了陈氏的政论文创作中。

作为一位政治家，陈去病有着高度敏锐的政治嗅觉和极强的思辨能力，可以先于众人觉察出问题的症结所在，早在1911年，他便预感到袁世凯将会成为实现真正的民主共和之路上最大的绊脚石，而此时国内情况更是一片混乱，陈氏于是在《对于内讧者之悲感》一文中大声疾呼，希望在革命伊始之际，不要有同室操戈之举，让袁氏有可乘之机，虽然袁世凯受到自身能力限制，目前还不敢有更大举动，但如果再像现在一般各自为政，袁世凯则很可能成为最后的赢家，“现象如此，胜负之数，昭昭然已”。

虽然当时有如陈氏这般认清形势之人，但革命派仍然难阻大势已去的命运，黯然退至幕后。袁世凯的专政引发了越来越多的抗议之声，面临内患的中国同时也处在帝国虎视眈眈的目光中，极度失望的陈去病再次把矛头对准了袁世凯，作于1912年的《呜呼！边陲之风云急矣！》一文中，对新疆的民族矛盾，西藏的试图独立，满蒙的岌岌可危无不痛心疾首，话锋一转，直指袁氏：“然则政府诸君，能诿其责而不自疚乎？即袁总统所谓‘当世凯任内绝不使中华失片土者’，其言岂能实践乎……袁大总统！毋空言徒托，而忍弃我辛苦血汗再造之河山！”可谓字字血泪，言及随时可能成为他人囊中之物的国土时，不由愤怒心焦至极点，用哀婉的口吻控诉袁世凯的不作为。随后二次革命、护国战争接踵而至，军阀混战，民不聊生，陈氏的政论文中也不再有格外鲜明的抨击对象，现实远比想象的残酷，清廷推翻之后并非理想中的一片歌舞升平，陈氏此时的作品中更多的是一份反思与无奈。

最后，创作心态的自然过渡。无论是选取内容、民族情绪还是抨击对象，都是陈去病依据时代的不同和民众的需求作出的调整，唯有创作心态的变化是自然发生的。虽然陈氏对于清廷不屑一顾，采取不合作态度，但在辛亥革命之前的创作中，他仍然不由自主地以普通民众参与议论的心态为自身定位，不论是关心地域区划还是官吏设置，陈氏更希望达到的目的是使当权者有所察，使真正掌握话语权者可以有所作为，实际上仍未摆脱传统知识分子“下察民情，上达天听”的模式，只不过陈氏在其中表现出更多的不满和反叛情绪。

从辛亥革命开始，陈去病的创作心态逐渐从民众参与过渡到了主人翁立场，这与他和领导革命者关系密切，本身便是先行者之一的身份有关，同时也是陈氏心态上的转变，努力推翻帝制之后，有着开国者的自豪和百废待兴的责任感，这一点则直接促成了其创作心态上的转变。如1912年创作的《迁都篇》，便是针对着革命刚成的局面提出的关于迁都的建议,用自问自答的形式写成,诸如与孙中山意见相左、北京皇族的安置问题等一一作出解释,这种以主人翁立场为建设新国家献计献策的热情已经初见端倪,至 1915 年所作《论建立国会之非易事》,在其中陈氏对民国建立议会是否可以真正使整个国家运转正常表现出担忧,字里行间都是对于新制度的忧心忡忡和对国家何去何从的深切思考,此时的陈去病也已经完成了创作心态的彻底过渡。

以陈去病这十年间的政论文创作特点为切入点,看到的不仅是以陈氏为代表的一批有政治抱负的文人在社会转型期的文学活动和创作思想,也能从侧面反映出一些当时独特的社会问题。比如在陈去病创作完成了檄文《〈江苏大汉报〉发刊词》之后短短三个月,他便又执笔《〈江苏大汉报〉停刊宣言》,而这份由军方出资刻印的报纸由于形势动荡,资金不足,未满百日即遭夭折,从中也可看到当时报纸期刊等出版物发行的混乱情况,这种混乱与不稳定性同样体现在诸如民间办学等各个方面,在近代很具有典型意义。

二、演说体白话文

陈去病的演说体白话文数量较少,究其原因,其实与梁氏等人颇为相似,传统教育环境下成长起来的陈去病同样对于白话创作显得有些勉为其难,他刊于报纸上的新文体散文绝大多数仍以半文言写成,而演说体白话文最典型的当属 1904 年发表于《二十世纪大舞台》上的《告女优》,从中即可窥见陈去病此类散文的几方面特点:

首先,与听众、读者之间拉近距离。作为演说体,对方的感受是必须考虑和顾及的,陈去病主要从两方面着手解决此问题,一是在语言运用上,由于听众的群体“女优”较为特殊,范围又比较具体,陈去病在行文时采用了比较多的戏曲对白和习惯用语,让听众由语言的熟知而自然产生对于演说观点的认同感,如其中屡次出现“据俺想来”等词汇,颇似戏曲语言之风,另一方面则是演说角色的定位,陈去病在每段开头均用了诸如“唉”、“嚇”、“咳”之类的语气词,以造成一种实际效果上的亲近感,称女优为“姊姊妹妹”也有着同样的作用。特别值得指出的是,陈去病在这方面的处理上很得体,演说体白话文最易为人诟病的便是作者出于角色定位上的模糊而造成的高高在上的启蒙心态,这一点在《告女优》中并未明显地体现出来,用语气词开头易使人有平易的感觉,再加上这篇演说体白话文的听众群体限定明确,“女优”本身便不包括陈去病本人,因此没有此类问题的出现。

其次,说理方式上的层层递进。在其中,陈去病对于《二十世纪大舞台》作出简要介绍，鼓励女优登台，紧接着拿西洋与日本从艺女性相比，指出她们拥有很高的社会地位与知名度，最后重申女子戏曲演员的重要性，节奏紧凑，且多处运用了反问的句法，造成类似于激将法的效果，如“你们这班姊姊妹妹，平日里头，都是个聪明伶俐得了不得的，谁说碰着这件事情，倒就此退缩不前，追步不上了么?”“我们比他不过，没法子，难道就此罢了不成?”虽然陈去病的演说体白话文数量较少，但从此篇中亦可看出其特点同样与同时代的演说体白话文相吻合。

由于陈去病刊于报纸上的作品多用新文体散文的形式，借助于传播的力量，这部分作品也是最具实用性的，同时在当时也为陈去病赢得了良好的声誉，是最与其“辛亥风云人物”身份相称的一部分作品，在如今看来，尽管其中存在煽情成分过重，理性精神缺失等不足，但同时也映射出了一个时代的文坛风貌。

第三节　陈去病的传统骈散文理论及创作

在实际创作中，陈去病对文章的形式与相对应的作用格外重视，报章体文章通常浅显平易，情绪饱满，遇到特殊情况亦可采用白话文形式，然而他所作的数量较多的游记、传记类作品，以及启笺、序跋基本上采用的是古文形式，遇到诸如社团发起等尽显文人本色之事，陈去病笔下呈现的又是骈文的一派古香古色，如《南社雅集小启》、《秋社启》、《神交社雅集小启》、《南社诗文词选叙》等莫不如此。从创作数量上看，陈去病的传统骈散文要远远多于新文体文章，这部分作品也最可见其学养与功力，唐昌言称陈去病“研求古文词者甚力，故其生平所撰述，辄能于奔放中具法度，词华外见气节”(《寿陈佩忍姐丈五十文》)，但这部分作品与报章体文章相比距离时事更远，且更加个人化，因此知名度亦略逊一筹，实际上，从传统骈散文作品中才能真正发掘出陈去病的文章风格。

一、陈去病的古文理论

陈去病没有专门的古文理论篇章，只在他的笔记《五石脂》及杂记类散文、部分诗作中零星可见其古文观点，主要集中于三个方面:第一，跳出模拟、门派藩篱，拥有独属风格。陈去病在《与宗素济扶两女士论文》(其三)中表达了对于韩愈的推崇:“文从字顺词由己，兹语吾师韩退之”，简单的理由中很重要的一点在于“词由己”，这种拥有独属风格的主张同样出现在他的诗论中，而在谈及桐城派、常州派时，陈去病评价:

> 中国人积习，每不求其实在。及至讲学、论文，辄先分门户，矜家派，龈龈争辩，绝类儿童眩饵，余最不取。二百年来，自方、刘、姚氏，俱以桐城人讲古文之学，于是当世遽有“桐城派”之目，斯已谬矣。常州诸老，既心知其非，耻与为伍，则行所无事可也，故终不自矫正，而仍标榜其文曰“常州派”。常州派徒树一帜，以与桐城相敌，弊未除而乱益甚，此固欲索解人而难得者也。自两派迭兴，而古文之学日衰。为桐城者空谈义理，俚浅不根，浮光掠影，如痴人说梦，呓语满纸。而为常州者，不涂饰为工，即好事穿凿。犹嚣嚣然自鸣于众，曰我务考据，多佐证，彼为桐城者不能也。噫，斯亦自愚而已！夫文无论古今，总蕲一是。义理、词章、考据三者何适而不可，只须用得其当而已，于彼宗派何与乎？欧阳子得韩文，学之甚勤，终不失为欧阳之文，不闻其曰我韩派也。曾、王、三苏皆永叔门人，而各成其为曾、王、三苏之文，亦不闻其曰我庐陵派也。（《五石脂》）

在陈去病看来，这种门派间的相互争斗及时人所流行的标榜门户只会导致文学的末路，对于桐城派的“义理、词章、考据”之说，陈去病认为其本身并无不妥，“只须用得其当而已”，应该回归到文学本身，而不该就门派问题斤斤计较，在其后不忘以唐宋大家之例佐证，古文创作重在跳出师承，独具风格。反对分立门户及模拟因袭的观点不单出现在其古文理论中，在论及诗歌、辞赋等文学样式时陈去病亦多有提及。

第二，作文主张朴实有质，言之有物。在《五石脂》中出现了大量的遗民作家，陈去病多是抱有以文存人之心记录其作品，评论也多从气节等精神方面着手，但对刘宗周似乎是个例外，作为蕺山学派的开创者，宋明理学的殿军人物，同时也是一位因守气节而亡的儒学大师，陈去病在论及他讲学及作品时，避开了精神气节上的评价，而言：

> 念台讲学，专事朴实说理，不尚恢张标榜。故其所重在躬行实践，而于华士则深疾焉。所著《人谱》及《人谱类记》，虽为中人说法，然却亲切有味，允为叔季之良箴。（《五石脂》）

“虽为中人说法，然却亲切有味”，说明陈去病认为古文创作中，真情十分重要，面对近代学者独看重文法，陈去病不客气地指出：“近儒龂龂论文法，怕到文成已下乘”（《家居杂诗》其五），而对于认真的创作态度的强调与文章要朴实有质的要求从陈去病对汪道昆的评价中亦可见，汪氏成名之后，“自矜能文章，以为高古法汉魏，由是四方之求文者，日辇金走徙中，踵相接也。汪对客挥毫，须臾立就，得其文者，人人自以为光宠。余见其集，盖百卷云。然多芜秽空廓，不合义法。明季文章之坏，实由于此”。“芜秽空廓”一直是陈去病所不取的，实际上这种问题的出现与其草率、立等可取式的创作态度有莫大关系，作品中缺乏真实情感，这一点亦是陈去病始终强调的，在谈及今之辞赋早已不及古辞赋时，陈去病作出了如下分析：

古诗之赋，以情义为主，以事类为佐。今之赋，以事形为本，以义正为助。情义为主，则言省而文有例矣。事形为本，则言当而辞无常矣。文之烦省，辞之险易，盖由于此。（《五石脂》）

在陈去病看来，缺乏了情感的创作不过是在玩弄文字技巧，毫无成就可言，与古辞赋相比，不过是在皮囊上耍花样，甚不可取。

第三，公允评价骈文优长，提倡学养。对于近代人趋好散文，进而诋毁骈文的行径，陈去病意见多有不同，他借韩愈之文而谈及骈散文之现状，言：

因念韩公一代作者，其文字之雄奇，自不可以磨灭。或谓其有八代起衰之功，盖非其缪也。而吾友高天梅独作诗非之。非非之也，要以世间耳食者众，目未睹齐梁骈俪之工，辄藉优俳为喻。不知彼诚优俳，然亦读得书来，斯才能及此。不若今人既不悦学，其视骈文正如峨眉剑阁，如七宝楼台，茫然莫得其奥。顾乃妄事轻薄，谓散文为复古者，是皆由散文之易捉笔，可袭貌遗神，以取悦庸众耳。余于韩公虽甚仰佩，顾竟不敢谓吾友之说非者，则正以其所见自卓越也。（《中秋旅行记》）

其中对于高旭的观点给予支持，实际上陈去病也在借此表达自己对于骈散文的看法，他一针见血地指出，今人仰慕韩愈等散文大家，喜好散文，并非真正理解古文含义或名家主张，只是由于“不悦学”而导致无法读懂骈文，不觅门路，更无从谈及灵活运用与独立创作，只能转而攻散文，皆因其“易捉笔，可袭貌遗神”，这种做法不仅对于骈文评价不够公允，对散文创作也极为不利。陈去病不再单纯纠结于骈散文孰优孰劣的争论中，在肯定韩愈“文起八代之衰”的同时也肯定“齐梁骈文之工”，认为后者同样需要创作者深厚的功底，从时人自身找原因，提倡学养和功力，这种理论态度本身便值得肯定。

虽然陈去病没有专门文章系统阐发古文理论，但在零星选取中仍可见其关注点，对于当时在文坛面临存亡危机但仍存在一定影响力的桐城派和已经已走上衰亡之路的骈文，陈去病并未表现出单纯的支持或排斥，他的立足点选取的是门户之争、因循摹拟以及提倡创作所需的学养，这种立场已经跳出阵营林立的模式，带有了总结的性质，与时代的足迹颇为吻合。

二、陈去病古文创作的分类解析

除去目的性极强的报章体文章，陈去病其他作品多以古文形式创作，却因内容和性质的不同，表现出迥异的艺术风格和行文特色，如传记类作品多结构固定，文风严谨，情真意切；游记类作品忠实地记录其为事业奔波的足迹，视角独特，往往借当地景致联想局势，带有明显的陈氏风格，但此类作品中亦不乏清新明快的段落，字里行间带有探寻者的好奇之心；序跋则多有个人观点的表达，内容涉及文献辑录、戏曲改良、诗词选取、家谱编纂等等，种类驳杂，从中亦可见陈去病文人视角的观点阐释。在此特将其古文做分类解析：

(一)传记类

这部分作品包括传记、碑铭、哀诔、行述等几类，总数在六十篇以上，在古文创作中所占比重最大，从传记的选取对象上看，陈去病的作品已经与传统的传记类作品大相径庭，通常意义上，传记类作品是展示作者正统思想的一个窗口，传记的主人公之所以值得立传，是因为绝大多数对象都是忠孝节义的化身，成为承载正统思想的工具，陈去病的传记却与之截然不同。碑铭、行述、哀诔等纪念性的、有实用性的作品对象多为亲友，而专门的传记对象则有着明确的选取出发点：饱满的民族主义情绪。在此基础上又可将传记主人公从时间上分为清初和民初两部分，这两部分基本囊括了陈去病所作的传记，由此，周宗建、吴炎、吴易、张苍水、吕留良与秋瑾、徐锡麟、王逸、陈墨峰等人共同进入陈去病的选取范围便在情理之中。除去以民族精神为出发点选取传记对象外，陈去病的传记类古文还具备以下两方面特点：

第一，语言平实，文风严谨，情感真挚。在1901年为母亲倪太夫人所作《先妣节孝君倪太孺人行状》中，陈去病从小事入手，描写细腻：

> 先妣仁慈惠爱端庄，不苟言笑，尤不屑以诅詈伤人。不身亲宰割，于兽肉及介类、鳝鳗一不食。鳞类不食鲤，家人请其故，则曰："今人遇宣圣讳必避之，顾食其子之讳而弗思乎?"外家故北邻，不孝儿时外王母已老。先妣每饭不忘，辄令持小筐盛食以饷。戚屡有为不孝言者曰：往时而母归宁，必效婴儿嬉，歌

歙般舞如老莱子状。母氏欢命止乃止。外王母卒，丧之如在闺。

仁慈之心，纯孝之状，由陈去病寥寥数笔便跃然纸上，温暖动人。而在感恸伤悲之时，陈氏行文流露出的真情亦令人动容：

> 恸怀母氏，劬劳罔极。当萧墙之阋睨，几予室之飘摇。吾母不惮经营，捍御务脱于厄。殆巢完卵毂，然后呴濡培植，示不孝以理义之归，繄皆吾母之力。而不孝文弱，不自策励，以续前人光。遭逢齵蹇，家累纷缠，不得已屏弃老屋，赁庑江城。又奔走衣食，出为童子师，不获常侍萱寝。卒至属纩未亲，音徽永隔，纵复日自蕲死，以赎积愆，尚何及哉！

以人物语言入传不仅可在细节处传神，同样可使真实感顿增，从而产生文风严谨之感，如在《周宗建传》中，陈去病不惜花费大量笔墨记录周宗建闻听东北边境为满人所占而给皇帝的上疏：

> 公……再疏论边事，殷殷以用人为急，谓："百凡防御，总藉人为，而臣所欲用之人，非犹夫人之所谓用人也。平时之人，横金结绶，赴阙生欢；今所欲用之人，必被发缨冠，誓死殉国者也。平时之人，安车缓辔，徐徐吾行；今所欲用之人，必击楫枕戈，矍铄自荐者也。平时之人，小廉小谨，标格自持；今所欲用之人，必不衫不履，不傍时趋者也。平时之人，求封求荫，画锦在怀；今所欲用之人，必仗剑出门，不与妻儿作别者也。以如此事，任如此人，而旁揣者犹为之铢铢而较曰：'某向以某事而退，某向以某人而归，某曾经驳于弹文，某曾身挂于察典，某为习气之未除，某为功过之不掩。'不徘徊于铨司，即旁挠于私口。嗟乎，嗟乎！抑何其忍忘君父之封疆哉？"又谓："董应举先几远识，能料辽事于二十年前。徐光启于一切兵甲、器仗、火车、火工、城守攻御之具，咸有成制。自宜优之京秩，以备顾问。"且曰："人臣当效古人同舟之助，不宜效后世幸灾之心。併胆一力，如救溺然。辅臣枢臣当思屐齿欲折之深心，勿学围棋赌墅之虚貌；诸臣当思有事时求人甚难，毋于事定后责人太易；当思今日只有此事之警危，毋于他日再多小事之争执。此尤今时救辽第一根本义也。"

在摘录之后陈去病特别加以注释："此疏系天启元年三月十七日具题"，由此，不仅忧国事危难，强调"不拘一格降人才"的忠义之士形象呼之欲出，如此史料的大段植入也让传记更具有真实性，且呈现出文风严谨的特点。

第二，传记结构相对固定，记录内容取舍有度。在传记的格式上，陈去病选择的仍是传统的记述加评论格式，在作完人物传记之后，陈氏往往会在末段加上“南史氏曰”，表达对事件和人物的看法，虽然采用的是古老的格式，但陈去病在这方面常摆脱点评人物的套路，代之以其他内容，使文章新颖灵活。如陈去病所作传记类作品的代表《长兴伯吴易传》，作者洋洋洒洒数千言记述这位同乡与抗清英雄，其中大段篇幅描写吴易与清兵的正面激战，在评点中，陈去病却言：

> 吾乡多箭艘，亦曰“枪船”。环邑中五百里，断港绝潢，罔不有之。儿童至八九龄，类能操桨以从。其来盖三百余年矣。世莫知其所自始，独村氓于农隙辄驾快船，驰骋湖荡间，习拳勇竞胜以为常。虽其语多不经，然犹知其为陆兆鱼故事云。语曰：“礼失则求诸野”，今历世且不啻七八矣，孙吴军之余威，其泯没吴江征漕危害特甚，于是有所谓白腰党者，缠布腰间以起事，及洪杨之役，孙沈余胤，犹有搴旗以卫桑梓者。考其时所凭藉，大抵惟箭艘是资，而今则江浙水师且利赖焉。乌呼！箭艘之效，不其远哉！

完全将传记主人公吴易舍弃而溯源考证当地的水军历史，出现这种情况不外乎两个原因，一是陈去病借此进一步对有地方特色的作战形式加以解释，方便阅者理解，另一方面则便是纯粹的有感而发，这种由传记人物事迹中的一点生发开去的评点方式正是陈去病此类作品亦可呈现新颖特点的原因。在行文内容的选取上，陈去病的取舍标准亦同其要传达的作品内涵保持一致，在对秋瑾、徐锡麟等近代革命者进行描述时，重在记述其暗中联络进步组织共举革命及最后牺牲的经过，吴易等抗清英雄的传记中则三分之二以上的篇幅均是与清军的正面冲突，对于人物的家世、青少年时期等方面均以基本信息的形式出现，而着力于人物一生中最辉煌的时刻，如此取舍有利于传记的重点突出，同时为读者做出一种刻意引导。

（二）游记类

陈去病一生足迹遍布大半个中国，但此类专门以“游”、“记”为题的古文今可见者不超过十篇，另在杂记等作品中亦有可归入游记的篇章，虽然数量不多，但游记类古文中所体现的陈去病的行文风格却是多方面的，主要表现在以下几点：

首先，内容上的“借题发挥”，联系国事。陈去病的古文创作在更大程度上是借助古老的形式，填充全新的观点，这一点在传记类古文末段点评中即可见，在此亦十分明显。古人游记中多感慨物是人非，繁华不再，将眼前之凋敝与昔日之兴盛相联，不免一番唏嘘，这种已成定式的抒情方式在陈去病的游记中也有表现，但基本不做过多描述，更多情况下他仍对国家主权沦丧与民族危亡表现的忧心忡忡，体现在游记中不免常“借题发挥”。大病未愈，接受医生建议“出游以泄心忧”的陈去病却对所游地香港为英人所占及当局的愚昧态度表现得出离愤怒：

其曰香港者，于我固无是称，惟在山西南有口门曰小香港，盖石柱山之一隅地耳，非素所著称。而英人当时即据是以相索，我政府既不知石柱山之有小香港也。以为区区荒屿，失之无所损于毫末，故遂以畀之。呜呼！孰知英人据有兹土，迢迢七十载，竟突然蔚为东方一大都会，而尽握世界之商工权耶。呜呼！孰知吾国一失兹土，而珠江之咽喉尽扼，桂粤之门户避开，即南洋侨民于兹隔阔江海，声势因而不联。开门揖盗，太阿倒持，俾彼英人，得俨然有雄虎伺门之势耶。谁秉国钧而至于是？言念往昔，固不能无太息痛恨于桓灵也。（《游罗浮山记》）

中秋出行本一大乐事，乘火车却联想到铁路为外人所盘踞，忧国忧民之心体现在字里行间：

顾使此路之费果出之中国人也，则场面愈大，名誉亦愈佳，而无如其母财之尽出于英国也。假使今日收赎之期到，而我苏人竟无意赎回，则一次不赎，英人即多盘踞数年。数次不赎，而盘踞之根基愈固。及至末路，债台高筑，利重如山，则三吴之民，真不堪设想矣。（《中秋旅行记》）

这一方面特点的出现源于陈去病革命家身份，也源于他所接受的传统教育中“心忧天下”的思想影响。

其次，选取对象上的猎奇心理。这一特点在近代尤为鲜明，国门大开，带给国人全新的视角，新鲜事物也令人眼界大开，中国历史上从未有哪一个时代如近代这样在极短的时间内涌入大量的新生事物，全盘颠覆着时人的认知。猎奇心理是人类的本性，作为阅历较广者，会自觉不自觉地将未曾见过的新事物作详尽记录，这一特点自晚清便开始显现，陈去病的游记中也体现出创作者的猎奇心理，如在《参观美国兵舰游厦门欢迎事杂记》中，陈去病对于招待场所的布置描写颇为细致：

……其前特起一门阙……背以电灯制成中美国旗，入夜发光，灿烂闪烁，不可言喻，正中一斤为毓等招待美帅之处，更为精美，非寻常所有。四围布列兵弁休憩所十区，每所皆排列大餐桌椅，可以任意取嚼。其门阙左近一邮便局尤奇妙，其中杂置美丽之邮片信笺等甚多，可备兵弁随意发信……场中草地尤极宽广，可以抛球，故击扑者亦络绎不绝也。

这种类似于野餐会与俱乐部性质的活动自然是新鲜的，除了对外来事物有强烈的好奇心，陈去病对于异地的风俗与独特之处亦颇为留意，他曾在一篇题为《蛋户》的短文中如此记载：

蛋户，其来不可考。据《宣统南海志·杂录》引旧《志》云："秦使尉屠睢统五军监禄杀西瓯王，越人皆入业薄中，莫肯为秦，意即其遗民。以舟楫为宅，捕鱼为业。辨水色，则知有龙。故昔有称其为龙户者，今则统目为蛋家，不许登陆，与齐民通婚姻。明洪武初，始为编户，立里长，属河泊所，岁收其鱼课。"又《舆地略·前事》补引《黄通志》云："明洪武十五年三月，籍广东蛋户万人为水军。时蜑人附海岛，无定居，或为寇盗，故籍而用之。"又清雍正七年，令广东蛋户听其登岸居住，自清末解除苛令，其民亦一视同仁矣。

"蛋户"多集中于两广、福建等沿海地带，这种以船为家的水上居民对陈去病而言同样新奇，而遇事考证则体现着他一贯的文人习气，在其他古文创作中亦常出现。

最后，语言风格多样，清新幽默夹杂其间。游记类古文的语言风格在陈氏的其他作品中极难见到，作为常以大声疾呼形象示人的陈去病，在游记中却体现着另一番风貌，固然也有前文提及的联想国事时的语气沉重，但更多的是一份放松的心态所表现出的清新明快、惟妙惟肖的幽默语言，在写风景时，语言洗练传神：

既上坡，解衣山门之旁，东南以望，铁瓮城中，烟火万家，若可指数。而象山上下，列树表道，蜿蜒如常山，率然首尾可观，则防江戍卒经营以成此者也。焦山山色蓊蔚青苍，日光映之，金碧四射。昔人所喻珠宫贝阙，砥柱中流者，吾向游之未觉，而今释然悟矣。以北望多阻，乃由坡经行宫，历杨彭祠，曲折入僧寮小憩。既而转步，则多景楼夐然峙焉。壁有泰昌朝修楼记，为潘木公书，秀媚有劲气。（《游北固山记》）

登高眺望，以方向为序，足迹为线，条理清晰，透过车窗却又是另一番景致：

一旦出游，见四围山色，爽气遥迎，一碧秧田，青葱可爱。时有白鹭成行结队，斜上青天。(《中秋旅行记》)

明快可人的景色描写中却又时常夹杂着对人物不动声色的幽默：

惟铁路建筑法多率略，故车行殊震荡。而司机人复鲁莽，每际开行，遽捩其机关，猛力前进。故前后车恒相撞，动人恐怖。其有年老者，或妇孺不惯乘坐者，多至摇兀其身，若钟摆然，不能自持。噫！亦可哂矣。(《中秋旅行记》)

对自己在巨浪中颠簸的惨状与尴尬之态的描写更是令人忍俊不止：

巨浪如鳌头突起……晚餐后偶思小步甲板，忽飘风剧，刮我眼镜去，余无为之何，遂即返室中，卧至明晨，遣小奴至原处觅之，竟得完璧归赵，亦奇幸也。(《参观美国兵舰游厦门欢迎事杂记》)

从中却也可以看到一个更加真实的陈去病，尽管在游记中，陈去病仍不时掺杂借题发挥的时局感喟，但相比较其他类古文作品，游记是创作心态最为放松，最能展现其真实性情的一部分。

(三)序跋类

陈去病的序跋类古文内容庞杂，对象不止单纯的文集，尚包括戏曲、家谱、教科书等不同门类，而陈去病为之作序的文集作者不仅有师长(诸杏庐)、挚友(徐自华)，更多的则是他始终关注的遗民群体，部分作品甚至只是断章残篇，陈去病亦为其作序，仅在他序跋类古文中出现的遗民作家就有张苍水、吴炎、吴易、潘柽章、史弱翁、赵少文等数人。同时陈去病的序跋也并非全部以古文形式写成，如《〈笠泽词征〉自叙》就是一篇典型的骈文，在此仅讨论以古文形式创作的序跋，由于涉及戏曲改良、家谱编纂、诗词选录、遗民文献等等内容，这部分作品多零散地表现陈去病的个人观点，虽无系统性可言，但其观点同样涉及领域广泛，其中一部分内容甚至只出现在此类作品中，如对于印章学：

汉都御史有六曹，二曰印曹，掌刻印。魏韦仲将遂以此知名。自唐以下，古意微矣。王球吾衍之伦，始稍稍搜集秦汉玺印。有明一代，文、何蔚起，力宠汉、魏，彬彬可亲。及其流弊，破碎纤靡，识者病焉……余惟秦汉学者，好事伪托，如子云《太玄》拟《易》，反谓"雕虫小技，壮夫不为"。宋儒讲学，尤多偏见，至有"玩物丧志"之言。由是一技之士，名用弗显。呜呼！此与孔氏"小道可观"之语，何其盩欤？(《〈光印人传〉序》)

其间陈去病不仅对于印章学的发展做出简单梳理，找到其流弊原因，更是对此类"小道"提出一己观点，针对"伪托"、"偏见"下形成"玩物丧志"等观点，陈去病予以驳斥，并认为"印人"是真正的"一技之士"，而印章学也符合孔子"虽为小道，必有可观者"的定义。实际上虽然领域不同，但陈去病对于印人技艺和印章学地位的肯定以及相应的对秦汉学者伪托与宋儒偏见的指斥与其在文学上主张拥有独属风格，忌空谈无物有着异曲同工之处。

以上三类是陈去病古文创作的主要形式，其他尚包括一部分杂记，多短小浅近，且数量不多，在此可忽略不提。综观陈去病的古文作品可以发现，虽然他采用的仍是传统形式，却不再过于关注行文结构，即使有对固定格式的套用，内容也以全新视角组织，同时未表现出对古文门派的依傍，内容、语言、创作视角多样，陈去病的古文作品其实呈现的是新旧元素并存，且新元素比重略高的局面。

三、陈去病的骈文创作

作为与桐城派古文相抗衡的骈体文，至晚清也出现了较大程度的发展，同时随着公文、奏章等纯应用性文章对骈文格式的采用，骈文在一段时期内成为了无生命力、无艺术审美特性的单纯的公函载体，骈文想要得到中兴，必须采取相应措施摆脱此种情况。由此，晚清时人开始倡导将骈体文与四六区别对待，清末杨寿枏曾提出："若骈文则当以神味、气韵、风格、词藻为主，骨欲其奇，气欲其咽，采欲其沉，意欲其邃，然后译之以古藻，纬之以华思，斯为极骈文之能事"①，由此强调骈文的艺术特征，努力将其与单纯的四六形式加以区别，从而使其跳出公函文风呆板的局限，而被定义为"托体正、选辞雅、富有藻采之美而不雕凿、骈散相间，以秦汉文章为源头并以《文选》为典范的文体"②。

笔者在论及陈去病的古文理论时曾经提及，陈去病明确表示过对待骈体文的

---

① 杨寿枏：《与丁闇公书》，民国三十二年铅印本。

② 陈曙雯：《清嘉道以降骈文尊体思潮探析》，载《南京大学学报》，2009 年第五期，第 82 页。

态度要公允，他同样重视并欣赏“齐梁骈俪之工”，即使仅以形式呼之为“优俳”，“亦读得书来，斯才能及此”(《中秋旅行记》)。在创作上，他同样有数量不多但质量颇高的骈体文作品，主要有《〈笠泽词征〉自叙》、《南社诗文词选叙》、《神交社雅集小启》、《秋社启》、《南社雅集小启》等，鉴于后几篇在社团组织与活动中多有提及，在此特以《〈笠泽词征〉自叙》为例加以分析。这篇骈文也是陈去病所有骈体文作品中篇幅最长、语言最为华丽典雅的一篇，因此具有代表性。

骈体文创作困难之处在于它不同于律诗甚至对联篇幅短小，在讲求形式工整的同时又需从大处着眼，统筹全篇，由此文章结构显得尤为重要。《〈笠泽词征〉自叙》由于是为乡邦文献辑录而作，故在介绍词的形成与表现内容之后，陈去病转而介绍家乡经济富庶，人才辈出：“吾邑松陵，古号笠泽，具区万顷，洞庭双峙。云树翳其微茫，风涛震而相荡。晴波潋滟，有白鸥沙鸟之翔；绣壤交加，足粳稻鱼虾之利。所谓地擅兹胜，天笃厥生，非无故也。故夫畸人硕士，彬彬蔚起。文章经济，倬乎其伦。”在细细梳理了吴江地区词的发展历史之后，再次感叹时局混乱、异族当权带来的世风日下，由此表明辑录词征的心迹：“仆用奋慨，以为和声鸣盛。纵绝元音，而抱缺守残，愿为己任。际荒江之垂翅；聊竹素兮游心。剔明焰于将微；拨余灰而使爇。”入情入理，层层递进，整篇文章条理清晰，作者的主体意识始终保证左右文章走向，使此文目的鲜明且充满生命力，并无因拘于对偶而造成体格卑下之弊。

统筹全篇之余，骈文最考验作者功力的莫过于其驾驭语言的能力与使用对仗的技巧，骈文虽较律诗对偶要求更宽，但选取合适的语句恰切表现情感仍非易事，陈去病在这方面同样表现出色，由于此文本身便是为词征作序，因此语言更加华丽考究，开篇论及诗余源起及表现内容时云：“慨自风雅道丧，诗余乃兴。含情绵邈，体物浏亮。袭骚选之余音，以比兴为职志。美人香草，阐厥风情；秋月春花，供其陶写。登山临水，隔千里兮怀人；吊古伤今，望星河而饮涕。凡兹赋咏，悉本灵襟。以言音声，奚殊正始。是以文史从容之彦，江湖啸傲之身。关山之所跋涉，戎马之所奔驰。与夫思妇羁人，孤臣戍卒。际风尘之澒洞，值雨雪之纷纶。莫不哀啸孤呻，驰魂荡魄。托微言于短律，发清响于寥穹也”。骈文中的对仗不仅要求形式上的工整，呈现均衡对称，在内容上，下句亦需要对上句加以补充，以产生意义上的丰富性与延展性，避免前后语句的重复造成表意上的“合掌”现象。上述引文正是在围绕主题展开论述的同时丰富了主题内涵，且采用铺排对仗形式有效避免语义重复。陈去病运用语言的成功之处在于在固定的格式内，他善于抓住描写对象神韵，令人过目不忘。如对于家乡风景如画的描述仅十六字：“垂虹明月，钓雪晴沙，斜日鲈乡，半篙淞水”，却生动传神，胜于千言。谈及世风日下，人心不古，文学日益沦落时也是寥寥数语："嗟嗟江湖日下，悲韶濩兮难求；逻迤纷陈，听筝琶之迭奏。过黉宫而订乐，弹彻胡琴；采孺子之新歌，不成楚调。阳春白雪，倾耳谁闻，下里巴音，逢场辄遇。"

在《南社雅集小启》等几篇文章中，陈去病出于实用性考虑，同时受限于时局，文风更加含蓄隽永，用典较多，呈现出语言圆熟与风格内敛的特点，与《〈笠泽词征〉自叙》的用语华丽不尽相同。然而对于陈去病而言，他创作骈文的真正目的不是使自身创作呈现多样化风格，更多地还是对于骈文本身格式所代表含义的认可，在《〈笠泽词征〉自叙》中，他发挥了"骈俪之工"的特点，将自序本身打造得高贵雅致，与所选诗余相映生辉，而在社团启中，选取骈文形式则更多地表现了一种形式上的重视，尽管晚清时期骈文与四六分而待之的呼声日益高涨，然而由四六、或言缺乏艺术生命力的骈文担任公函载体仍然是不争的事实，陈去病在社团启中所采用的骈文形式表现的正是他的一种态度。

第四节　陈去病的小说戏曲创作

目前对于陈去病所创作的小说、戏曲作品在界定与数量问题上仍有不同意见，殷安如等主编《陈去病诗文集》中将《南唐伶工杨花飞别传》列为陈去病唯一的一部小说，而张夷主编《陈去病全集》小说类则收录《莽男儿》，《南唐伶工杨花飞别传》列入纪史纪传类。从内容上看，《南唐伶工杨花飞别传》的确属于人物传记，而陈去病也在《莽男儿》凡例中言明"是书系小说体裁"，由此本文将《莽男儿》认定为陈去病唯一的小说作品。戏曲创作方面，陈去病的作品全部系为1904年创办的《二十世纪大舞台》量身定做，在具体创作数量上有相关研究者持不同意见，梁淑安言："在《二十世纪大舞台》第一期上刊载的班本《长乐老》和第二期上刊载的《缕金箱》，虽然都署名孝农（汪笑侬），实际上，这两个剧本的稿本都出于陈去病之手，由汪笑侬根据舞台演出的需要对文学剧本进行修改、加工，并在舞台演出的过程中使其不断完善"①。梁淑安所谈到的这一点极有可能，但就目前可见，陈去病公开署名的戏曲作品只有刊于《二十世纪大舞台》第二期标明为"新排时事壮剧"的京剧剧本《金谷香》第一出《枪击》（署名"醒狮"），为求严谨，在探讨陈去病的戏曲创作方面，也将以《金谷香》为例。

---

① 梁淑安：《南社戏剧志》，社会科学文献出版社2008年版，第14页。

一、陈去病的小说创作:《莽男儿》与中国近代侠文化

《莽男儿》作为陈去病唯一的一部小说,从严格意义上讲并不具备构成小说的几大要素,且由于描述的几乎与史实毫无出入,因此在文学性方面也并不出色,陈去病曾作过《王逸姚勇忱合传》,两相对照,可见《莽男儿》中化名金凯的主人公显然是以王逸(王金发)为原型,然而正是这部几乎可谓乏善可陈的小说作品却透露出浓重的侠文化气息,以此为切入点,探究二者关系,即可发现社会环境与社会主体的变化导致的一脉相承的侠文化发展到近代所产生的突变。

王金发,原名逸,号孑黎,幼年即性豪侠,爱习武,曾东渡日本,与秋瑾、徐锡麟关系密切,合谋起义,失败后奔走各地,其雷厉风行、敢于担当的品格深受同盟会领导人的赏识,后光复绍兴,自任绍兴军分府都督,初期造福乡里,深得人心,后期却逐渐腐化,在参与二次革命讨袁失败后亡命日本,想以投诚的方式免除通缉,最终仍为反动势力所杀。这一传奇性人物本身便具有中国传统意义上的侠义精神,他少年任侠,青年时期投身革命洪流,组织敢死队,任绍兴长官初期更是做了一系列诸如公祭先烈、平粜仓赈、减除苛捐杂税、兴办实业、严禁鸦片、发展教育等深得人心之举,在一定程度上满足了普通百姓渴望迎来清平世界的朴素愿望。

在作品之前,陈去病特意写了一篇叙和凡例,并在叙中指出,这篇小说是根据镜中观奕客的同名传奇改编,因感原作具有强烈的时代特征且发人深省,“即目为革命之小史,亦可也。”因此无论是创作还是改编,作者都最大程度地保留了其历史真实性,陈去病自谓“即目之为信史也,亦无不可。”但这种改编并不等同于零创作,陈去病在凡例中特意指出,小说纠正了原本传奇中对于主人公太过苛刻的指责,“惟公道所在,不得不发为持平之论”,更加公允的评价一是指主人公的投诚,一是指其后期的割据一方以及生活腐化等方面,而对于主人公做出更加客观的评价,在一定意义上也体现出陈去病对于这样一位传奇人物的宽容以及对其侠义精神的肯定。由于是最大程度上的再现史实,因此《莽男儿》真实地反映出中国传统侠文化和近代风气的交融与流变之下带来的影响。

(一)中国侠文化的渊源流传

中国侠文化源远流长,在《韩非子·五蠹》中最早出现“侠”之名,所谓“儒以文乱法,侠以武犯禁”,在韩非子之后,司马迁在《史记·游侠列传》中更加明晰地勾勒出了“侠”的特征:

> 今游侠,其行虽不轨于正义;然其言必信,其行必果,已诺必诚,不爱其驱,

赴士之厄困，既已存亡生死矣，而不矜其能，羞伐其德，盖亦有足多者焉。而布衣之徒，设取予然诺，千里诵义，为死不顾世，此亦有所长，非苟而已也。

此时的游侠已经不再等同于春秋、战国时期依附于贵族的侠客，而是出现了社会身份的整体下移，也正是因为依附性的解除，这些出身布衣的游侠不再与统治者站在同一条战线上，甚至于开始有能力与其抗衡，他们“不轨于正义”，但同样也有着言出必行、一诺千金的为人准则，可以说，此时的游侠已经不再以固有的封建道德标准为准绳，而是体现出“一种维护其个人尊严和个人价值的力量”①。

然而这种与当权利益背道而驰的力量注定会被主流文化所排斥，在随后班固的《汉书·游侠传》中就已经开始有意识地对司马迁肯定过但其行为与统治者相抗的历史人物进行抨击，郭解就是其中之一，此人年少即常以细事杀人，及年长更是仗义不伐，使得人争慕附，徒党甚众，这已经是一个游离于统治集团之外的小圈子，虽然谈不到有能力与当权者抗衡，但它的存在本身便不为正统文化所容，班固在作品中不惜大肆口诛笔伐：“郭解之伦，以匹夫之细，窃杀生之权，其罪已不容于诛矣。”这显然已经是以封建道德标准予以衡量，随着正统文化的逐渐发展与完善，以及统治集权的日趋强大，“游侠”作为其对立面，光泽逐渐暗淡，最终退到了幕后。

但是下层民众渴望侠义之人出现的情绪却从未减弱，甚至伴随着思想禁锢的力量越来越大而日趋高涨，在现实生活中难以实现的理想，在现有制度下无法伸张的正义，都促成了呼唤侠客回归的浪潮，然而历史条件已经客观限制了真正的大侠再次出现的可能性，民众便把期待的目光投向了文学，渴望着在虚构的作品中迎来真正的理想世界，侠文学也就应运而生。真正意义上的侠义小说从唐代开始兴盛，随着时代的变化发展而呈现出不同的特色，同时也发生着一系列的转变。最初文学作品中的侠客只是单纯的除暴安良、拔刀相助，进入宋代之后，国力的衰弱，边患不断，这些变化让作品中的侠客增添了历史责任感和使命感，以致“忠义”并举，完成了“侠义传统与儒家人格价值的完美结合”②。明清时期侠义小说进一步发展，侠客越发地向正统思想回归，往往需要借助一位赏识自己的清官才得以施展拳脚，实现人生价值，虽然早年间也曾经有过“不轨于正义”的行为，一旦遇到伯乐便立即将实现社会安定、天下太平揽为己任，在一系列的公案小说中，侠客甚至退而变成了用以追击罪犯的专业工具，丧失了原本的光彩。

---

① 章培恒：《从游侠到武侠——中国侠文化的历史考察》，载《复旦学报》，1994 年 3 月，第 78 页。

② 冯媛媛：《〈三侠五义〉系列小说中侠义精神的演变与呈现》，载《青海社会科学》，2008 年 9 月，第 103 页。

由真实存在的游侠转为文学中的侠客形象，这是中国传统的侠文化所经历的流变，然而这也是必然趋势，侠客注定只能生活在集权相对松散、法律法规有待健全完善的时代，随着上述两点的改变，现实环境必将极大地限制侠客的行为，而文学却很好地满足了平民的这种渴求，且可以根据不同的现实环境和社会背景进行调整，最终将文学中的侠客形象塑造地既为读者所喜闻乐见又为正统文化所接纳，最大程度地保留了侠文化的精髓。

(二)近代侠文化的突变

这一现象到了现代又发生了巨大的转变，近代的特殊性再次激发出社会主体对于侠的渴求，同时伴随着呼唤侠义精神的重新发掘。如果说宋代由于民族矛盾，边患战乱频生，百姓们希望看到的只是侠客们帮助朝廷解除危机，生活在近代的人们却注定要在更加黑暗的社会环境中期待光明的普照。近代是一个特殊的时代，几千年来的庞大帝国从未面对如此严重的危机，强国的欺凌、邻国的蚕食、弱国的觊觎，曾经不可一世的东方巨人瞬间宛如已入暮年的长者毫无还手之力。面对强大的冲突，国内尖锐的矛盾也迅速凸显出来，如作品中所言："国中大员之糊涂，政治之腐败，压制之严酷，官僚之贪渎，刑法之黑暗"，传统侠文化中对于统治一族的依赖已然化为泡影。对于创作者而言，这无疑是一个巨大的挑战，这种转变要求将传统的侠文化中最符合时代特征的一点发掘提纯，用之于世，因此最先承担起创作任务的恰是有着新思想的进步人士，他们不仅从中国传统文化中寻求救国良方，同时也把目光投向了国外，试图将有用的思想引进来，而对内对外的同时关注也让他们有了一些新的发现。

内忧外患让创作者和理论家们重新高扬起了侠文化的旗帜，不论是谭嗣同希望以墨侠甘当天下重任于己身的实践精神拯救行将就木的帝国，还是梁启超渴望以侠精神作工具，试图唤醒麻木的国民，亦或是章太炎直接将侠作为反清武器，侠这一概念都被重新诠释而赋予了新的内涵，虽然观点不同，立场各异，但呼唤侠义精神重现却成为了他们共同的愿望。

而在向外寻求治国良方的时候，虚无党的出现使有识之士意外地发现它与侠文化有着共通之处。19 世纪末 20 世纪初，中国的知识分子就对无政府主义产生了浓厚的兴趣，并出现了无政府主义传播的高潮。"在无政府主义复杂的理论体系中，最先引起知识分子兴趣的不是它对资本主义政治经济体制的激烈批判，也不是它对未来大同世界的热切诉求，而是‘无政府党’（或称‘虚无党’）的暗杀活动。”[①] 在动荡不安的社会背景下，无政府主义以其自由与激进赢得了中国人的肯定，虽然未必对理论全盘接受，但具体的暗杀行为却引起了这些有识之士的兴趣，本身这便与中国传统的侠客行为有着相似之处，从而产生了精神上的契合点。

《莽男儿》的创作中便贯穿着这样的两个方面，主人公金凯既有着先进的革命思想，接受了国外教育，同时又广纳党徒，任用私刑，虽然作者明确地表示对于金凯的行为持公允之论，实际上本身就是一位出色的革命理论宣传家的陈去病仍对金凯的行为颇多赞赏之词，对于他的投诚，陈认为是由于金凯性情纯孝，不悖母意的结果，虽然对于他在绍兴后期逐渐丧失革命斗志并未讳言，但笔墨更多用于金凯的侠义为人、仗义为友、仁义为官方面，刻画出一位瑕不掩瑜的主人公形象，而这一复杂的艺术形象的出现本身便结合了中国传统侠文化的精神内核和无政府主义的外向表现。

（三）《莽男儿》中蕴含的侠义精神

不仅是从创作者角度而言，对于作品原型，也正是由于近代风云激荡的社会环境而给予了“侠”重生的空间。《莽男儿》的历史真实性强，而主人公原型王金发的传奇人生在一定意义上回归到了传统的侠义精神之中。

从客观方面而言，近代是蔓延几千年来的封建道德标准土崩瓦解的时代，且由于外力的强制性推动，这种瓦解是突变的、未经过准备的，社会标准的突然消失，道德约束力的瞬间失效，带给民众更多的是一种无所适从的恐慌。中央集权的失败给了随后而来的各种势力以可乘之机，各地起义、革命风起，最初是由代表先进力量的革命派独领风骚，然好景不长，袁世凯的独裁再次引发各地军阀的不满，后期渐成割据之势，各自为政与立法的混乱在客观上便给了“侠”以生存的夹缝，不堪的世道与相对松散的约束力使得侠风再现于世，法律不再是他们不可触碰的雷区，具有侠义精神者可以越过束缚拯救黎民。

在《莽男儿》作品之前，附有若干首友人题赠，其中月到楼主人题为《吊逸庐》中有一绝云：“浩气云风贯斗牛，揭橥民族赋同仇。轻财结客寻常事，要作朱家郭解流。”由于主人公金凯的最重要身份仍然是革命者，因此诗歌对于他的革命壮举首先给予了肯定，而后一句则明确表示金凯有侠风，重提朱家、郭解，这一类自东汉便被否定的游侠形象在近代再次大放异彩，纵使金凯有过再多的过失，在这一点上，

---

① 张全之：《从虚无党小说的译介与创作看无政府主义对晚清小说的影响》，载《明清小说研究》，2005年第三期。

众人仍然不约而同地报以肯定的态度,在一定程度上也可以看出民心所向。

社会环境只是提供了客观可能性,更重要的是侠义之人有着强烈的救苍生、安社稷的宏大愿望,极尽所能保一方平安的主观理想,而在此基础上所作所为并非完全“轨于正义”。《莽男儿》中的金凯正是这样的一位有侠肝义胆之士,陈去病反复强调在某些方面要为主人公正名,实际上多持肯定态度。由于金凯的行为中不免暗杀等暴力举动,多为人所诟病,陈去病特意在第十五章开头与其将单纯的暴徒做出区别:

> 盖金凯之为暴徒,自其党羽成之;抑金凯为暴徒,非等疯犬之狂吠,遇人辄噬,盖以此中实含有报复性质,为修怨快心之举,所以异于暴徒者一也;且所得之财,除充实外,斥其大部分以接济党人,不义而得之,义而施之,所以异于暴徒者又一也;掳人勒赎,不轻易丧及性命,暴中有仁,所以异于暴徒者又一也。

文中指出了三点不同,其中有一条是“接济党人”,如《吊逸庐》中所言“轻财结客”,这是金凯的特别之处,同时也具有游侠的特点,如果将其与郭解两相对比,便不难发现二人有诸多共同点,仗义疏财与结交党徒便很类似,不同的是郭解只是单纯的除暴安良,不免睚眦必报,有着相对狭隘的正义观,而金凯则有着更加复杂的目的与宏大的理想,虽手段相似,然目的各异。

对于侠义精神的呼唤与侠生存空间的出现使得有着先进思想与传统行为的近代侠客应运而生,而这部类似于人物传记的小说《莽男儿》便真实地记录下了这样的一位人物,这也许是从陈去病唯一一部小说作品中可探寻到的最富价值的时代意义。

二、陈去病的戏曲创作:蕴含崭新元素的有益尝试

陈去病唯一署名的戏曲作品《金谷香》完全改编于时事,1904 年,安徽人万福华设计于上海“金谷香”西餐厅枪杀广散割地谬论的前广西巡抚王之春,虽未能成功,但在全国范围内引起极大反响,陈去病正是选取了刺杀场面创作了《金谷香》第一出《枪击》,虽然因《二十世纪大舞台》遭禁,《金谷香》仅刊出第一出,但从中也可看到主创陈去病在戏曲这一艺术形式方面的有益尝试。

首先,排演时事。这一点在近代戏曲改良的作品中并不罕见,从时间上看,刺杀事件与《金谷香》的出现在一年之内,这种迅捷的创作也符合陈去病的一贯主张,以报章为媒介宣传进步思想,启迪民众。在《枪击》中,人物的基本信息与事件的发

生经过未加处理，基本是原样搬演，以保证时事剧的原貌示人。其次，独具匠心的人物设置。除了刺杀事件的双方万福华、王之春之外，《金谷香》中还有一重要角色——酒保，此人被设为丑角，最具特色之处是持上海方言，这不能不说是陈去病的创造性设置，《金谷香》作为京剧班本，出现持沪语的人物角色，看似矛盾却有深意。枪击地点是上海西餐厅，而《金谷香》中出现在西餐厅的酒保持沪语显得入情入理，这在一定意义上仍是最大程度地搬演时事，同时刊载《金谷香》的《二十世纪大舞台》亦在上海创办发行，这种本土语言的植入同样会拉近与读者之间的距离，而作者借万福华之口言酒保"胡言乱语，真是个洋奴气派，浑不见一点心肝"，却又似有所指，由此，方言丑角的出现可谓一箭双雕。最后，适合舞台演出。在《二十世纪大舞台》上刊载的剧本全部以舞台搬演为根本目的，从这个角度上看，陈去病与汪笑侬的联手可谓珠联璧合，陈去病提供文字加工润色，同时设计情节，更多地是从事案头工作，而汪笑侬则根据实际舞台经验对剧本进行修改调整，使之更适合演出。在前文提及的梁淑安所言二人合作《长乐老》和《缕金箱》，我们也有理由相信《金谷香》也经过汪笑侬之手，因为此剧已经全然没有案头文学的痕迹，仅仅依靠没有舞台经验的陈去病似乎很难达到此种水平，不仅如此，《金谷香》极重视人物角色间的交流，尤其是动作描写，如枪击时的一刻，剧本便全是由一系列的人物动作完成的："净（案：王之春）作入内介"，"丑（案：酒保）作迎接介"，"王作见万介"，"万起立出迎介"，"王作不认识介"，"万作扭介"，"又作持枪欲发介"，"又作大喝介"，"王作失惊介"，"丑作解劝介"，"王作仓皇逃走介"，"又作喊叫介"，"杂作奔上介"，"又作纷纷拿捉介"，"万挥拳奋击介"，"众跌倒介"，"万作奔避介"，"万盘旋乱打介"，"作欲走介"，"众作扒起介"，"又纷纷乱上作兜拿介"……场面的混乱完全依靠舞台演员的表演呈现，而之后王之春躲到桌下，"丑作找王介"，"王从桌下扒出介"，"与丑碰撞介"，"作惊跌介"等一系列举止也让人物丑态毕露。很显然这种语言上的描述不及舞台表演更有张力，这种依靠舞台动作而非唱词体现矛盾冲突和人物关系的表现方式也显得尤其专业，同时也充分证明《金谷香》的首要创作目的便是舞台搬演。

在对陈去病尝试戏曲创作给予充分肯定之余，对于其中存在的问题也有必要指出，最突出的便是目的性过强而艺术性不足，缺乏文学内涵。这与其急就章式的创作有莫大关系，《金谷香》在创作时本身便缺乏完整的剧本构思，第一出"枪击"实际上应该是全剧的高潮部分，但之前根本无任何铺垫与伏笔，主人公万福华上场自报家门之后刺杀行动随即上演，这固然有益于剧情的紧凑，但显然有突兀之感，虽然《金谷香》只有第一出，直接原因是《二十世纪大舞台》的被查禁，但即使它有发表于刊物的机会，此剧再发展亦是难以为继，如果说这一点属于情节构思上的硬伤，那目的性压倒一切则不仅具有时代特征，也成为其艺术表现力方面的最大障碍。万福华开场即痛骂王之春的卖国行径："私下里，和外邦，暗地安排。全不想，我中国，连遭颠沛。都为那，俄罗斯，种下祸胎。还有那，众奸臣，私将国卖。因此上，聚外邦，兵舰齐来。到如今，东三省，连年受害。"这如果尚可算是亮明身份，那万福华被擒之后的唱词"俺恨不将，卖国贼，当场杀死。俺只望，众义士，都来扶持"则已经是旗帜鲜明地号召民众了，在篇幅极短的一出戏中先后出现若干次点明主旨之处，势必会影响剧情的整体发展，也使作品呈现出艺术性不足的弱点。

陈去病的小说、戏曲创作都不能算太过成功，受到时代因素的影响，这一部分创作中甚至多有不合标准者，但他的这些不成熟的作品不仅体现的是陈去病本人的不断摸索尝试，同样也是一面镜子，折射出的是近代主流意识形态下诞生的蕴含时代特征的文学样式。

结　语

陈去病一生经历坎坷，阅历丰富，政治事业上经历几起几落却始终信念笃定，更是涉足传媒、民间办学、文献辑录等数个领域，同时陈去病还是一位高产的作家，作品几乎囊括所有文学样式，由于所处时代的特殊性，他的作品在内容、形式等方面都呈现出过渡时期新旧杂糅的现象，不仅在文学改良的大浪潮中顺势而行创办专业戏曲类报刊，在国内开创先河，在乡邦文献与遗民文献的搜寻、整理、辑录等方面费尽心力，他本人的政论文及部分诗作也颇具水准。与此同时，陈去病也有着自身的不足和弱点，一方面，由于忙于国事、勤于政务，尤其是早年，陈去病把大量的时间用于具体革命活动的宣传与组织上，导致精力太过分散，作品尤其是诗作疏于打磨，后期作品又缺乏细致筛选，存在良莠不齐的现象，另一方面则在于陈去病本人的文学观念及创作过于向政治倾斜，直接致使其作品功用性过强，而缺乏文学这一艺术门类的本质特征，再加上对于民族思想终生未渝的坚守，使他在民国建立之后从思想及创作两方面陷入无所依傍的尴尬境地。这种现象的出现固然是由于近代文学本身便与政治、局势变化有着千丝万缕的联系，更多的却是源于陈去病的个人性格与文化价值取向，政治的标签注定与他无法分割。

近代社会的政治性印记无须回避，这一点正是这个时代的特色所在，在很多情况下，近代诗坛、词坛及其他文学领域甚至可以以政治主张与价值取向的不同划分流派与类别，这同样是具有开创性的。长久以来，对于陈去病的评价或被淹没于南社这一无比庞大与驳杂的文学社团中一笔带过，或作为政治性文人单纯地指出其作品倾向，如何较为全面地评价陈去病的主张与其文学作品的优势成为亟待解决的问题，然而鉴于其经历的复杂与作品的面貌不一，我们不妨从其源头进行论证，找出其文学主张与文化活动的根本出发点，也是陈去病一生行为观念中的“关键词”。

一、文学上的追求实用

强调文学的实用性这一话题无疑是老生常谈，早在孔子“兴观群怨”的主张中，便可看到对于诗歌社会功用性的强调，而这一点本身便与政治走势及社会发展密不可分，每每社会发展遭遇到或内部或外部的压力而主动或被迫产生改变时，便会有传统意义上的知识阶层从文化层面上进行反省，对现存的价值观及文学传统进行调整或改革，以期自身文化传统的重获新生，而着力于强调文学的现实意义与功用性等方面的主张也往往是走到文学发展的分岔口或社会发展的转型期时所集中涌现出来的。近代是这两方面诱发因素同时出现的时期，且不论对社会传统价值观亦或是传统文化观念都有着来自于外部的、前所未有的巨大压力，这种压力迫使知识阶层积极地进行一场规模空前的文化反思，对于传统观念扬弃的同时也产生了许多全新主张，而这些崭新的价值和文化观念则直接渗透并影响着近代文学。龚自珍很早便提出“改图”的文学思想，并言：“自古及今，法无不改，势无不积，事例无不变迁，风气无不移易”①，与这种求变思想相对应的，是其主张文学的“经世匡时”之用，梁启超更是倡导文为实用，从而认为“觉世之文，则辞达而已矣，当以条理细备，词笔锐达为上，不必求工也”②，大量报章体文章应运而生，虽没有近代政论文开山之功，却在扩大纸媒影响力方面立下汗马功劳，为近代知识分子以文学干预社会生活引领了一条全新的道路。由此，重提文学的功用性，主张实用文学便在这一时期成为最现实的文化观念。

与前人相比，陈去病在追求实用文学方面有不同之处，一方面他不同于传统理学家“重道轻文”，他所积极倡导的文学有补于世事及其宣传教化功用对于干预社会生活有着积极的现实意义，虽然也“不免将文艺从属于政治而在某种程度上取消其独立地位，从而对重视文艺的观点和不直接为政治服务的作品也表示不满”③，但总体来说是实干大于空谈，在这一点上倒与实干派的政治文学家们有着相似的一面，北宋王安石就曾经在《上人书》中很明确地表达过自己的文学观：“尝为文者，礼教治政云尔。其书诸策而传之人，大体归然而已。而曰‘言之不文行而不远’云者，徒谓‘辞之不可以已也’，非圣人作文之本意也”④，将“文”与“礼教治政”直接等同，且反复强调“自谓文者，务为有补于世而已矣”，实用文学观异常鲜明。作为同

---

① 转引自刘增杰、关爱和：《中国近现代文学思潮史》，上海文艺出版社 2008 年版，第 213 页。
② 转引自袁进：《中国文学的近代变革》，广西师范大学出版社 2006 年版，第 142 页。
③ 王运熙、顾易生：《中国文学批评通史·肆》，上海古籍出版社 1997 年版，第 102 页。
④ 洪本健选注：《王安石散文选集》，百花文艺出版社 2005 年版，第 36 页。

是政治实干家的陈去病，虽然对于文学的功用性没有如此极致的言论，但他同样在实际工作中大力挖掘文学的工具性，以致出现过度主张亦在所不惜，但他不同于王安石等人的最大之处则是强调“文以载道”之“道”已经被赋予了全新的时代含义，因此与之前的政治实干家们在文学实用性的主张上可谓角度相似，内涵不同。另一方面陈去病不同于单纯的文化反思者，在第四章论及其与韩愈对待文学功用性问题时曾对此有过涉及，韩愈一类对于文化积极反思从而倡导文学的正向影响的文学家，更多地是着眼于文学样式本身，对于文学所真正能够发挥的功用并没有真正意义上的把握，而陈去病则因为本身投身革命，在政治上有着明确的目标，同时具备一定的政治地位，因此实用文学只是被其用于与自身宣传观念相互呼应，力求达到事半功倍之效，在这方面近代的文学家中并不鲜见，梁启超也可视为代表。简言之，陈去病等近代文化反思者对于文学态度更加务实的同时也对于现实生活有着掌控度更高的干预。

对于实用文学的追求直接决定了陈去病作品的形式及风貌，从这个角度上看，他所作报章体政论文及相关的新文体文章在文章写作中成就偏高便更易于理解。在功用性的理念下，这部分作品自然是他着重用力的，同时陈去病花费精力四处组建社团，创办、主笔报刊，协办女学等种种文化活动也无一不是在实用性的大前提下进行的，可以说陈去病作品的表达形式和其所从事的文化实业活动的出发点及最终归宿都是由实用文学所决定的，也同样是实用主义观念成就了陈去病。特别需要指出的是，陈去病的一系列貌似复古的主张也同样与实用主义密切相关，诸如提倡传统诗教，上溯至诗歌源头寻求一种精神的回归，实际上是希望为今所用，从而成为了一种较为另类的改革形式。改革成为复古的动机，如果没有其他的思想资源，“‘改革’的出路只能回到古代的源头去重新思考，只有这样才能建立改革的权威，这就变成以‘复古’为出路”①，陈去病所处的时代并非没有全新的思想资源，而是在选择向西方借鉴还是向传统寻求时，陈去病选择了后者，这更似一种个人主张倾向。

与此同时，我们也要承认实用主义是一把双刃剑，陈去病作品中的缺憾、事业及性格特点中的弱项，实用主义也需负很大责任，因为陈去病更倾向于实干，因此其作品鲜从文学自身发展的内部原因审视反思，也缺乏系统的观照与整体的详尽阐释，即使有部分观点涉及到核心问题却又往往浅尝辄止，缺乏深入挖掘剖析，常给人以浮于表面之感，同时因为他并未将重心移至文学创作，因此作品中不免有粗

① 袁进：《中国文学的近代变革》，广西师范大学出版社 2006 年版，第 174 页。

制滥造之作的出现，较少锤炼，在最能反映文人创作功力的诗作方面并未有过多突出于同时代者之处，这一点无须讳言。但应该看到的是，陈去病的这种特点包括缺陷已成为一种时代通病，如果作个案分析，陈去病的这方面特点体现得尤为突出，然而若将其放入整个社会大背景中进行考量，则会看到陈去病的显著特点甚至弊端如同水滴落入时代的洪流之中，消失无踪，在一个实用主义盛行的时代，追求文学的实用性大有主宰文坛思想的趋势，陈去病不过是其中一例。

二、精神上的遗民认同

与实用文学的追求相同，对于遗民精神的认同也贯穿了陈去病的一生，但这种认同外化的具体表现形式随着时间推移也在发生着改变，亦可以辛亥革命为界分为前后两期。陈去病前期的遗民认同主要表现在文化活动与文学创作之中，前文在此部分已有较多论证，他提倡的是高扬民族气节，以狭义民族主义相号召，实际上如果将宋末元初、明末清初和处于辛亥革命之前的近代时期做比较，会发现三者在性质和主要矛盾方面并无大异。同样，陈去病的一系列作品和文化活动也同前两个时期的遗民文士的所作所为差别不大，他们的作品中同样有着对历史的反思却又因为个人情感的介入而缺乏理性的分析和透辟的见解，同样有着对外族残暴入侵的血泪控诉，并为激励民众，其间常有过度渲染的存在，同时更加推崇节士精神，字里行间表达着对于前贤狂热的追慕，又都出于文人本性有着隐逸情怀。在文化活动方面，遗民诗人大都借助“以诗存史”的方式大量搜集、整理、评点前贤志士的作品、遗集，陈去病倾尽心力亦不过为此。从这个角度看，陈去病不仅是从精神上表现出一种遗民认同，他甚至基本具备遗民的风貌，最大的不同在于认同与宣扬的背后有着目的性极强的现实意义。

辛亥革命之后，陈去病的这种遗民认同并未改变，但时代的症结已不再是民族矛盾，因此对于陈去病而言，这种认同的表现形式逐渐内化而影响着他本人的行为与价值观判断，罗义俊在《“黄宗羲现象”与〈明夷待访录〉——兼政治遗民、文化遗民与夷夏之辨大义论略》一文中将“遗民”分为“政治遗民”与“文化遗民”两种，前者指在行为上自觉为前朝守节者，后者的出发点则是在文化大背景下，二者之间并不完全对立，由于时代的差异，这两个概念套用在陈去病身上并不完全合适，但他后期的确具有“文化遗民”的倾向，文化遗民从一定程度上是超越了政治的，具体表现在不再忠于一家一姓，而是以文化为出发点进行全面考量并以此作为行为标准，这一点黄宗羲在《明夷待访录》的《原臣》篇中说的很清楚：“故我之出而仕也，为天下，非为君也；为万民，非为一姓也。”然而陈去病与黄宗羲一类“文化遗民”最大的区别在于后者是在可选择的前提下，超越政治立场而从文化角度立足，选择文化坚守，陈去病虽然在后期亦是以儒家传统思想作为原始驱动力，坚守的是大文化观下的儒家传统，但这种选择并非主动，多少带有些许无奈，同时应该注意的一点是“文化遗民毕竟不能剥掉民族的内容，文化主义的民族主义仍是一民族主义，夷夏之辩大义所在亦是民族气节所在”①，因此尽管陈去病后期遗民认同不再表现出强烈的政治色彩，却也仍不脱狭义民族主义范畴。同时后期陈去病“文化遗民”的倾向性选择也应该同前清遗老的遗民身份分清，后者即是所谓自觉为前朝守节的政治遗民，且念念不忘的是清廷，这与陈去病的取向是截然相反的。

在找到陈去病文学主张的出发点及精神源头之后，笔者认为仍有必要简单表述一下对于如何公允评价近代不同派别这一问题，如同不能单纯地强调陈去病的一种身份一样，评价需要有一种立体维度，对于不同派别亦不可选取片面的评断方式。近代的派别多是由政治立场及代表利益的不同而划定的，从洋务派，直至维新派、革命派等，甚至清廷也可作为一方参与其中，数个派别之间观点主张有继承发展，有重叠也有截然不同之处，然而如何看待各派所长，从而产生公允评价才是笔者此处立意。

陈去病可以看作革命派的代表人物，而革命派与维新派本身便有着千丝万缕的联系，在之前陈去病所从事的文化活动等诸多方面的论述中，追溯其发轫，无不始于维新派，即使陈去病、柳亚子等人最初也同样是接触到了维新思想，并以此为跳板，从中汲取认同之处，并最终确立政治取向，因此在论及革命派主张时，对维新派不可能绕道而行，同样其正面影响也必须得到应有的重视。

如果说以上二者之间的继承发展关系比较明显的话，与革命派相对立的清廷一方则几乎没有得到任何正面评价，实际上作为官方代表，清廷始终在做出积极改变以迎合时代发展需要，其目的固然是为维护自身统治以及加强对社会的掌控力度，但在客观上仍产生了不可估量的积极影响，如留学政策的确立，无疑为国人打开了一条寻求真理与信仰之路，虽然公费留学者仍占少数，但必须承认的是，清廷相应政策的放宽给予了个人留学更大的空间，也在一定程度上为人才培养指出了一条新路，再如高等学堂的建立与近代教育体制的确立及逐步完善，同样有着划时代的意义。以办学为例，清廷以官方身份创建院校自然与陈去病等人以几人之力民间办学的规模不可同日而语，后者会因为经费等极为现实的问题难以为继，最终

---

① 罗义俊：《“黄宗羲现象”与〈明夷待访录〉——兼政治遗民、文化遗民与夷夏之辨大义论略》，载《传统中国研究集刊·第一辑》，上海人民出版社 2006 年版，第 318 页。

导致缺乏长久的生命力，事实也的确证明了这一点，另一方面，清廷的官方公文也是一种认可的标志，在“顺民时代”更多的时候成为一种民众观念意识上的引导，不论是公派留学先河的开启，还是创办高等学堂的努力，都对于国民观念的更新及视野的拓宽起到了至关重要的作用。当然，如果我们站在革命派的角度看待清廷的若干新政，会发现此类改变在客观上有益于社会发展，也有助于革命派主张的实行，但与清廷的本意背道而驰，开门求变远比关上这扇门来的容易，在第二章中谈及民间办学时对此方面亦有涉及，这对清廷一方而言，更多的是集权控制能力极度衰弱之后带来的无奈与始料未及，但对于这种“无心插柳”之功也不该完全忽视，我们必须承认的是，由官方出面推行新政以及颁布的举措在普及程度上更高，推行范围更广，不论最终目的是维护何方利益，在某些方面进行的改良，从结果上看甚至与维新派、革命派殊途同归，这种推动的力量应该得到承认。

即使是与陈去病等革命派或者言与之所代表的南社关系不大的晚清遗老诗人，也应该关注其所长，从陈去病这一角度言，尤其重在文学发展之路上的反思，实际上由于南社成员一出场便旗帜鲜明地倡言革命，在文学取向上主张宗唐，从政治立场上更是与晚清同光体诗人势成水火，这种政治上的态度直接影响到了文学层面，从而导致了南社成员从整体主张上与同光体诗人呈对立状态。然而南社如同一把烈火盛极一时，却又在极短的时间内分裂瓦解，倒是同光体诗人及晚清一众遗老以更为传统的方式获得了长时间的发展延续，其中的原因同样值得反思。南社诗人张扬的个性、高调的追求以及与时代紧密贴合的特点也同样造成了繁荣局面的昙花一现，一旦社会性质发生转变，社会稳定的固有模式被打破，文学对于时代的反应往往存在一定的时间差，再加上南社成员观点各异，瓦解亦在意料之中，倒是一直被他们抵制的传统诗人吟风弄月、彰显学识的创作传统给自己开凿出了一条处于时代转型期的缝隙，主张书写个人真性情也远比南社成员作品中大量的口号诗更为真诚，创作态度的认真和艺术技巧的成熟运用使他们的作品得以长存，这怕也是陈去病等人始料未及的。因此，在对陈去病及其代表的革命派一方作出全面评价之余，对于近代其他派别或利益群体也应该有正确、公允的认识，肯定他们的历史功绩也同样有着重要的意义。

参考文献

著作：

1.阿英:《晚清文学丛钞:小说戏曲研究卷》,北京:中华书局,1960

2.卞孝萱、唐文权:《辛亥人物碑传集 》,北京:团结出版社,1991

3.陈多、叶长海选注:《中国历代剧论选注》,上海:上海古籍出版社,2010

4.陈敢、翟大炳:《诗歌审美心理导引》,南宁:广西民族出版社,2008

5.陈建华:《从革命到共和》,桂林:广西师范大学出版社,2009

6.陈绛:《近代中国》第 14 辑,上海:上海社会科学院出版社,2004

7.张夷:《陈去病全集》,上海:上海古籍出版社,2009

8.陈去病:《陈去病诗文集》,北京:社会科学出版社,2009

9.陈去病:《松陵文集》,民国十一年,铅印本

10.陈去病等:《南社丛刻》,扬州:江苏广陵古籍刻印社,1996

11.陈去病等:《丹午笔记·吴城日记·五石脂》,南京:江苏古籍出版社,1999

12.陈学恂、田正平:《中国近代教育史资料汇编·留学教育》,上海:上海教育出版社,2006

13.陈寅恪:《金明馆丛稿初编》,上海:上海古籍出版社,1980

14.陈友康、罗家湘:《20 世纪云南人文科学学术史稿》,昆明:云南人民出版社,2003

15.方笑一:《北宋新学与文学:以王安石为中心》,上海:上海古籍出版社,2008

16.方勇:《南宋遗民诗人群体研究》,北京:人民出版社,2000

17.冯自由:《革命逸史》,北京:中华书局,1981

18.龚书铎:《中国近代文化探索》,北京:北京师范大学出版社,1988

19.郭汉民:《晚清社会思潮研究》,北京:中国社会科学出版社,2003

20.郭绍虞:《照隅室古典文学论集》,上海:上海古籍出版社,1983

21.郭绍虞:《中国历代文论选》,上海:上海古籍出版社,2001

22.郭学旺:《孙中山与中国社会的变迁》,北京:中国言实出版社,2001

23.郭延礼:《徐自华诗文集》,北京:中华书局,1990

24.郭延礼:《秋瑾研究资料》,济南:山东教育出版社,1987

25.郭长海、金菊贞:《柳亚子文集补编》,北京:社会科学文献出版社,2004

26.(唐)韩愈、孟郊:《韩愈孟郊诗全集》,海口:海南出版社,1992

27.胡逢祥:《社会变革与文化传统:中国近代文化保存主义思潮研究》,上海:上海人民出版社,2000

28.胡朴安:《南社丛选》,北京:解放军文艺出版社,2000

29.胡伟希:《辛亥革命与中国近代思想文化》,北京:中国人民大学出版社,1991

30.黄鸿寿:《清史纪事本末》,上海:上海书店,1986

31.黄君曼:《中国20世纪文学理论批评史》,北京:中国文联出版社,2002

32.(清)黄宗羲:《明夷待访录译注》,长沙:岳麓书社,2008

33.(清)计六奇:《明季南北略》,北京:中华书局,1984

34.金天翮著、陈雁:《女界钟》,上海:上海古籍出版社,2003

35.李瀚章、李鸿章:《曾国藩全集·文集》,北京:中国华侨出版社,2003

36.李瑄:《明遗民群体心态与文学思想研究》,成都:巴蜀书社,2009

37.李元洛:《诗学漫笔》,广州:花城出版社,1983

38.梁启超:《中国近三百年学术史》,北京:团结出版社,2006

39.梁淑安:《南社戏剧志》,北京:社会科学文献出版社,2008

40.林香伶:《南社文学综述》,台北:里仁书局,2009

41.(清)刘熙载:《艺概》,上海:上海古籍出版社,1978

42.刘增杰、关爱和:《中国近现代文学思潮史》,上海:上海文艺出版社,2008

43.柳亚子:《柳亚子文集》,上海:上海人民出版社,1985

44.柳亚子:《南社纪略》,上海:上海人民出版社,1983

45.柳亚子:《磨剑室诗词集》,上海:上海人民出版社,1985

46.卢文芸:《中国近代文化变革与南社》,北京:社会科学文献出版社,2008

47.陆凌霄:《诗道》,北京:民族出版社,2004

48.鲁迅:《鲁迅演讲全集》,武汉:长江文艺出版社,2007

49.吕慧鹃、刘波、卢达编:《中国历代著名文学家评传·续编三》,济南:山东教

育出版社,1997

50.马以君:《南社研究》,广州:中山大学出版社,1994

51.孟修祥:《中国古代文学与文化研究》,哈尔滨:黑龙江人民出版社,2007

52.启功、袁行霈:《缀英集:中央文史研究馆馆员诗选》,北京:线装书局,2008

53.钱杭辑:《传统中国研究集刊》,上海:上海人民出版社,2006

54.(清)钱骃等:《甲申传信录》(外四种),北京:北京古籍出版社,2002

55.钱仲联:《当代学者自选文库·钱仲联卷》,合肥:安徽教育出版社,1999

56.秦燕春:《清末民初的晚明想象》,北京:北京大学出版社,2008

57.单正平:《晚清民族主义与文学转型》,海口:海南出版社,2008

58.沈洪鑫:《京剧在上海》,北京:三联书店,2009

59.(北宋)苏轼:《苏轼集》,太原:山西古籍出版社,2007

60.孙燕京:《晚清社会风尚研究》,北京:中国人民大学出版社,2002

61.孙之梅:《南社研究》,北京:人民文学出版社,2003

62.孙中山:《孙中山选集》,北京:人民出版社,1981

63.田崇雪:《遗民的江南——中国文化史上的遗民群落》,上海:学林出版社,2008

64.(清)王夫之:《姜斋诗话笺注》,北京:人民文学出版社,1981

65.王运熙、顾易生:《中国文学批评史新编》,上海:复旦大学出版社,2007

66.王运熙、顾易生:《中国文学批评通史·近代卷》,上海:上海古籍出版社,1996

67.王运熙、顾易生:《中国文学批评通史·宋金元卷》,上海:上海古籍出版社,1996

68.(清)温睿临、李瑶:《南疆逸史》,台北:成文出版社,1968

69.吴仁安:《明清江南望族与社会经济文化》,上海:上海人民出版社,2001

70.吴雁南:《清末社会思潮》,福州:福建人民出版社,1990

71.吴在庆:《唐代文士与唐诗考论》,厦门:厦门大学出版社,2006

72.夏传才:《古文论译释》,北京:清华大学出版社,2007

73.谢国桢:《江浙访书记》,北京:三联书店,2008

74.谢正光:《明遗民传记索引》,上海:上海古籍出版社,1992

75.杨柏岭:《晚清民初词学思想建构》,合肥:安徽大学出版社,2004

76.杨天石、王学庄:《南社史长编》,北京:中国人民大学出版社,1995

77.杨天石:《国民党人与前期中华民国》,北京:中国人民大学出版社,2007

78.杨天石:《晚清史事》,北京:中国人民大学出版社,2007

79.杨天石:《哲人与文士》,北京:中国人民大学出版社,2007

80.杨天石:《民国史谈》,北京:中共中央党校出版社,2008

81.姚昆群、昆田、昆遗编:《姚光全集》,北京:社会科学文献出版社,2007

82.(清)叶燮等:《原诗·一瓢诗话·说诗晬语》,北京:人民文学出版社,1979

83.余英时:《民主制度与现代文明》,桂林:广西师范大学出版社,2006

84.袁进:《中国文学的近代变革》,桂林:广西师范大学出版社,2006

85.张琛、袁熙旸:《篱外的春天:近代女性与近现代文明的演进》,上海:上海译文出版社,2005

86.张继:《张溥泉先生回忆录·日记》,台北:文海出版社,1985

87.张少康:《中国文学理论批评史》,北京:北京大学出版社,2005

88.(清)张廷玉等:《明史》

89.张夷:《南社钩沉》,济南:山东画报出版社,2009

90.郑大华、邹小站:《中国近代史上的民族主义》,北京:社会科学文献出版社,2007

91.郑师渠:《中国文化通史·晚清卷》,北京:北京师范大学出版社,2009

92.郑师渠:《中国文化通史·民国卷》,北京:北京师范大学出版社,2009

93.郑逸梅:《南社丛谈——历史与人物》,北京:中华书局,2006

94.郑逸梅:《郑逸梅选集》,哈尔滨:黑龙江人民出版社,1991

95.周永珍:《徐蕴华、林寒碧诗文合集》,北京:社会科学文献出版社,1999

96.(清)卓尔堪:《明遗民诗》,北京:中华书局,1961

97.上海书店出版社编辑:《中国近代文学的历史轨迹》,上海:上海书店出版社,1999

98.《中国近代史参考资料》,台北:文海出版社,1981

99.吴江县政协文史资料委员会:《吴江文史资料》,第三辑(1984)、第九辑(1989)、第十一辑(1991)、第十四辑(1995)

100.《扬州十日记》,上海:上海书店,1982

101.《辛亥革命前十年间时论选集》,北京:三联书店,1960

102.《南明史料》,扬州:江苏古籍出版社,1999

103.佚名编纂:《清代野史》,成都:巴蜀书社,1998

104.北京市艺术研究所:《中国京剧史》,北京:中国戏剧出版社,2005

105.中华全国妇女联合会妇女运动历史研究室编:《中国妇女运动历史资料

1840—1918》,北京:中国妇女出版社,1991

106.北京鲁迅博物馆鲁迅研究室编:《鲁迅研究资料·10》天津:天津人民出版社,1982

107.《庸言》,1913 年第一卷

期刊论文:

1.陈冬冬:《“但开风气不为师”——试论近代演说体白话文的兴起》,《上海大学学报》,2003 年第三期

2.陈曙雯:《清嘉道以降骈文尊体思潮探析》,《南京大学学报》,2009 年第五期

3.陈湘锋:《政治抒情的艺术个性——论〈抒情性格的塑造〉》,《湖北民族学院学报》,1998 年第一期

4.陈晓华:《陈去病与南社研究》,《内蒙古农业大学学报》,2008 年第六期

5.丁晓山:《搜集和整理明遗民文献的意义与价值》,《文献》,1998 年第三期

6.丰箫:《近代浙江省地方自治制度与实践》,《史学月刊》,2008 年第七期

7.高旺:《清末地方自治运动及其对近代中国政治发展的影响》,《天津社会科学》,2001 年第三期

8.关威:《教育救国思潮与近代社会变迁》,《历史档案》,2002 年第三期

9.黄玲:《浅析清末地方自治思潮的兴盛》,《新西部》,2008 年第八期

10.兰翠:《论唐代政事诗及诗人群体性格》,《烟台大学学报》,2004 年第二期

11.李雯:《汪笑侬戏曲研究》,华东师范大学,硕士学位论文

12.梁景时:《梁启超文章学思想及其“新民体”》,《学术交流》,2007 年第三期

13.梁淑安:《近代戏曲改良运动的先锋柳亚子与陈去病——兼谈南社社员在剧本创作与舞台艺术方面的实践活动》,《南京理工大学学报》,2001 年第四期

14.陆草:《中国近代文社简论》,《中州学刊》,2001 年第四期

15.刘颖白、殷安如:《陈去病诗文集编后记》,《南京理工大学学报》,2002 年第五期

16.吕立忠、周碧蓉:《清代广西乡邦文学文献的搜集与整理》,《河池学院学报》,2005 年第六期

17.马迪:《论清末地方自治的困境》,《湖北成人教育学院学报》,2010 年第五期

18.宁俊红、王丽萍:《梁启超“新文体”散文的近代转型意义——兼及“新文体”散文的传统渊源》,《甘肃社会科学》,2010 年第一期

19.乔治忠:《清代历史文献学的发展》,《清史研究通讯》,1989 年第一期

20.邱江宁:《现代媒介与文体变革——以王韬报章政论文为核心探讨》,《南京师大学报》,2010 年第七期

21.单磊:《晚明野史笔记繁盛的历史合理性》,《福建论坛》2009 年第十期

22.沈伟东:《辛亥风云人物陈去病》,《钟山风雨》,2004 年第三期

23.孙之梅:《民国前南社的遗民情结》,《山东大学学报》,2003 年第二期

24.孙立新:《绿玉青瑶曾浩歌——南社诗人陈去病简论》,《苏州大学学报》,2010 年第二期

25.孙之梅:《南社与国粹学派》,《南京理工大学学报》,2006 年第一期

26.邰红红:《浅谈陈去病的〈五石脂〉》,《南京理工大学学报》,2005 年第四期

27.王景科、颜水生:《略谈散文观念的近代嬗变》,《理论学刊》,2010 年第八期

28.吴建民:《政教功用文学观的伦理传统》,《忻州师范学院学报》,2003 年第一期

29.吴玉伦:《教育救国思潮的形成与发展》,《湖南科技大学学报》,2005 年第九期

30.肖向明、杨林夕:《审美的偏至——梁启超"文体革命"的文学反思》,《韩山师范学院学报》,2007 年第二期

31.姚达兑:《评〈晚清民族主义与文学转型〉兼梳理晚清三种民族主义的历史叙述》,《二十一世纪》网络版,2008 年第十二期

32.余丽芬:《西学东渐与近代女学》,《浙江学刊》,1996 年第三期

33.曾光光:《变法维新思潮中的吴汝纶与桐城派》,《江淮论坛》,2001 年第三期

34.张福海:《晚清戏剧改良思潮的形成及其演变》,《中华戏曲》,2009 年第一期

35.张振明:《略论吴汝纶晚年中西文化观》,《阜阳师范学院学报》,2010 年第六期

36.张左一、陈瑾:《西山会议前后的陈去病》,《钟山风雨》,2009 年第六期

37.赵得昌:《清末民初戏曲改良与西方戏剧文化的影响》(上),《戏曲艺术》,2001 年第三期

38.郑军:《从市民社会到地方自治运动的视角看清末地方控制政策的变迁》,《鲁东大学学报》,2007 年第十一期

39.周永珍:《"十年袍泽,患难同尝"——陈去病与孙中山的友谊》,《南京理工大学学报》,1995 年第三、四期

40.邹静颉:《中国地方自治立法的开端——清末地方自治》,《学理论》,2008 年第二十四期

学位论文：

1.黄伟:《“有所变而后大”——吴汝纶社会变革思想研究》,华中师范大学,硕士学位论文

2.孙立新:《南社苏州诗人研究》,苏州大学,博士学位论文

3.汪梦川:《南社词人研究》,南开大学,博士学位论文

会议交流论文：

刘长焕:《骈文、律诗、对联之对偶略论》,2006 年骈文研究国际学术研讨会交流论文

后 记

书稿写就已经一年有余，再次徜徉于熟识的文字之中，似有一种亲切与温热，一如济南这座老城留在我心底的感觉，我怀念这座城市只是我留恋在这里度过的一段时光，珍惜与我共度时光的师长挚友，离开济南，书稿成为时光最有力的证据，让我倍加珍视。从驾轻就熟的学生陡然担起“为人师表”的重担，这一年来我始终惶恐不安，全新的环境和身份让我被迫去调整与改变，不知觉中似又错过了一段人生的风景，而这一切竟使我与书稿中的人物渐趋生疏，想起文章刚刚写就时的如数家珍，我羞愧不已。

本书对于陈去病这样一位在清末民国历史上大放异彩的政治家文人做了系统的分析，但囿于积累问题，我始终苦于无广阔的视角，甚至在很多时候对他们的价值取向感到困惑。在梳理过程中，我发现在特定的时代，这种让我不解的人们还有很多，远不止陈去病一人，我把他们的精神特质归纳分析却无法参透。陈去病如同一颗璀璨星辰熠熠生辉，而在民国这个大背景下，群星闪烁。我知道对于民国文人的作品、心态要有更透辟的见解，我的路还很长。

近代短短百余年的时间，数个派别轮番上阵，既有着万众瞩目的短暂辉煌，更多的却是被挤下历史舞台的无助与落寞，因此我的笔下会反复地出现新旧派别的纠葛，虽凌乱芜杂，但我仍试图用后来人的眼光给他们一份公允的评价。在谈到兴办女学以及近代的新式教育发展时，我曾经说，因为各自的目的不同，但手段相似，所以近代在一些方面客观呈现出的是清廷、改良派和革命派三方用力，共同推动新生事物的发展，这一点不容置疑，很多情况下清廷官方地位的认可和法律条文的制定甚至发挥着最为重要的作用。而改良派和革命派之间的传承、发展更是有目共睹，仅仅是陈去病所从事的文化事业和他的启蒙思想，都深刻地受到了改良派的影响，而革命派的种种主张往往在改良派的建议中便可见端倪，由此二者关系更为密切。可以说，是对于陈去病这样一位代表人物做了切入点，才让我能够更加深刻地去了解民国的历史和那个色彩斑斓的时代。

尽管有太多的不足和亟待提高之处，但在书稿的写作过程中，我仍然得到了师长、友人无私的帮助与鼓励。首先是我的导师孙之梅老师。在写作中，老师给我的帮助几乎无法用语言表达，每每想起，只觉一颗心填的满满的，感动到无以复加。基础薄弱与不求甚解始终是我的软肋，然而孙老师却以她无比的耐心和扎实严谨的学风最大程度地帮助我、深刻地影响着我，从不求回报。交稿在即，老师顶着济南入伏之后的高温为我逐字逐句把关，如此恩情，无法忘却。记得在博士毕业论文的谢辞中我说："老师对我是长辈，更是亲人。亲情不是血缘，而是发自心底的爱与关怀。"如今只想说，能做您的学生，何其幸也。

感谢在写作过程中给予了我巨大帮助的张夷先生，张先生花费大量心血将外祖陈去病的文集整理付梓，才使我有了一条更为便捷的途径了解其人其事，同时张先生给我提供了大量的外围研究资料，使我获益匪浅。感谢南京理工大学学报的陈东林老师和山东大学古代文学教研室的全体老师，正是各位老师不吝赐教，才使我这个在近代文学研究方面的后学新兵有了更加坚定的信念和稳固的步伐。

感谢河南理工大学的诸位领导与前辈，是你们的鼓励与包容让我顺利地在这个陌生的城市开始了全新的生活。同时书稿付梓得到了河南理工大学博士基金资助，谨呈谢忱。

最后，感谢我的父母，无论我身在何处，始终感念你们的辛勤养育与谆谆教导，谨以此书作为一份最为微薄的礼物，遥寄祝福。

是为后记。

赵 霞

2013 年 7 月 3 E 于河南焦作